Roman

Foto Vorderseite:

Griechischer Kaffee im Café Franco, Pyrgos

Themistoklis
Deutsche Erstausgabe Februar 2017
Copyright © Christine Schwaiger, München
Umschlaggestaltung: Elisabeth Schwaiger

ISBN-13: 978-1542998260
ISBN-10: 1542998263
CreateSpace Independent Publishing Platform

Impressum
Christine Schwaiger, Kerschlacher Straße 10, 81477 München

Themistoklis

Θεμιστοκλής

Roman

Viele Aufenthalte auf den griechischen Inseln, sowie in den großen Städten auf dem Festland, haben mich zu dieser Geschichte um Themistoklis inspiriert. In diesem Roman habe ich versucht mein Erleben von Land und Leuten den politischen Feindseligkeiten, die mir tagtäglich im Internet begegnen, gegenüber zu stellen.

Wir treffen in unserem Leben

viele Menschen,

aber nur wenige

berühren unser Herz.

für Gerhild und
Gabor. Ich hoffe die
Geschichte gefällt
euch und ihr habt
ein paar gemütliche
Stunden damit.
Christine Schwigt

Mein besonderer Dank gilt:

Meinen Mutmachern	Stefanie, Angela und Petra
Meiner Erstlektorin	Sylvia
Meiner Umschlaggestalterin	Elisabeth
Meinen Internetexperten	Thomas und Florian

Kapitel 1

Die Entscheidung

Die Stadtwohnung in Athen war auf nahezu fünfundzwanzig Grad herunter gekühlt. Draußen war es schon jetzt im Frühsommer kaum noch auszuhalten. Fünfunddreißig Grad zeigte das Thermometer auf dem Balkon. Obwohl eine breite Markise sommers wie winters den Balkon völlig überdachte, ließ sich nicht verhindern, dass die warme Luft in allen Zimmern stand. Der Lüfter an der Außenwand surrte im Chor mit allen anderen Lüftungsanlagen an den umliegenden Hauswänden und zusammen mit dem Verkehr in den Straßen erzeugten sie ein enormes Grundrauschen, das ständig über der griechischen Hauptstadt lag.

Erschöpft und verschwitzt kam Themistoklis am Abend nach Hause.

"Ich werde aus Athen weggehen", informierte er seine Mutter ohne Umschweife auf dem Weg in sein Zimmer. "Ich habe heute jemanden getroffen, der mir eine Adresse in einem Hotel auf Santorini gegeben hat, wo sie für diese Saison noch jemanden suchen und wenn das klappt, könnte ich sogar einen Vertrag für die nächsten Jahre bekommen."

Er warf seinen Rucksack auf das Bett und ging zurück zur Küche, wo er im Türrahmen stehen blieb.

Gelegenheitsjobs waren nicht Themistoklis' Sache, das hatte er schon festgestellt. Er brauchte die Kontinuität in seinem Leben, ein Ziel und eine Aufgabe und so war er sich ganz sicher, dass er diesem Angebot folgen musste.

"Du willst weg?", fragte seine Mutter überrascht nach. "Warum denn so plötzlich?".

Sie war gerade an der Spüle beschäftigt und musste ihre Hände erst an einem Tuch abtrocknen, ehe sie sich zu Themistoklis umdrehen konnte. Sie machte sofort ein besorgtes Gesicht.

Die Großmutter saß auf einem der Holzstühle am Küchentisch in der Mitte des Raumes und schnitt Gemüse für das Abendessen. Wie immer arbeitete sie sehr sorgfältig, doch ihrem Alter entsprechend nicht mehr ganz so schnell wie noch vor ein paar Jahren.

So plötzlich wurden beide Frauen mit dieser Neuigkeit überrollt, dass sie augenblicklich gar nicht begreifen konnten, was das für sie als Familie zukünftig zu bedeuten hatte.

Die Großmutter hörte auf zu schnipseln und die Mutter schaute ziemlich verdutzt drein. Was würde aus ihrem Leben werden, wenn der Junge nicht mehr jeden Tag nach Hause käme?

Eigenartigerweise musste Themistoklis' Mutter daran denken, dass sie dann für niemanden mehr zu kochen brauchte. Dann sah sie ihre Mutter am Tisch sitzen und dachte, dass das nicht dasselbe wäre. Und als hätte ihre Mutter am Tisch diese Gedanken lesen können, legte sie sofort entschuldigend ihre Hand auf deren Schulter. Dabei sah sie ihren Sohn an:

"Themistoklis! Das sind ja Neuigkeiten!"

Themistoklis stand noch immer im Türrahmen und hielt erst einmal etwas Abstand. Was er zu sagen hatte war nicht einfach und doch musste es gerade jetzt gesagt werden.

"Ich arbeite jetzt seit einem Jahr in dieser Souflaki-Bude. Es hat vierzig Grad im Schatten und ich stehe am heißen Grill. Ich fühle mich schon selbst wie ein Stück gegrilltes Fleisch. Dafür habe ich nicht studiert, Mama", verteidigte Themistoklis seine Entscheidung. "Außerdem ist der Job in der Bude schlecht bezahlt, damit kann niemand überleben und Santorini ist in Ordnung", versicherte er den beiden Frauen, als er ihre besorgten Blicke sah.

Es tat ihm leid, die beiden Frauen so zusammengeklappt und irritiert vor sich zu sehen und er versuchte ein Lächeln, weniger um sie zu trösten, als ihnen die Richtigkeit seiner Entscheidung vor Augen zu halten.

"Es ist gut so, glaubt mir!", sagte er.

"Es kommt alles so plötzlich, Themi, du bist doch unser einziger Mann im Haus", seine Mutter war den Tränen nahe. "Ich weiß gar nicht, was ich dazu sagen soll!"

Es war klar, dass der Junge einmal weggehen würde, doch jetzt, wo es plötzlich so gegenwärtig war, traf sie das vollkommen unvorbereitet. Sie hätte sich das etwas entspannter gewünscht, irgendwie über einen längeren Zeitraum hinweg, mehr schleichend.

Themistoklis war der einzige Mann im Haus, seit der Vater vor Jahren wegen einer anderen Frau weggegangen war. Auf Themistoklis konnte sie sich immer verlassen. Er war alles für sie. Allein der Name Themistoklis war schon kein zufällig gewählter Name und auch keiner in der Familientradition. Themistoklis war sofort nach seiner Geburt ihr Held gewesen. Der Junge tröstete sie über so vieles hinweg, auch darüber, dass das Leben mit der eigenen Mutter für sie zu wenig Abwechslung bot.

Trotz mancher unvermeidlichen Meinungsverschiedenheiten war Themistoklis immer ein guter Junge gewesen, hatte sich nie auf den Straßen herumgetrieben und jetzt wo er älter wurde, würde er auch ein guter Mann im Haus werden, der sich um alles kümmern würde, was sie irgendwann nicht mehr schaffen könnte.

Die eigene Rentenkürzung und die der Großmutter hatte schon seit einiger Zeit das Familieneinkommen schrumpfen lassen. Der Staat müsse sparen hieß es und sie als Familie mussten das jetzt auch. Da war Themistoklis' Zusatzeinkommen gerade recht gewesen.

Immer noch unschlüssig was sie sagen sollte und in Gedanken versunken stand die Mutter in der Küche.

Ihr Anblick machte Themistoklis ein schlechtes Gewissen. Er spürte ihre Ratlosigkeit geradzu.

Instinktiv fing er an seine Entscheidung zu rechtfertigen: "Du kannst in der Stadt nur noch als Hilfsarbeiter jobben und die Gäste werden immer weniger. Die Tische vor der Souflaki-Bude waren schon im letzten Sommer nicht mehr voll besetzt. Wir haben in den letzten Monaten nur den halben Umsatz vom letzten Jahr gemacht. Damit überhaupt noch jemand zum Essen in die Bude geht, musst du es jetzt so billig machen, dass es fast nichts mehr einbringt. Und ständig tauchen überall die Steuerkontrolleure auf. Mein Boss droht mir jede Woche damit, dass er mich entlassen muss, wenn noch weniger Gäste kommen. Es macht einfach keinen Spaß mehr."

Die Mutter nickte.

"Ja, da hast du sicher recht. Aber was soll aus Oma und mir werden?", fragte sie ganz ernsthaft.

"Ich werde im Winter wieder hier sein, versprochen! Mach dir keine Sorgen!", Themistoklis setzte sich an den Küchentisch.

Er wusste, die Schlacht war noch nicht ganz geschlagen.

Er verteidigte seinen Plan weiter: "Das auf der Insel ist vorläufig nur ein Saison-Job über den Sommer. Ob ich eine feste Anstellung bekomme ist ja noch gar nicht sicher. Aber wenn, dann wäre ich kein Tagelöhner mehr, wie in der Imbissbude. Ich weiß noch nicht, was sie mir im Hotel zahlen werden. Vielleicht muss ich im Winter dazu verdienen."

Die Mutter schien sich einigermaßen beruhigt zu haben, denn nach einer kurzen Pause fragte sie: "Wann soll es denn losgehen?"

"Nächsten Monat fange ich an. Ich habe in der Bude schon gekündigt. Ich glaube, es war meinem Boss ganz recht, jedenfalls hat er nicht versucht, mich zu halten."

"Wenn du im Winter wieder hier sein kannst, bin ich mit deinem Plan einverstanden. Du weißt, deine Großmutter und ich brauchen dich. Aber es freut uns beide natürlich, wenn es dir dann besser geht und wenn es für dich die richtige Entscheidung ist", ermutigte ihn die Mutter, obwohl es ihr immer noch schwer fiel, sich mit dem Gedanken anzufreunden.

Aber wenn der Sohn im Winter wieder bei ihr zu Hause in Athen sein würde, wäre es sicher nicht so schlimm, dass er im Sommer auf einer der vielen Inseln arbeitete. Viele andere junge Athener machten es schließlich genauso. Und war das letzten Endes nicht sogar die sanfte Trennung, die sie sich immer so gewünscht hatte?

Obwohl sie immer noch ein wenig traurig war, musste sie sich eingestehen, dass es trotz all ihrer sonstigen Vorbehalte gut war, Themistoklis im Sommer weit weg von all dem sozialen Unfrieden in der Stadt zu wissen.

Der Unmut über die politische Situation im Lande wurde jetzt häufiger ganz offen auf den Straßen Athens ausgetragen.

Gerade in Exarchia, dem Stadtteil in dem sie schon so lange wohnten, lieferten sich die Anarchisten die ärgsten Kämpfe mit der Polizei. Nachts wurden Mülleimer und Autos in Brand gesteckt und kein aufrechter Grieche wagte sich nach Einbruch der Dunkelheit noch in die engen Seitengassen. Die Presse war voll mit schlechten Nachrichten. Immer mehr Geschäfte schlossen ihre Türen und Exarchia wurde langsam zu einem Stadtteil der heruntergelassenen, bunt besprühten Rollläden. Es war nicht gut, hier zu bleiben, wer konnte, zog weg.

Früher hatten sie hier erfreulichere Zeiten erlebt. Doch jetzt musste man vorsichtig sein und nachts blieb man besser zu Hause. Das war für sie und ihre Mutter kein Problem, aber den Jungen würde das auf Dauer zu sehr einschränken. Er wollte unterwegs sein, genau wie seine Freunde und die anderen jungen Menschen in seinem Alter.

Sie selbst würde, auch wenn das Viertel langsam aber sicher herunterkam, nicht mehr umziehen wollen. Der Blick auf den Lykabettus, den sie von ihrem Balkon aus hatte, war das Beste an der Wohnung und dieser Blick tröstete sie oft darüber hinweg, dass der Verfall der Häuser überall in den Straßen weiter fortschritt. Es gab kaum noch eine Hauswand, an der sich keine Sprayer zu schaffen gemacht hatten.

Die bunten Graffitis zierten inzwischen nicht nur die geschlossenen Rollläden der aufgegebenen Geschäfte, sondern immer häufiger auch die Hauswände. Zum

Glück versperrte seit zwei Jahren eine doppelte Gittertüre den Eingang, ihres in die Jahre gekommenen, Wohnhauses. Sie würde sich sonst nachts gar nicht mehr sicher fühlen.

Themistoklis versuchte die angespannte Lage zu entspannen, indem er sich theatralisch auf seinem Stuhl zurücklehnte und fragte: "Was gibt's denn heute zum Abendessen? Ich habe richtigen Hunger!"

"Es gibt Gemista! Die leckeren gefüllten Tomaten, die du so gerne isst", mischte sich jetzt die Großmutter ein und tatsächlich kamen beide Frauen damit gedanklich wieder zu ihren Vorbereitungen auf das Abendessen zurück und Themistoklis konnte sogar bei beiden ein verstecktes Lächeln um ihre Mundwinkel erkennen.

Die Großmutter hatte sich in der ganzen Zeit völlig zurückgehalten. Sie würde sicher später noch Gelegenheit haben mit ihrer Tochter darüber zu reden. Sie wollte dem Jungen weder gut zureden, noch ihn von seinem Vorhaben abhalten. Das eine wäre gegen die Tochter und das andere gegen den Jungen, fand sie, da war es besser den Mund zu halten. Sie würde in Gegenwart beider niemals für den einen oder den anderen Partei ergreifen.

Erst als sich Themistoklis nach dem Essen todmüde in sein Zimmer zurückgezogen hatte und die beiden Frauen alleine in der Küche saßen, packte sie das Thema noch einmal an.

So viele Erinnerungen kamen den beiden Frauen dabei wieder in den Sinn und Themistoklis' Mutter kämpfte hin und wieder einmal mit den Tränen. Wie schnell war die Zeit vergangen und alles war anders gekommen, als sie es für ihr Leben geplant hatte. Oft gab sie alle Schuld den politischen Umständen und der hohen Arbeitslosigkeit, die letztlich auch den Vater aus dem Haus getrieben hatte, weil er irgendwann seine Bestätigung nicht mehr zu Hause und nicht mehr im Beruf fand.

Die beiden Frauen waren sich ganz sicher, dass Themistoklis noch vor ein paar Jahren mit seinem Studium einen guten Job in Athen bekommen und damit gut verdient hätte. Alles wäre anders gekommen, wenn die Verantwortlichen das Land nicht so in den Ruin getrieben hätten und wenn der Vater bei der Familie geblieben wäre.

Beruhigend schob die Großmutter ihre Hand auf die Hand ihrer Tochter.

"Machen wir uns nicht so viele Sorgen", sagte sie. "Der Junge hat hier nicht nur gute Freunde, du weißt das. Sie stacheln ihn immer wieder an. Manchmal, wenn er von seinen Freunden nach Hause kommt, hat er so viele verrückte Ideen. Dann ist er ein rechter Dummkopf wie sein Vater, dem nicht zu helfen war. Es ist gut, wenn Themistoklis nicht immer hier ist, wenn er auch mal etwas Anderes sieht. Die Inseln sind wunderschön und er braucht diesen Abstand. Du weißt, wie gut sich der Junge im Sommer immer auf dem Land gefühlt hat. Und wer weiß, was hier in der Stadt noch werden wird."

Die Mutter beruhigte sich zusehends, je ausführlicher sie beide über das Thema sprachen und am Ende stand sie sogar auf, holte zwei kleine Gläser und eine Flasche Anisschnaps und sagte: "Du hast bestimmt recht und deswegen trinken wir jetzt noch einen Ouzo auf den künftigen Erfolg unseres Themistoklis!"

Und damit war die Angelegenheit für diesen Abend erst einmal abgeschlossen. An seiner Entscheidung würden sie sowieso nichts mehr ändern können.

Kapitel 2

Auf Santorini

Schon der erste Eindruck, den das Luxushotel in Oia auf Themistoklis machte, gab ihm die Sicherheit, die richtige Entscheidung getroffen zu haben.

Der Blick in eine andere Welt tat sich auf. Es war für ihn kaum vorstellbar, dass hier genauso griechischer Boden sein sollte, wie in Athen und vor allem in seinem Stadtteil. Nur in den allerentlegensten Ecken gab es hier einige bunt besprühte Wände, aber die fand man eher zufällig.

Vor allem gab es hier weiße Häuser, lichtüberflutete Sonnenterrassen mit Blick auf das Meer, türkisblaue

Schwimmbecken und modern gestylte Gartenmöbel. Die vielen Läden im Ort hatten alle geöffnet und das Ambiente des fünf Sterne Hotels, wo er im Sommer arbeiten sollte, war für ihn sowieso das Beste, was er sich vorstellen konnte.

Themistoklis lernte schnell. Hilfsbereit, freundlich und zuvorkommend wie er war, wurde er überall dort eingesetzt, wo spezielle Aufträge erledigt werden mussten. Bereits nach wenigen Wochen war ihm der Umgang mit den Gästen zur Routine geworden. Er trug ihre Koffer auf die Zimmer, erklärte ihnen die Einrichtung und sorgte für ihr Wohlbefinden. Wann immer sie einen persönlichen Wunsch hatten, versuchte er diesen zu erfüllen, egal ob es sich um das Arrangieren von Fahrgelegenheiten, Ausflüge, Arztbesuche oder sonst eines ganz speziellen Notfalls handelte.

Er plante das Morgenbuffet, sorgte sich um die Sonnenschirme und Liegen auf der Poolterrasse, erledigte kleinere Reparaturen, mixte Drinks an der Bar und machte höfliche Scherze mit den Gästen, als hätte er nie etwas anderes getan. In kürzester Zeit war er zum festen Bestandteil seines Hotels geworden und vom laufenden Betrieb nicht mehr wegzudenken. Die Gäste mochten ihn und suchten seine Gesellschaft oft abends an der Bar.

Obwohl er wenig Freizeit hatte, machte er seine Arbeit gerne. Gebraucht zu werden und der fröhliche Umgang mit den Urlaubern gefiel ihm. Jedes Mal verzeichnete er es als seinen ganz persönlichen Erfolg, wenn die Gäste mit ihm zufrieden waren und er mit dem Trinkgeld sein Mittagessen bezahlen konnte.

Von einer landesweiten Wirtschaftskrise war auf der Insel in all den Sommermonaten nichts zu spüren. Für alles war in ausreichendem Maße gesorgt. Zusätzlich zu den vollbelegten Hotels ließen auch viele Tagestouristen ihr Geld auf der Insel. Menschen aus aller Herren Länder, die von den Kreuzfahrtschiffen auf die Steilküste hinauf transportiert wurden und die sich Tag für Tag durch die engen Gassen schoben, sorgten dafür, dass auch der kleinste Souvenirladen überleben konnte.

An manchen Nachmittagen, wenn Themistoklis eine freie Stunde zu seiner eigenen Verfügung hatte, verbrachte er sie am Strand, wo er sich dann wie einer der vielen Touristen fühlte. Er ging schwimmen, sonnte sich, gönnte sich einen Drink, aß sein Sandwich und genoss das Strandleben inmitten der vielen hübschen jungen Mädchen in ihren knappen Bikinis. Jede Woche kamen neue Gesichter an den Strand. Er hätte nicht im Traum daran gedacht, dass ihm die Sommer auf der Insel so viel Spaß machen würden.

Nur die Zeit zwischen Oktober und April machten ihm keine gute Laune, denn dann wurde er im Hotel nicht gebraucht und musste zurück nach Athen. Aber dort wurde die Lage nicht besser, eher schlechter. Alles lief jetzt nur noch über persönliche Kontakte. Einen freien Arbeitsmarkt gab es so gut wie überhaupt nicht mehr.

Zum Glück konnte Themistoklis schon im ersten Winter den Kontakt zu einer Olivenfabrik herstellen. Mit der Fürsprache eines Vorarbeiters war es ihm möglich für einige Wochen an der Abfüllanlage und im Lager mitzuarbeiten und sich so ein Einkommen im Winter zu sichern. Denn trotz allem Luxus, der den Gästen auf Santorini geboten wurde, blieb Themistoklis' Job im Hotel nur schlecht bezahlt und über den Winter reichte es nicht.

Dagegen stiegen seine Ansprüche mit dem was er bei seiner Arbeit sah. Seine Vorstellungen von dem, was er sich selbst gönnen wollte, bekamen andere Dimensionen.

Er kaufte sich neue hippe Kleidung, leistete sich ein kleines gebrauchtes Auto und fing an zu rauchen, was er zwar selbst nicht so gut fand, aber in Gesellschaft nicht wegzudenken war, weil alle rauchten. Es war sozusagen ein soziales Ritual, sich gemeinsam eine Zigarette anzustecken.

In den Winterwochenenden hing er dann mit ein paar Freunden in den verschiedenen Athener Cafébars herum. Das waren die wenigen Orte in der Stadt, an denen von einer Krise nichts zu spüren war. Die Cafés waren erstaunlicherweise immer voll. Hier traf man sich zum Diskutieren und Konsumieren bis tief in die Nacht hinein.

Dass er weiterhin bei seiner Mutter wohnen konnte, obwohl er das mit fortschreitendem Alter gerne anders gehabt hätte, fand er zwar einen großen Vorteil, aber es erdrückte ihn von Jahr zu Jahr mehr.

Doch regelmäßig ab Mitte April ging es mit Themistoklis' Laune wieder aufwärts, denn dann konnte er Athen verlassen und auf die Insel in sein Hotel zurückkehren, wo er seine wirkliche Berufung gefunden hatte.

Kapitel 3

Adelphia

Themistoklis' erste Freundin auf Santorini war Adelphia. Sie arbeitete im selben Hotel als Frisörin und Kosmetikerin. In der Hauptsache kümmerte sie sich um die vielen Honeymoon-Gäste, die Santorini wegen des milden Lichts der Abendsonne für ihre professionellen Hochzeitsbilder buchten. Oft brachten die Gäste sogar ihre ganze Hochzeitsgarderobe mit, um sich damit in der Abendsonne professionell fotografieren zu lassen. Nicht wenige ließen sich sogar vor Ort trauen.

Adelphia stammte aus einer wohlhabenden griechischen Familie, die in einer Hafenstadt auf dem Peleponnes lebte und mit deren Unterstützung sie sich ein kleines Appartement in der Innenstadt von Fira leisten konnte. Sie musste in den Wintermonaten, wenn die meisten Hotels und die vielen Tavernen auf der Insel geschlossen wurden, nicht arbeiten. Sie genoss die Zeit, wenn Santorini im Herbst nach und nach menschenleer wurde. Erst verließen die Gäste, dann die Saisonarbeiter die Insel und wenn im Winter endlich Ruhe und Beschaulichkeit einkehrten, fühlte sie sich ganz zu Hause. Ihr gefiel der Massentourismus nicht, obgleich sie wusste, dass sie ihn zum Überleben brauchte.

Wenn sich große Menschentrauben durch die engen Gassen schoben und wenn die Strände überfüllt waren, fühlte sie sich oft weggedrängt. Dann wäre sie am liebsten auf eine noch kleinere Insel ausgewandert, eine auf der die griechische Gelassenheit noch zu finden war. Aber oft zweifelte sie schon daran, dass es die überhaupt noch irgendwo gab, denn die Fremden kamen überall hin.

Kein Weg war denen zu weit oder zu beschwerlich.

Adelphia war Griechin und darauf war sie stolz. In den vielen Menschen, die im Sommer ihre Insel besuchten, sah sie nichts weiter, als ein Geschäft.

Von Anfang an hatte sie Themistoklis bei vielen Fragen zur Seite gestanden. Sie mochte den unauffälligen Jungen, weil er keine Ansprüche stellte und sie in Ruhe ließ.

Sie fand, er war genau wie sie.

Sie waren sich auf Anhieb sympathisch gewesen und vertrauten sich gegenseitig ihre täglichen Kümmernisse an.

Themistoklis war nicht einer von diesen griechischen Draufgängern, er war kein Mädchenheld, er war fleißig und bescheiden, hilfsbereit und ehrlich. Er war auch nicht wie diese reichen Touristen, die glaubten, sich mit ihrem Geld alles kaufen zu können.

Nicht nur einmal hatte Adelphia erfahren müssen, dass Gäste das Personal als vorübergehendes Eigentum betrachteten, nur weil sie für ihren Aufenthalt viel Geld bezahlt hatten.

Themistoklis wiederrum schätzte Adelphias schwesterliche Art. Sie war ein nettes Mädchen, dem man Vertrauen schenkte ohne sie als Frau attraktiv finden zu müssen.

Sie war mittelgroß und hatte ein kräftiges Naturell. Ihre hellbraunen Haare trug sie sehr kurzgeschnitten und obwohl sie in der Lage war, ihren Kundinnen das beste Makeup und die schönsten Frisuren zu zaubern, legte sie selbst nur wenig Wert auf das eigene Äußere. Sauberkeit war ihr wichtig, weswegen sie bei ihrer Arbeit immer eine weiße Kittelschürze über den Jeans und dem Shirt trug.

Mit Themistoklis arbeitete sie gerne im selben Hotel. Aus dem jungen Kollegen war schnell ein guter Freund geworden. Eines Tages, als er gerade hinter der Bar ein paar Drinks mixte, die er einigen Gästen servieren sollte, kam Adelphia geradewegs auf ihn zu.

"Heute Abend möchte ich mit ein paar Leuten meinen Geburtstag feiern, kommst du? Wir feiern bei mir und ich koche uns was!", strahlte sie ihn an.

"Klar komm ich", Themistoklis nahm die Einladung gerne an, "schließlich gibt es nicht oft etwas zu feiern."

Er war nun schon den dritten Sommer auf der Insel und Adelphia wusste, dass er nur ein paar Kollegen kannte und ansonsten nicht viele Freunde auf der Insel hatte und auf ihrer Feier wäre er der Hauptgast.

Ihr Appartement befand sich in einem dreistöckigen Haus auf einer Anhöhe in Fira. Das Haus war von außen nicht besonders eindrucksvoll, aber dafür sehr zentral. Auf das flache Dach hatte sich Adelphia einen Liegestuhl gestellt, den sie manchmal nutzte, um von dort den Sonnenuntergang über der Caldera zu bewundern. Sie kannte diesen leuchtenden Vorgang inzwischen in- und auswendig. Sie wusste genau, wie lange es dauerte bis sich die Sonne von Hellgelb in Orangegelb färbte, zu zauberhaftem Goldorange hinüber wechselte, um schließlich dunkelrot zwischen Thirasia und Oia im Meer zu versinken.

Einmal schon hatte sie Themistoklis zu diesem Schauspiel auf ihr Dach eingeladen. Es war ein netter Abend gewesen. Obwohl die Stimmung des Sonnenuntergangs eine romantische Kulisse geboten hätte, waren sie sich aber dann doch nicht näher gekommen, was Adelphia irgendwie gut, aber auch wieder nicht so gut fand.

Themistoklis gefiel ihr, doch er brauchte offensichtlich noch Zeit. Denn obwohl sie beide im gleichen Alter waren, fühlte sich Adelphia reifer und ihm in manchen Dingen überlegen. Doch auf keinen Fall wollte sie die treibende Kraft sein, wenn es galt eine Beziehung aufzubauen. Das musste der Mann entscheiden. Das war ihre Meinung, so hatte sie sich das immer vorgestellt.

Doch lustig war der Abend auf dem Dach schon gewesen und ihre Freundschaft hatte sich von da an noch mehr gefestigt.

Für griechische Verhältnisse pünktlich stand Themistoklis mit einer Tüte kleiner Kuchen vor Adelphias Tür.

"Bin ich der Erste?", fragte er, nachdem sie ihm geöffnet hatte.

"Nein, der Letzte, wie immer", lachte sie. "Komm rein, wir haben schon den ersten Schluck auf meinen Geburtstag getrunken. Du musst dich beeilen, wenn du noch in unsere Stimmung kommen möchtest."

Adelphia hatte außer Themistoklis noch die Köchin des Hotels, eine kleine rundliche Person mit unendlich viel Humor, und zwei weitere Kollegen eingeladen. Und einer der beiden reichte Themistoklis auch sofort ein volles Glas hinüber.

Adelphia brutzelte in ihrer Küche weiter. Ein wenig primitiv ging es zu, weil das Appartement zu wenig Platz in der Küche hatte und der Tisch ziemlich klein war. Trotzdem trug Adelphia unentwegt irgendwelche Platten und Schüsseln aus ihrer Küche.

"Ich stelle alles auf den Tisch und ihr nehmt, euch, was euch anmacht", eröffnete Adelphia die Essensausgabe.

Das Angebot wurde mit großem Beifall angenommen. Zu viert saßen sie alle auf dem kleinen Sofa und Adelphia reichte jedem einen Teller damit sie sich vom Herd und vom Tisch selbst bedienen konnten.

Aber gerade wegen dieser unkomplizierten Enge wurde an diesem Abend extra viel gelacht. Es gab viel Gebratenes, Mixgetränke, Wein und jede Menge Tsatsiki, weil Adelphia diese Joghurt-Gurken-Knoblauch-Speise ganz besonders liebte und am liebsten zu allem aß. Adelphia übertraf sich selbst und am Ende waren sie alle so müde und satt, dass sie nur noch auf ihren Stühlen oder dem kleinen Sofa herumhängen konnten.

Themistoklis spaßte gerade mit der Köchin über das Formen von Fleischbällchen, als Adelphia plötzlich hinter ihm stand und mit den Fingern durch seine schwarzen Haare fuhr.

"Themistoklis, du hast so schöne dichte und kräftige Haare", sagte sie zu ihrem Freund und fingerte weiter ganz professionell durch seine lockige Mähne. "Weißt du was? Ich verpasse dir einen neuen Haarschnitt! Ich mache dir einen modischen Undercut! Wozu bin ich schließlich die beste Frisörin auf der Insel? Du wirst schon sehen. Und lass dir einen Bart wachsen! Kein Grieche läuft noch mit schwarzen Locken und glattrasiert herum. Moderne Männer tragen jetzt einen Bart."

Und dann kramte sie ein paar Illustrierte unter dem Tisch hervor, um ihm zu zeigen, was sie meinte.

"Hey, mach mir aber nicht so eine riesige Tolle auf dem Kopf! Ich will nicht aussehen, wie dieser englische Fußballer. Gemäßigt bitte!", scherzte Themistoklis.

Dann blätterte er weiter in den Zeitschriften und seine Begeisterung wuchs.

"Das ist eine gute Idee, ich wundere mich, warum du mir das nicht schon viel eher vorgeschlagen hast. Bart und seitlich kurz, das kann ich mir gut vorstellen. Gleich ab morgen werde ich mich nicht mehr rasieren", schäkerte er fröhlich.

"Aber ich warne dich, du wirst dich vor den Mädchen nicht mehr retten können", feixte Adelphia zurück.

In Gedanken fing sie bereits an, an Themistoklis' Haaren herum zu schneiden und stellte sich vor, wie er seinen Bart trimmen müsste, damit er gut aussah.

Und dann wurden noch bis in die Nacht hinein Witze gemacht, Erfahrungen ausgetauscht, Fotos geschossen, gelacht und getrunken. An diesem Abend waren sie alle eine richtig große Familie.

Schon eine Woche später saß Themistoklis mit einem dunklen Bart im Gesicht auf Adelphias Frisierstuhl.

Kapitel 4

Nicolesku

Der Pächter und damit der Chef des Hotels in dem Themistoklis arbeitete, Marcu Nicolesku, war ein großgewachsener Rumäne mittleren Alters.

Insgesamt hatte er vier kleine Hotelanlagen auf Santorini gepachtet und tagsüber zog er von einem Hotel zum anderen, um sich über den Ablauf und das Gelingen seiner Geschäfte einen Überblick zu verschaffen und nötigenfalls Anordnungen zu treffen.

Er war ein schwerer Mann mit breiten Schultern und er bewegte sich bedächtig wie ein Bär. Seine Glatze wurde in den griechischen Sommern genauso bronzebraun wie sein Gesicht. Meistens trug er alte Jeans und einen Militärparka, weshalb er in seinen eigenen Luxushotels, wenn er dort auftauchte, stets wie ein Fremdkörper wirkte.

Bei seinen Angestellten war er beliebt. Sie störten sich nicht an seinem Aussehen, schließlich kannten sie ihn lange genug, um zu wissen, dass hinter dem groben Äußeren ein gutmütiger Mensch steckte.

Und Nicolesku mochte es, dass man ihm seinen Status nicht ansehen konnte. Er hielt sich gerne im Hintergrund, er war lieber Beobachter als Hauptdarsteller.

In Nicoleskus Leben verlief nicht immer alles reibungslos. Er hatte in jungen Jahren einige Geschäfte in den Sand gesetzt und viel Geld verloren, aber sein größtes Kapital war sein unermüdlicher Unternehmergeist. Er gab nie auf, blieb immer am Ball und hatte ständig neue Ideen.

Vor vielen Jahren war er aus seiner Heimat nach Griechenland gekommen, wo er seine Leidenschaft für das Hotelgewerbe entdeckte.

Über die Investoren für seine Geschäfte verlor er nie ein Wort, er konnte schweigen wie ein Grab, weswegen man ihm immer wieder neues Geld für neue Projekte anvertraute. Wo all das Geld herkam, das er gut anzulegen wusste, überblickte niemand.

Die leidensvolle Wirtschaftskrise in Griechenland, die für viele den Untergang bedeutete, war für Nicolesku ein Gewinn. Er wusste, dass es gerade in der Krise viel Geld gab, das in unsicheren Zeiten einen sicheren Hafen suchte und er wusste, woher er es bekommen konnte.

Nun hatte er wieder ein kleines Hotel mit nur zehn Zimmern in der Nähe von Pyrgos entdeckt. Es lag unweit einer riesigen Weinhandlung und war an den äußersten Rand der Steilküste gebaut. Das Hotel war alt und renovierungsbedürftig, aber von dieser Anlage bot sich ein atemberaubender uneingeschränkter Blick über die Caldera.

Niemand konnte jemals diesen Blick verbauen, so nah war das Hotel an den Abgrund gebaut.

Nicolesku wusste sofort, dass er diesen besonderen Umstand nutzen musste. Ein paar harte Verhandlungen mit dem in die Jahre gekommenen Besitzer waren notwendig, um einen günstigen Pachtvertrag für das Objekt zu bekommen. Nicolesku wusste, wie er verhandeln musste und er bekam auch diesmal was er wollte.

Mit dieser Anlage beabsichtigte er seine ganz eigene Vorstellung von Hotellerie zu verwirklichen. Wenn er Glück hatte, brauchte er dazu nicht einmal mehr fremde Investoren. Er hatte genug verdient, um mit dieser Anlage sein eigenes Projekt hochzuziehen. Sein Plan war ein kleines familiäres Boutique Hotel zu errichten.

Er wollte die Zimmer vorerst nur notdürftig wieder herstellen und wenn alles gut laufen würde, könnte er auf die nächsten Jahre verteilt jenen Luxusstandard erreichen, den er bereits in seinen Hotels in Imerovigli und Oia pflegte und weswegen nur betuchte Touristen aus der ganzen Welt zu seinen Gästen zählten. Die meisten Urlauber leisteten sich zwar nur ein paar Tage, um sich verwöhnen zu lassen, aber für diese wenigen Tage griffen sie tief in ihre Taschen, das wusste er.

Zu Beginn der Krise hätte er das bejahrte Anwesen noch nachgeworfen bekommen, er hätte es sogar kaufen können, aber die Preise auf Santorini stiegen schneller an als auf dem Festland und so konnte er vorerst nur diesen Pachtvertrag aushandeln. Doch auch die Pacht war höher ausgefallen, als er eingeplant hatte. Damit der Renovierung nichts im Wege stand, würde er noch eine ganze Weile beim Personal sparen müssen. Er wäre nicht der Unternehmer Nicolesku gewesen, wenn er dafür nicht auch schon seinen Plan gehabt hätte.

Themistoklis war ein Teil des Plans. Er sollte die Arbeit des künftigen Hotelmanagers in dieser Anlage übernehmen. Aus dem griechischen Jungen mit den schwarzen Locken und dem Milchgesicht, der vor vier Jahren bei ihm angefragt hatte, war ein netter junger Mann geworden.

Er war fleißig und belastbar, hatte ein ansprechendes Wesen, sprach gutes Englisch und er war vor allem sehr zuverlässig. Sein Äußeres hatte er in der letzten Zeit sehr zu seinem Vorteil verändert, sportlich, gepflegter Dreitagebart, Kurzhaarschnitt, er sah jetzt so gut aus, dass er damit bei Männern und bei Frauen gleichermaßen gut ankommen würde.

Nicolesku wusste um diese Wichtigkeit, denn er war ein guter Beobachter und genau das machte seine Erfolge im Geschäft aus.

Über mehrere Tage hinweg beobachtete er Themistoklis schon besonders aufmerksam und stellte dabei fest, dass der Enthusiasmus mit dem der junge Mann auf die Menschen zuging und der Eifer, den er in seinen aufreibenden Job an den Tag legte, niemals nachzulassen schien.

Außerdem hatte Themistoklis einen Universitätsabschluss in der Tasche und damit war er auch für alle sonstigen administrativen Arbeiten gut zu gebrauchen. In dem jungen Griechen steckte mehr, als nur ein angelernter Hilfsarbeiter. Dieses Potential wollte Nicolesku für seine Ziele einsetzen.

Die Idee vom sanften Tourismus, so wie Nicolesku sie vor Augen hatte, konnte er mit dem kleinen Boutique Hotel am Rande der Steilküste, mit Themistoklis an der Spitze, verwirklichen. Und später würde dieses kleine in die Jahre gekommene Hotel, dessen Verfall er verhindern würde, der beste Standort sein, um einmal selbst dort zu wohnen und den eigenen Ruhestand genießen zu können.

Die Wohnung im eigenen Hotel!

Nicolesku hatte sich nie auf ein Familienleben einge-
lassen. Seine Familie waren immer die Menschen in seinen Hotels. Die Arbeiter, die Angestellten, die Gäste, mit
allen zusammen fühlte er sich nie alleine. Auch später
würde er auf diese Weise nie alleine sein. Das war sein
Plan für das Alter.

Nicolesku setzte sich, wie er es häufig tat, wenn es etwas zu besprechen gab, an die Bar und ließ sich von
Themistoklis einen alkoholfreien Caipirinha mixen. Dann
kam er auch gleich ohne Umschweife zur Sache.

"Ich habe ein kleines Hotel gepachtet, was hältst du
davon Themistoklis, es für mich selbständig zu führen
und als Hotelmanager bei mir zu arbeiten?"

Themistoklis stellte das kalte Getränk vor seinem Chef
auf den Tresen und sah eine kleine Weile überrascht aus.
Dann neigte er seinen Kopf nachdenklich zur Seite. Sollte
er jetzt darüber nachdenken oder sofort zusagen? Das
Angebot war so überraschend gut, dass er entschied diese
Chance sofort zu ergreifen. Er zwinkerte kurz und dann
lachte er.

"OK, warum nicht?", sagte er ohne es als Frage zu meinen und mixte sich denselben kühlen Drink, den er seinem Chef hingestellt hatte, um mit ihm auf das gemeinsame Geschäft anzustoßen. Künftig würden sie schließlich
so etwas wie Geschäftspartner sein.

"Wir müssen noch über eine ganze Menge Einzelheiten
sprechen", sagte Nicolesku und rührte dabei bedächtig
mit einem Strohhalm in seinem Drink.

"Ja, mein Gehalt zum Beispiel", lachte Themistoklis, weil ihm das augenblicklich der wichtigste Fakt schien.

"Dein Gehalt werde ich in der nächsten Zeit leider noch nicht aufbessern können, es ist sozusagen ein Job-Upgrade ohne finanzielle Verbesserung. Aber ich denke wenn alles gut läuft, haben wir nächstes Jahr schon Land in Sicht und dann können wir auch über mehr Geld für dich reden."

Das hörte sich für Themistoklis nach einem großen Aufstieg an und sein Herz schlug eine ganze Weile schneller.

Nicolesku war erleichtert, dass der junge Grieche seine achtsame Finanzplanung nicht in Frage stellte und ihn auch ohne mehr Lohn bereitwillig unterstützen würde. Er nannte das eine Win-Win-Situation, denn beide könnten sich mit diesem Projekt dauerhaft ihre Existenz sichern.

Kapitel 5

Freunde

Themistoklis fühlte sich geschmeichelt vom Angebot Nicoleskus. Vielleicht würde ihm das dauerhaft einen Wohnsitz auf Santorini ermöglichen. Dann müsste er nicht mehr nach Athen zurück und vielleicht würde er im

Winter gar nicht mehr arbeiten müssen, schon überhaupt nicht in dieser langweiligen Olivenfabrik. In seinem Kopf machte er bereits Pläne und sah seine Mutter und seine Großmutter mit sich auf die Insel ziehen. Hier würden sich die beiden Frauen wohl fühlen und er wäre bequemerweise sogar noch befreit von allen häuslichen Pflichten.

Noch am späten Abend fuhr er mit zwei Freunden nach Fira und besuchte mit ihnen einen Nachtclub, um seine goldene Zukunft zu feiern.

Es war einer jener Clubs, in dem junge Saisonarbeiter genauso feiern konnten wie die jungen Touristen. Die einen konnten ihren Stress verarbeiten und die anderen ihre Langeweile vergessen. Laute Musik heizte die Stimmung ordentlich an und Alkohol und Zigaretten waren hier für alle erlaubt.

Themistoklis ergatterte mit seinen Freunden einen rustikalen Holztisch mit zwei Bänken, damit waren sie aus dem Gedränge, das in der Mitte des kleinen Lokals immer dichter und dichter wurde.

Die Luft im inneren Teil der Bar war stickig. Der Propeller, der an der Decke in der Mitte angebracht war, schaffte es nicht, die Luft nachhaltig in Bewegung zu halten. Aber die Türen nach draußen waren ringsum weit geöffnet, was hin und wieder etwas kühle Nachtluft über die Köpfe der Gäste hinweg blies.

Die drei bestellten sich ihre Drinks und fast wie auf Kommando zündete sich jeder von ihnen schon mal eine

Zigarette an. Bis die Drinks gebracht wurden, erzählte Themistoklis begeistert von seinen Neuigkeiten.

"Hey, du bist ja ein echter Glückspilz! Hast du die Neuigkeit schon Adelphia erzählt?"

"War noch keine Gelegenheit, vielleicht morgen, mal sehen", Themistoklis war in Feierlaune und erfasste noch gar nicht richtig, was dieser Wechsel tatsächlich für seine Zukunft bedeuten würde. Ganz zu schweigen davon, was Adelphia dazu zu sagen hätte. Das würde sicher eine große Überraschung für sie werden.

Die Laune am Tisch wurde mit jedem Schluck besser und die Mädchen, die in der Mitte des Lokals standen und ihre Hüften, Arme und Schultern rhythmisch zur Musik bewegten, wurden für die drei jungen Männer immer interessanter.

Plötzlich schob sich ein Mädchen ganz gezielt durch die Menge. Fast alle Leute im Club schienen sie zu kennen, denn egal wo sie sich vorbeidrängte, überall wurde sie freundlich gegrüßt.

Themistoklis fand sie eigenartig attraktiv. Sie schien unkompliziert zu sein, denn sie lachte die Menschen um sich herum fröhlich an und bezauberte mit ihrer guten Laune.

Im schummrigen Licht des Nachtclubs wirkte sie sehr verlockend, vielleicht ein wenig zu extravagant. Sie trug aufgeschlitzte helle Leggings durch die man ihre leicht gebräunte Haut auf dem Oberschenkel sehen konnte, ein etwas zu kurz geratenes, schwarzes Shirt und extrem hohe rote Lackschuhe. Sie steuerte, mehr tanzend als gehend, mitten durch die Menge, geradewegs auf die jungen Männer zu.

Schon nach wenigen Augenblicken gehörte ihr die volle Aufmerksamkeit Themistoklis' und seiner Freunde am Tisch.

Wie zufällig kam sie heran und stolperte genauso zufällig über irgendetwas, so dass sie sich wiederum ganz zufällig und unausweichlich auf Themistoklis' Schoß niedersetzen musste. Sie lachte ihn liebenswürdig an und kraulte sofort mit ihren Fingern in seinem Bart herum.

Die Freunde am Tisch grinsten Themistoklis abwartend zu.

"Oh, äntschuldige bittä", sagte sie mit leichtem Akzent, den Themistoklis nicht einordnen konnte, den er aber interessant fand, "ich bin Angeliki!"

"Kein Problem!", fiel ihm auf die Schnelle nur dazu ein. "Kennen wir uns?"

"Vielleicht? Ich arbeite in Hotel", und bevor Themistoklis noch etwas sagen konnte, beschrieb sie ihm ganz ausführlich wo ihr Hotel stand und wie es hieß und was ihre Aufgabe darin war. Und ihre zierlichen Hände machten umständliche Bewegungen dazu, fast wie bei einem Feuertanz. "Und du? Was machen du?", fragte sie ihn schließlich.

"Ich bin auch in einem Hotel", sagte Themistoklis als sich diese kleine Pause auftat, in der er zum Sprechen kam. Inzwischen war er sich gar nicht mehr sicher, ob ihr das überhaupt wichtig war. Doch erstaunlicherweise hörte sie ihm jetzt aufmerksam zu und wollte sofort mehr von ihm wissen: "Was machst du in Hotel?"

"Ich bin für alles verantwortlich, worum sich sonst keiner kümmert." Themistoklis wusste nicht so recht wie er seine Aufgabe am besten beschrieben hätte, damit sie es auch verstehen konnte. "Bist du alleine hier?", fragte er sie, um wieder von sich abzulenken.

Themistoklis zündete sich eine Zigarette an, wofür er sich im nächsten Augenblick schon wieder hätte ohrfeigen können. Das Zeug kostete ein Vermögen und eigentlich war es immer nur der erste Zug, der Laune machte, den Rest der Zigarette hätte er sich schenken können.

"Mit ganzer Clique bin ich hier", strahlte sie ihn an. "Komm mit, du kennst vielleicht!"

Sie verließ ihren Sitz auf seinen Schenkeln, erfasste seine rechte Hand und versuchte Themistoklis mit sich zu ziehen. Themistoklis blieb nichts anderes übrig, als aufzustehen und ihr zu folgen. Er zwinkerte noch einmal entschuldigend seinen Freunden zu, schnappte sich seinen Drink und ließ sich führen.

Sie zog ihn hinter sich her durch die Menge, hin zu einem Tisch auf einer kleinen Terrasse, an dem einige junge Männer und junge Frauen saßen, die ganz offensichtlich sehr gute Stimmung hatten. Im Schlepptau des Mädchens wurde Themistoklis von einigen Gästen neugierig beobachtet, was ihm erstaunlich gut gefiel. Sein Interesse an Angeliki wuchs.

Bis jetzt war er noch nicht viel ausgegangen. Er hatte sich im Wesentlichen auf seine Arbeit und auf das Geldverdienen konzentriert. Aber nun, mit der Zusage auf seine neue Stellung und der Sicherung seiner Zukunft, konnte er sich schon mal auf einen Flirt einlassen. Noch dazu, wenn er so attraktiv daher kam, wie dieses Mädchen.

"Das Freund von mir, du kennen ihn?", Angeliki zeigte auf einen kräftigen jungen Mann mit dunklem Vollbart, der sich an einer Tischseite extrem breit machte. Er trug eine dicke Hornbrille und hatte einen ziemlich lichten Haaransatz für sein Alter. Sein ärmelloses schwarzes Muskelshirt gab den Blick auf umfangreich tätowierte Oberarme frei.

Auf jeder Seite trug er einen Totenkopf, von Schlangengirlanden umrankt. Themistoklis fand das mutig und dramatisch. In seinem Job waren Tattoos absolut undenkbar und schon gleich in diesem Ausmaß.

"Hey, ich bin Efthimios", begrüßte ihn der Tätowierte und hielt ihm seine Hand hin.

"Efthimios, Efthimios?", Themistoklis stutzte. "Ich kannte mal einen Efthimios in Omonia, wir sind sogar eine Zeit an der selben Universität gewesen."

"Genau, der bin ich!" Jetzt fing der Tätowierte an zu lachen, stand auf und schüttelte Themistoklis' Hand noch ein wenig heftiger.

Themistoklis war überrascht, ausgerechnet hier auf einen Kumpel aus Athen zu treffen. Hätte ihn das Mädchen nicht an den Tisch von Efthimios geführt, er hätte ihn nach so langer Zeit nicht mehr erkannt.

Dabei hatten sie während des Studiums einige Male zusammen gesessen und über Gott und die Welt diskutiert. Vor allem über die Welt aus der Sicht junger griechischer Studenten in Athen.

Aus den Jungs von gestern waren erwachsene Männer geworden. Themistoklis überlegte, ob er sich genau so stark verändert hätte wie Efthimios und fand es erstaunlich, dass aus seiner Sicht nur Efthimios älter und männlicher geworden war.

"Hey, schön dich zu sehen, alter Kumpel", Themistoklis hätte seinem Freund gerne mit der anderen Hand auf die Schulter geklopft, aber sein Drink störte ihn dabei. "Erzähl, wie bist du zu deiner Kriegsbemalung gekommen?"

"Komm, setz dich", forderte Efthimios ihn auf und deutete auf den Platz neben Angeliki, "dann erzähl ich dir alles."

Themistoklis quetschte sich zögernd, aber mit einer gewissen Begeisterung direkt neben Angeliki, die bereits ihren Platz eingenommen hatte.

"Wie habt ihr mich hier entdeckt?", wollte Themistoklis wissen.

"Die Kleine hier", Efthimios zeigte auf Angeliki, "sie beobachtet dich schon den ganzen Abend und irgendwann fiel es mir wie Schuppen von den Augen. Der Bart steht dir, siehst gut aus Alter!", stellte Efthimios bewundernd fest. "Ich bin ausnahmsweise mal in Urlaub. Hab mir was gegönnt. Und was treibst du hier auf der Insel?"

"Ich arbeite seit ein paar Jahren im Hotel. Heute hatte ich einen Grund zum Feiern", erzählte Themistoklis nicht ohne Stolz. "Ich werde nächstes Jahr selbstständig ein ganzes Hotel übernehmen", verlegen fuhr er sich dabei mit den Fingern durch sein Haupthaar und schob seine nach oben geföhnten längeren Ponyfransen noch etwas weiter nach hinten.

Er war noch unsicher, ob dies schon der richtige Augenblick war, die gute Botschaft überall herumzuerzählen.

Doch Angeliki war sofort entzückt und rückte etwas näher an ihn heran.

"Ein eigenes Hotel?", fragte sie vorsichtshalber noch einmal nach und legte ihre Hand wie nebenbei auf seinen Oberschenkel und sie hatte nicht vor, die Hand in absehbarer Zeit von dort wieder wegzunehmen.

"Das wunderbar für dich, ich seh dich bestimmt gerne wieder", sagte sie und sah sich im Geiste schon an seiner Seite als Hotelbesitzerin. So eine Chance würde sich für sie so schnell nicht wieder auftun.

Spielerisch gab sie ihm ein Küsschen auf den Bart und dann kritzelte sie ihm ihre Telefonnummer auf eine zerknüllte Serviette, die sie auf dem Tisch fand. Sie nahm sich vor diesen gutaussehenden Typen mit Zukunft ab sofort nicht mehr aus den Augen zu lassen.

Dann wärmten die neu zusammen gefundenen Freunde den ganzen Abend alte Geschichten auf und Themistoklis gefiel, dass Efthimios jemand war, der kein Blatt vor den Mund nahm. Immer etwas derb und gewöhnlich war er, brutal ehrlich, aber nicht ohne eine gewisse Art von Humor. Er schmetterte seine Parolen locker unter die Leute und es stellte sich heraus, dass er durch und durch ein Pascha war, was er sich prahlerisch heraushängen ließ und was Themistoklis irgendwie imponierte.

Efthimios redete viel und ziemlich laut. Doch das störte zu fortgeschrittener Stunde niemanden mehr. Er machte seine Witzchen über Ausländer, Frauen und alles Menschliche. Ihm schien nichts fremd zu sein, und so war es für alle am Tisch leicht, sich mit wenig Eigeninitiative von ihm unterhalten zu lassen. Zwischendurch gab Angeliki immer wieder einmal ein hohes Lachen von sich, um auf sich aufmerksam zu machen.

Bis spät in die Nacht hinein wurde viel geraucht und getrunken. Und dann, nach Mitternacht, ließ Efthimios plötzlich keinen Zweifel mehr darüber aufkommen, dass er politisch interessiert und sehr engagiert war.

Die Wirtschaftskrise, behauptete er, sei ausgelöst worden, weil Europa und vor allem die Deutschen, in Griechenland zu viel Einfluss genommen hätten. Man hätte den Griechen nur Geld gegeben, um sich von ihnen jahrelang Zinsen erwirtschaften zu lassen und um damit die europäischen Banken zu retten, die sonst längst pleite gewesen wären. Und jetzt, wo die Rückzahlungen gefährdet waren, würde man den Griechen die Daumenschrauben anziehen, sie zum Sparen zwingen, was er in der Krise für vollkommen idiotisch hielt.

"Als ob man eine Staatspleite verhindern könnte, wenn man den Menschen im Land zusätzlich das Geld wegnimmt", sagte er. "Wir Griechen brauchen uns von niemanden etwas sagen zu lassen, wir sind ein stolzes Volk! Wir haben die Demokratie erfunden und wir werden uns nie wieder jemandem unterwerfen!", gab er in regelmäßigen Abständen von sich. Und jedes Mal hob er sein Glas dabei und rief: "Yamas! Auf uns Griechen!"

Die Deutschen mochte er nicht, auch nicht die deutschen Mädchen. Den Euro hasste er geradezu. Griechenlands Unabhängigkeit wäre damit für immer verloren gegangen, behauptete er. Seine politische Sicht der Krise war zementiert.

Dann kam seine Rede zum Fußball. Bei diesem Thema waren dann auch wieder alle am Tisch einer Meinung. Borussia Dortmund fanden sie gut, denn obwohl das ein deutscher Verein war, spielte dort ein Grieche den sie alle kannten und der die Mannschaft erheblich aufwertete.

In den frühen Morgenstunden war man sich dann endlich darüber einig, dass Fußball das Einzige und das Beste war, was Deutschland der Welt zu bieten hatte. Außerdem fand Efthimios, dass ihm der Trainer der Borussen ähnlich sah, was zwar überhaupt nicht stimmte, ihm aber irgendwie wichtig schien. Und nach den Spielen würde bei den Borussen immer die Post abgehen. Efthimios pfiff anerkennend durch die Zähne.

"Was ist mit den Mädchen, Themistoklis?", wollte Efthimios irgendwann wissen und bestellte noch einmal Drinks für alle. "Ich verliebe mich nie", versicherte er und wartete gar nicht erst auf eine Antwort. "Ich bleibe unabhängig. Du darfst die Frauen nicht zu nahe an dich heranlassen. Themistoklis, ich sag dir, wenn sie dir zu nahe kommen, bist du geliefert! Sie lassen dich nicht mehr tun, was du tun willst. Sie wollen dein Leben verändern, über dich bestimmen und dich ins Haus holen. Schluss mit Freiheit und Saufen!"

Themistoklis gefiel mit diesem ungewohnten Alkoholpegel Efthimios' Weltsicht immer besser und er war sich sicher, dass er mit seinem neuen alten Freund noch einige interessante Gespräche haben würde, obgleich er Efthimios' Ausdrucksweise manchmal sehr deftig und überzogen fand. Aber so musste ein richtiger Kerl vermutlich sein, denn ganz selbstverständlich schaffte Efthimios es immer wieder, alle am Tisch mit seinen derben Sprüchen zum Lachen zu bringen.

Seinen Vater hatte Themistoklis nur noch sehr schemenhaft in Erinnerung, aber irgendwie war ihm, als hörte er ihn sprechen, wenn Efthimios seine Weisheiten zum Besten gab. Diese polemischen Gemeinplätze kamen ihm jedenfalls sehr bekannt vor, sie waren ihm in Erinnerung geblieben. Und auch das Auftrumpfen und Großtun waren ihm bekannt.

Efthimios' Verhalten machte den Abend für Themistoklis interessant, obwohl der Freund zunehmend lauter und ausfallender wurde.

Dann plötzlich sagte Efthimios: "Schau dir nur unsere kleine Angeliki an, sie ist eine große Ausnahme! Was macht sie? Sie ist hierhergekommen und hilft jetzt ordentlich mit Griechenland aufzubauen. Sie arbeitet fleißig und sie ist ein gutes Mädchen. Schnapp sie dir Themistoklis, sie wird dir gut tun!"

Angeliki war gedanklich etwas abgerückt, weil weder Politik noch Fußball für sie das richtige Gesprächsthema waren. Inzwischen war sie das einzige Mädchen am Tisch, die anderen waren längst gegangen. Doch jetzt erkannte sie sofort ihr Stichwort. Sie setzte sich etwas gerader auf ihren Stuhl und warf Themistoklis ein Küsschen zu. Die Bewunderung dieser Kerle tat ihr gut, sie brauchte das wie Essen und Trinken.

"Was du sagen, Themistoklis? Bin ich gut für dich?", und dabei sah sie ihn so verführerisch an wie sie konnte, denn ihr Mienenspiel, das sie oft genug vor dem Spiegel geübt hatte, wusste sie immer richtig einzusetzen.

"Ja, du gefällst mir", versicherte Themistoklis ihr und er meinte das zu dieser Stunde auch ganz ehrlich. Es wäre auch blöd von ihm gewesen sich jetzt zu wehren. Er fand sie sexy, nicht so verbissen und unnahbar wie die anderen Mädchen und nicht so schwesterlich wie Adelphia. Sie zeigte ihr Interesse an ihm ganz offen und das schmeichelte ihm sehr. Schließlich gab es kaum Momente in seinem bisherigen Leben, wo ein Mädchen so interessiert auf ihn zugegangen wäre.

Dann wurde er langsam zu müde, um den Ausführungen seiner Freunde noch aufmerksam folgen zu können. Seinen Drink leerte er noch tapfer, aber die Reden seines nimmermüden Kumpels würdigte er nur noch mit einem Kopfnicken. Es war erstaunlich, wie viel Efthimios vertragen konnte. Themistoklis' Meinung war schon längst eingeschlafen, als sein Körper noch am Tisch saß.

Am nächsten Morgen fand er Angelikis Telefonnummer auf einer zerknüllten Serviette in seiner Hosentasche und bereits ein paar Stunden später meldete sie sich per SMS bei ihm. Offensichtlich hatte er ihr in einem Zustand der geistigen Umnachtung seine Handy-Nummer gegeben, was er bisher noch nie gemacht hatte.

'War schöner Abend, freu mich auf nächste Mal!' stand auf dem Display. Themistoklis schmunzelte, als er das las. An diesem Morgen ahnte er noch nicht, dass Angeliki ihn ab jetzt fest in ihre Zukunft eingeplant hatte.

Kapitel 6

Die Überfahrt

Themistoklis lehnte am vorderen Kotflügel seines Autos und sah immer wieder auf seine Armbanduhr, als ob er die Ankunft seiner Freundin damit beschleunigen könnte. Und dann endlich.

"Themistoklis!", schon von Weitem rief Angeliki freudestrahlend seinen Namen und winkte wie wild, als sie ihn am Kai warten sah.

Sie war später in Piräus angekommen als verabredet und jetzt würden sie ganze zwei Stunden auf die nächste Fähre nach Santorini warten müssen. Das Auto hatte Themistoklis bereits auf der Spur geparkt, die zum Aufladen direkt in die Fähre führte. Nur dass der Anlegeplatz am Ende der Spur jetzt leer war und lediglich die Sonne auf dem bewegten Meerwasser glitzerte.

"Schön dich wieder zu sehen", Themistoklis meinte das so wie er es sagte, weil mit diesem Treffen wieder ein Winter vorbei war und mit der Fahrt nach Santorini der Sommer begann. Spontan umarmte er sie und drückte seine Wange an die ihre. Sie war klein und zierlich und es erstaunte ihn aufs Neue, wie sie es schaffte, sich ganz alleine überall so durchzuschlagen.

Im Herbst des Vorjahres hatten sie sich genau an derselben Stelle voneinander verabschiedet. Dass er hier mit Angeliki die Reise in den Sommer wieder gemeinsam antreten würde, war ihre Idee gewesen und sie hatte ihn deswegen im Winter gleich mehrmals angerufen, damit er das ja nicht vergessen konnte. Sie schleppte schwer an ihrem Seesack und er half ihr, ihn auf den Rücksitz zu hieven.

Angeliki sah ihren Freund ganz verzückt an.

Seine freundlichen braunen Augen unter den dichten Augenbrauen hatten immer noch diese ganz besondere Wirkung auf sie.

Er gefiel ihr jetzt noch viel besser als im Vorjahr, als sie ihn kennengelernt hatte. Er hatte etwas abgenommen und ein paar Muskeln aufgebaut, was ihm gut stand. Sein dunkler gepflegter Bart bedeckte die untere Gesichtshälfte jetzt fast ganz, die dichten schwarzen Haare trug er an den Seiten kurz geschnitten und die längeren Stirnhaare hatte er locker nach hinten geföhnt.

Trotzdem machte sie ein Schmollmündchen und wollte von ihm wissen: "Warum du hast mich nie angerufen?"

"Tut mir leid", entschuldigte er sich. "Ich war einfach nicht so gut drauf. Du weißt, der Winter in Athen kann ganz schön trostlos sein."

"Ich wissen", sagte sie. "Efthimios und ich arbeiten ganze Winter in Restaurant. Du weißt, er ist dort schon lange und kümmert sich. Aber jetzt, er ist in politische Verein und Chef mag das nicht. Ist nicht gut für Efthimios!"

"Ja, er hat es mir am Telefon erzählt", bestätigte Themistoklis.

Dann sperrte er den Wagen ab und zusammen gingen sie den weiten Weg über den Kai an die Ticketschalter, um ihre Überfahrt zu bezahlen.

Jetzt im Frühling musste die Passage noch nicht im Voraus gebucht werden. Touristen waren kaum unterwegs und die anreisenden Saisonarbeiter verteilten sich noch bis in den Frühsommer hinein. Sie entschieden sich die etwas teureren Tickets auf dem schnelleren Katamaran zu kaufen, das würde den Zeitplan wieder gerade rücken und sie noch deutlich vor Mitternacht in den Hafen von Fira bringen.

Angeliki freute sich wie wild darauf, ein paar Stunden Zeit zu haben, um mit dem Freund auf dem Boot zu sitzen und ihm alles zu erzählen, was sie im Winter erlebt hatte.

Als Themistoklis dann später den Wagen auf der angewiesenen Position in der Fähre geparkt hatte, gingen sie auf das Oberdeck und suchten sich einen gemütlichen Platz in der Mitte, wo die Überfahrt sie weniger seekrank machen würde.

Angeliki redete unentwegt auf Themistoklis ein. Er sah geradeaus aus dem Fenster und warf ihr nur hin und wieder einen kurzen Blick zu. Eigentlich war sie nicht hübsch, das hatte er schon im vergangenen Sommer festgestellt, als er sie das erste Mal ungeschminkt bei Tageslicht getroffen hatte. Ihre Nase war zu lang und zu breit in dem sonst eher kleinen Gesicht und ihre schmalen blassen Lippen reichten nicht bis in die leicht nach oben gezogenen Mundwinkel hinein. Damit sah sie immer so aus, als würde sie grinsen. Die langen braunen Haare, die sie meist zu einem Haarknödel auf den Hinterkopf gesteckt hatte, trug sie jetzt offen, doch sie sahen fransig und stumpf aus.

Nach dem Barbesuch im letzten Sommer hatte sich Angeliki ihm einfach angeschlossen. Wie ein streunendes Kätzchen, das nirgendwo hingehört, lief sie ihm seitdem hinterher. Jetzt saß sie wieder da, klein und schmal und weckte in ihm das Gefühl, dass er sich um sie kümmern müsste. Natürlich wusste er um ihr Interesse an ihm, aber er fand nicht, dass sie deswegen seine feste Freundin wäre. Er wusste nicht, was er von dieser Beziehung halten sollte und ob es überhaupt eine Beziehung war. Sie stand ihm, objektiv betrachtet, nicht näher als andere Mädchen, die er kannte.

Er fand es merkwürdig, dass Angeliki keinen Zweifel daran hatte, dass sie zu ihm gehörte. Sie hatte ihn nach dem ersten Barbesuch in regelmäßigen Abständen immer wieder angerufen, um sich mit ihm zu verabreden und weil sie sich nicht abweisen ließ, gab er ihr hin und wieder nach. Dann trafen sie sich in ihrer knappen Mittagspause am Strand, aßen zusammen ein Sandwich und meistens unterhielten sie sich über die Arbeit im Hotel.

Und jetzt saß sie wieder dicht neben ihm, klammerte sich an seinen Arm und erzählte ihm Dinge, von denen er schon im Voraus wusste, dass er sie gleich wieder vergessen würde. Sie sprachen einfach nicht dieselbe Sprache und damit meinte er nicht die Landessprache.

Eine Stunde vor Mitternacht legte die Fähre im Hafen von Fira an.

Themistoklis' Auto beförderte sie beide zuverlässig Serpentine für Serpentine vom Hafen hoch auf die Landstraße nach Imerovigli. Der Motor brummte ohne zu stottern. Der alte Japaner war schon zehn Jahre alt, als Themistoklis ihn vor drei Jahren von einem Freund erstanden hatte. Es war ein Glückskauf, denn ein neues Auto konnte sich Themistoklis nicht leisten und einen Gebrauchtwagenmarkt gab es in Griechenland so gut wie gar nicht. Die meisten Griechen fuhren ihr Auto solange es irgendwie funktionierte. Die paar Euro, die Themistoklis sich sparen konnte, reichten gerade aus, um die notwendigsten Reparaturen an dem Fahrzeug machen zu lassen. Aber im Großen und Ganzen, machte der Wagen wenig Probleme und Themistoklis war stolz auf ihn.

Angeliki wickelte sich eine Wolldecke um ihre Schultern, obwohl die Heizung den Innenraum des Wagens gut temperierte. Aber während der ganzen Überfahrt war sie hibbelig und nervös gewesen und jetzt ließ sie die Müdigkeit frösteln. Der Blick nach draußen, in den wolkenbedeckten Nachthimmel zeigte ihr, dass es auf Santorini keineswegs wärmer war, als irgendwo sonst um diese Jahreszeit in Griechenland.

Die karge Landschaft war in der Dunkelheit kaum zu erkennen und der Blick nach draußen uninteressant.

49

Sie zog die Beine hoch und kauerte sich auf den Beifahrersitz. Einen Sicherheitsgurt brauchte sie jetzt nicht mehr, denn niemand würde sie auf der Insel kontrollieren und um diese Nachtzeit schon gar nicht. Sie konnte also die verbleibende Viertelstunde bis zu ihrem Hotel noch kurz die Augen schließen. Dass sie sich auf ihren Fahrer verlassen konnte, das wusste sie.

Im Halbschlaf erinnerte sie sich daran, dass sie mit Themistoklis im letzten Sommer ein einziges Mal eine Nacht zusammen verbracht hatte. Das war, als er sie eines nachts nach Hause gefahren hatte und sie ihm anbot, ihm ihr Zimmer zu zeigen und ihm noch einen Espresso zu machen. Der klassische Trick, den die Männer meist augenblicklich richtig verstehen. Nur Themistoklis zögerte länger als notwendig. Doch dann kam er doch mit. Er hatte nichts von ihr gefordert, aber sie wollte es und hatte sich ihm angeboten. Es passierte dann alles sehr unkompliziert. Sie verführte ihn und er ließ sich darauf ein. Für sie war es nicht das erste Mal und für ihn schien es nicht die große Liebe zu sein, denn er sagte hinterher nichts von Bedeutung zu ihr. Sie musste ihn geradeheraus fragen, ob sie jetzt sein Mädchen wäre und er wartete viel zu lange mit seiner Antwort.

"Ich will mich noch nicht binden", sagte er stattdessen, "und auf keinem Fall möchte ich jetzt schon eine Familie. Ich möchte meine Zukunft planen können, verstehst du das?" Und damit war das Thema für ihn beendet gewesen.

Aber wenigstens hielt er sie noch eine Weile im Arm und ging erst am Morgen nach Hause, was sie damals als gutes Zeichen deutete.

Die Erinnerungen nahmen ein jähes Ende, als Themistoklis vor ihrem Hotel den Wagen stoppte. Er stieg aus, ging um den Wagen herum und öffnete ihr die Türe. Sie stieg aus, streckte sich zu ihm hoch und gab ihm zum Abschied noch einen Kuss auf den Mund. Trotz ihrer Müdigkeit machte sie ihm noch ein paar schöne Augen, wackelte noch ein wenig mit den Hüften, als wäre irgendwo eine schussbereite Kamera in der Nähe. Man konnte ja nie wissen, welchen Reizen der Freund in diesem Sommer wieder ausgesetzt sein würde.

Auf den griechischen Inseln urlaubten jedes Jahr unzählige junge hübsche Menschen und kurze Liebesabenteuer waren nicht selten. Das wusste niemand besser als sie, denn sie selbst nutzte gerne einen kleinen aufmunternden Flirt, um für gute Stimmung zu sorgen und sich hie und da ein kleines Trinkgeld zu erschleichen.

Themistoklis sollte sie sexy in Erinnerung haben, damit die Messlatte hoch genug hing. Außerdem war die Überfahrt zu kurz gewesen, um ihm ihre ganzen Vorzüge auf einmal zu zeigen. Das Winterhalbjahr hatte sie mehr voneinander getrennt, als ihr lieb war und dass er sich nie von sich aus bei ihr gemeldet hatte, war kein gutes Zeichen.

Das musste sich in jedem Fall wieder ändern. Daran würde sie arbeiten und vielleicht würde man dann sogar den nächsten Winter schon gemeinsam verbringen können. Sie würde dann zu ihm ziehen und brauchte nicht mehr das Zimmer bei Efthimios in Anspruch zu nehmen. Irgendwann würde auch ein Themistoklis Stellung beziehen müssen. Für sie war er immer noch der Traummann in eine bessere Zukunft und sie wollte keinen Zweifel daran aufkommen lassen, dass ausschließlich sie, auch für ihn die Traumfrau war. Er wusste es nur noch nicht.

Themistoklis hievte Angelikis Seesack aus dem Wagen und stellte ihn ihr direkt vor die Füße auf den asphaltierten Boden. Dann umarmte er sie noch einmal kurz zum Abschied.

Es war jetzt ganz dunkel. Kein Sternenhimmel war hinter den dunklen Wolken zu erkennen, nur ein kalter Wind blies vom Meer herauf über die beiden hinweg.

Diese Saison begann für Angeliki kühler als erwartet.

Und dann sagte Themistoklis auch noch so unverfänglich wie bei jedem Abschied: "Wir sehen uns!".

Die übliche Floskel unter Freunden, die sich ihrer sicher sind und keinen bestimmten Termin brauchen. Die nicht in Sehnsucht zueinander verfallen, wenn sie sich an getrennten Orten aufhielten. Er wusste, dass sie ihn finden würde, wenn sie ihn brauchte und er ahnte, dass er ihr wegen ihrer Beharrlichkeit auch diesen Sommer wieder nachgeben würde.

Themistoklis schloss die Beifahrertür und Angeliki überlegte, wie sie ihn am besten nach der Eröffnung seines neuen Hotels in den Club locken konnte, wo sie sich kennengelernt hatten. Sie wollte ein paar Freunde einladen und ein Fest für ihn geben. Sie würde veranlassen, dass alle in schwarzen T-Shirts kamen. Die dunkle Farbe war das Erkennungszeichen der politisch interessierten Freunde rund um Efthimios. Wenn Themistoklis erst einmal zu ihrer Clique gehörte, dann würde sich das Meiste von selbst ergeben.

Das war Angelikis eiserner Plan, an dem würde sie festhalten, komme, was da wolle. Und sie war sehr zuversichtlich, dass es funktionieren konnte. Themistoklis würde ihre Einladung nicht abschlagen, egal ob er sie liebte oder nicht. Er war nett und er lehnte sie nicht ab. Und eines Tages würde er sie auch noch lieben lernen!

Themistoklis wendete den Wagen und beim Wegfahren, als er die Hand zum Gruß hob, sah er sie noch einmal in seinem Rückspiegel. Dann fuhr er geradewegs zu seinem neuen Hotel, das schon in wenigen Wochen eröffnen würde und dessen Chef er ab diesem Sommer sein würde.

Angeliki war ihm aus dem Sinn, noch bevor er in seinem neuen Hotel angekommen war.

Kapitel 7

Das Vulcano Sunset

Die Morgensonne tauchte das gesamte Hotelgelände in silbergraues Licht.

Die Anlage war über den Winter in Betrieb gesetzt worden, genau wie Nicolesku es geplant hatte. Er hatte fast den gesamten Winter auf der Baustelle verbracht, um die Instandsetzungen zu begleiten. Die Zimmer wurden wieder bewohnbar gemacht, Strom und Wasser waren sichergestellt und bereits Mitte Mai, kurz nach der Eröffnung des Vulcano Sunset, trafen die ersten Gäste ein.

Jetzt am Vormittag war auf dem ganzen Gelände reges Treiben. Ein paar Gäste saßen auf den Sonnenliegen um den Pool herum und ließen sich Griechischen Kaffee oder einen Fruchtsaft servieren, während ihre Zimmer gesäubert wurden. Andere packten notwendige Utensilien in die Satteltaschen ihrer gemieteten Quads oder Motorroller, um den Tag irgendwo sonst auf der Insel oder am Meer zu verbringen. Themistoklis war damit beschäftigt die notwendigen Abläufe zu steuern und in Gang zu halten. Er lief geschäftig hin und her und immer wieder fiel ihm etwas ein, das noch dringend erledigt werden musste. Wenn ihm ein Gast über den Weg lief stoppte er abrupt seinen schnellen Gang, blieb gutgelaunt stehen, lachte freundlich und nahm sich immer die Zeit für ein paar persönliche Worte.

Adelphia wurde in den Hotelanlagen, die Nicolesku führte, als Aushilfe herumgereicht, was ihr zwar nicht gefiel, aber wogegen sie nichts machen konnte. Ihre eigentliche Arbeit im Wellness-Bereich war oft nicht tagfüllend und so entschied Nicolesku, dass sie hin und wieder jetzt auch im Vulcano Sunset Themistoklis bei seinen neuen Aufgaben unterstützen sollte.

"Wir brauchen noch einen Kuchen für morgen früh!", rief Themistoklis im Vorbeieilen in das offene Fenster der Poolbar, wo Adelphia gerade mit dem Abwasch des Frühstücksgeschirrs beschäftigt war. Es gab keine Spülmaschine in dem kleinen Häuschen, das Bar und Küche zugleich war.

"Ja, ich bin schon dabei!", rief sie zurück und holte sich nach dem Abwasch sofort die Zutaten aus den entsprechenden Schränkchen.

Sie war bei ihren Zwangseinsätzen immer ein wenig mürrisch und lustlos. Doch ihrem Freund zu liebe gab sie sich alle Mühe. Als er jetzt an der kleinen Küche vorbei eilte, winkte sie ihm noch schnell scherzhaft mit einer drohenden Faust zu, damit er wusste, dass sie das alles nur seinetwegen machte. Themistoklis zwinkerte zurück und grüßte sie spaßeshalber mit einem Victory-Zeichen, das er mit dem Zeigefinger und dem Mittelfinger seiner rechten Hand formte.

Auf Adelphia konnte er sich verlassen, obwohl er wusste, dass sie sich oft ausgenutzt vorkam. Als gute Freunde hatten sie sich zu diesem heiklem Thema bereits ausgesprochen, um keine ungute Stimmung aufkommen zu lassen.

Themistoklis stellte schon gleich nach der Eröffnung des Hotels fest, dass er nicht alles alleine schaffen konnte. Zum Glück sah Nicolesku das genauso und der Chef sorgte rechtzeitig dafür, dass er mit Adelphia die Unterstützung bekam, die er brauchte.

Das Herumreichen der Angestellten innerhalb der eigenen Hotelkette sparte Nicolesku Kosten und das Personal hatte auf diese Weise keinen Leerlauf. Über Neueinstellungen würde er später nachdenken wenn er sah, wo genau Personalbedarf entstand und vor allem, wenn sich die ersten Gewinne zeigten.

Adelphias Traum von einem eigenen Laden in Fira blieb bis jetzt unerfüllt und lediglich in ihrem Gesicht zeigte sich bisweilen, was sie von der Hilfsarbeit im Hotel wirklich hielt.

Auch bei der Zimmervergabe gab es nach der Eröffnung des Vulcano Sunset noch hin und wieder Probleme. Doch weil das kleine Hotel längst nicht ausgebucht war, entschied Themistoklis oft erst bei der Ankunft seiner Gäste, welches Zimmer er für angemessen hielt. Er lernte schnell, dass seine Gäste für einen Zimmer-Upgrade überaus dankbar waren und dafür auch gerne kleinere Umstände in Kauf nahmen.

Trotz dieser und anderer Anlaufschwierigkeiten lief das Unternehmen Vulcano Sunset gut an. Das kleine abgelegene Boutique-Hotel war auf dem besten Wege ein Geheimtipp zu werden.

Jede Zimmertür der kleinen Anlage führte direkt ins Freie. Entweder ebenerdig oder über eine Außentreppe. Ein kleines Bad und eine kleine Küche gehörten zur Ausstattung. Nur manchmal machte den Gästen der Wind im Poolbereich zu schaffen, der über der Steilküste, vor allem in der Vorsaison, mal mehr und mal weniger heftig, zu spüren war.

Ein Restaurant oder einen weiteren Aufenthaltsraum für die Gäste gab es nicht. Nur am oberen Ende des Gebäudekomplexes war ein größerer Raum in dem sich Themistoklis' Büro befand, das zugleich Rezeption war.

Das Büro bestand aus einem Schreibtisch, zwei Holzstühlen und einem großen Tisch in der Mitte. An der Wand hing eine große alte Seekarte, die das Ägäische Meer mit allen seinen griechischen Inseln zeigte. Gegenüber dem Eingang gelangte man nach draußen auf einen riesigen Balkon, der direkt an der Steilküste hing und von dem aus sich der atemberaubendste Blick über die Caldera bot, den man auf Santorini haben konnte. So jedenfalls empfand das Nicolesku. Die Türen standen den ganzen Tag über weit geöffnet und es roch herzhaft nach frischem Seewind und altem geölten Wurzelholz.

Nicolesku konnte nur Recht behalten: Die Lage und die Größe des Hotels mussten ein Erfolg werden!

Jeden Morgen servierte Themistoklis seinen Gästen ihr ganz individuelles Wunschfrühstück. Er nutzte diese tägliche Gelegenheit, um ein paar persönliche Worte mit ihnen zu wechseln. Die Gäste waren von seinem Service und von seiner persönlichen Anteilnahme so begeistert, dass ihm die meisten versprachen, im nächsten Jahr ganz sicher wieder zu kommen.

Zwar waren die Suiten erst notdürftig wieder in Stand gesetzt, aber die alten antiken Holzmöbel waren aufpoliert und gaben den Zimmern eine originelle Note. Sämtliche Handtücher und Bettwäsche ließ Nicolesku täglich wechseln, denn das war das Mindeste, was er von einem künftigen Luxushotel erwartete. Und er hatte recht damit, denn trotz der alten Mauern belästigte kein Modergeruch und kein Ungeziefer die Gäste und Themistoklis kontrollierte täglich den Zustand der Zimmer höchstpersönlich.

Nicolesku hatte Dollarzeichen in den Augen, wenn er sah, wie rund der Hotelbetrieb mit nur drei Angestellten lief. Schnell war ihm klar, dass er bereits zum Jahreswechsel einen großen Teil der Einnahmen für die nächste Renovierung verwenden konnte. Der langfristigen Edelsanierung, ganz nach seinem Geschmack, stand sicher nichts im Weg.

Weil die Gäste selten länger blieben als ein paar Tage, gab es viele Zimmerwechsel und jede Menge An- und Abmeldungen zu organisieren. Themistoklis' Arbeitstag reichte von frühmorgens bis spät in die Nacht.

Vor allem Hochzeitsreisende und ältere Ehepaare buchten das Hotel. Häufig kamen sie aus Skandinavien oder den Benelux-Ländern, auch Gäste aus der Schweiz waren schon da. Seltener buchten Spanier und Italiener das kleine Hotel.

Landsleute aus Griechenland machten kaum Urlaub auf Santorini und Gäste aus Deutschland hatte Themistoklis seit der Eröffnung des Vulcano Sunset noch gar nicht gehabt. Angesichts der negativen griechischen Presse und der Reden seiner Freunde über die Deutschen und ihre Sparpolitik, fehlten sie ihm auch nicht.

Nicolesku ließ sich öfter die Anmeldungen vorlegen, um zu überprüfen, wie weit seine Bestrebungen, ein Luxushotel zu werden, schon voranschritten. Er wollte genau wissen, wer seine Gäste waren und woher sie kamen und jedes Mal, wenn er mit Themistoklis länger zusammenstand, versprach er ihm abschließend, sein Gehalt so schnell wie möglich aufzubessern.

Es gab nur noch wenige Nachmittage, an denen sich Themistoklis ein oder zwei Stunden frei nehmen konnte und damit Zeit für sich selbst hatte. Und noch weniger Zeit hatte er jetzt für Angeliki. Fast täglich rief sie bei ihm an. Er konnte ihre Enttäuschung am Telefon spüren, wenn er sie immer und immer wieder abweisen musste. Aber noch schlimmer wäre es für sie gewesen, wenn er ihr ehrlich gesagt hätte, dass er sie gar nicht vermisste.

Kapitel 8

Katerina

"Wie wär's mit Griechenland?", fragte ich in den Raum hinein und es kam keinerlei Widerspruch.

Wir wollten alle zusammen gemeinsamen verreisen, mein Mann Leo, meine Tochter Julie und ich. Die letzten großen Sommerferien standen vor der Tür, denn Julie würde im nächsten Jahr ihre Schule abschließen.

Die Medien hatten die Urlauber in Angst und Schrecken versetzt, weil die sozialen Unruhen in Griechenland ihrem Höhepunkt zusteuerten und der Tourismus in vielen Orten bereits brach liegen würde. Von Übergriffen auf deutsche Urlauber war in den Medien die Rede und von leeren Hotels auf dem griechischen Festland.

Bekannte berichteten von kargen Buffets und geringer Auswahl bei den Speisen. Die Pools wären nicht sauber oder gar ganz ohne Wasser gewesen und die Zimmer wären nicht täglich oder überhaupt nicht mehr gereinigt worden. Wegen Geldmangel hätten die Hotels überall zu wenig, bis gar kein Personal mehr. Unsere Bekannten berichteten, sie hätten sich in Griechenland nicht besonders wohl gefühlt.

Das war aber letztes Jahr!

Dagegen erzählte ein Kollege von Leo erst neulich, er wäre dieses Jahr im Frühling auf Santorini gewesen und seiner Frau hätte das so gut gefallen, dass sie unbedingt im nächsten Jahr wieder dort buchen wollte.

Ich beschloss also: Die Insel Santorini wird unser Urlaubsziel!

Im Internet suchte ich nach einem geeigneten Hotel für uns. Obwohl wir noch nie auf einer der vielen griechischen Inseln waren, vertraute ich auf Santorini voll und ganz.

Leider stand uns nur noch eine ganz bestimmte Woche zur Verfügung, die wir miteinander verreisen konnten und so gab es für meine Suche auf den verschiedenen Urlaubsplattformen keine große Auswahl mehr. Viele Hotels waren ausgebucht und Direktflüge gab es nur noch selten. Alle Angebote, die ich anklickte, waren bereits vergeben. Und ich klickte und klickte und klickte.

Plötzlich las ich: "Ihre Reise ist noch frei, beeilen sie sich, um sich diese Reise zu sichern."

Ich beeilte mich und schickte die Anmeldung sofort ab!

"So, jetzt habe ich es abgeschickt. Wir sind dann also im August auf Santorini, im Vulcano Sunset!", rief ich wieder in den Raum hinein und war ganz stolz, dass ich noch eine Reise gefunden hatte.

"Du kannst doch nicht einfach irgendetwas buchen, du weißt doch gar nicht, wie es da ist oder wie das Hotel sein wird!" meckerte meine fast volljährige Tochter.

Julie war von meiner Spontanität nur wenig begeistert.

"Das macht nichts", lenkte ich ein, "wir haben nur acht Tage. Wenn es uns gefällt, ist es gut und wenn es uns nicht gefallen sollte, sind wir auch gleich wieder zu Hause. Und dieses Hotel war das Einzige, in dem es noch freie Zimmer gab. Es sieht auf den Bildern auch gar nicht so schlecht aus. Direkt auf der Steilküste mit Blick über die Caldera. Und einen kleinen Pool hat es auch. Vielleicht hat jemand abgesagt, um uns einen Gefallen zu tun! Es war keine Zeit, sich das Angebot lange zu überlegen."

"Hm, na ja, mal sehen." Das war sowas wie eine Zustimmung. Bei einer Siebzehnjährigen liegen eben die höchsten Höhen und die tiefsten Tiefen nah beieinander. Mein vielbeschäftigter Mann war sowieso mit allem einverstanden. Er war schon zufrieden, wenn er sich nicht selbst um die Buchung kümmern musste.

Nach ein paar Wochen war es dann endlich soweit!

Wir ließen uns schon früh zum Flughafen bringen. Ein bisschen fehlte uns allen der Schlaf aber wir waren viel zu aufgeregt, um das zu spüren. Den Menschen um uns herum, die sich auf den Gitterbänken vor dem Gate niedergelassen hatten, schien es ganz genauso zu gehen.

Trotz aller Aufgeregtheit teilte uns aus dem Lautsprecher eine Frauenstimme mit, dass sich der Abflug noch um eine Stunde verzögern würde, weil der Pilot kurzfristig getauscht werden musste. Ich hoffte inständig, dass dies kein schlechtes Zeichen wäre. Manchmal neige ich ein wenig zum Aberglauben.

Wir leisteten uns noch jeder eine Tasse Cappuccino und ein Hörnchen, weil es bis zum Frühstück im Flieger jetzt doch länger dauern würde als geplant. Wir saßen mit unserem Frühstück an einem Fenster und konnten dabei zusehen, wie unser

Gepäck über ein Rollband im Bauch eines Flugzeuges verschwand.

Der Cappuccino oder die Aufregung oder beides, irgendetwas fing an in der Bauchgegend zu grummeln. Julie und ich mussten gleich mehrmals zur Toilette und wir konnten den Abflug kaum erwarten.

Obwohl ich wusste, dass ich alle Reisepapiere in meine riesige Reisehandtasche gesteckt hatte, kramte ich in Abständen immer wieder in ihr herum, um mich zu vergewissern, ob auch noch alles da war, wo ich es hingetan hatte. Wär doch zu dumm, wenn am Ende irgendetwas fehlen würde.

Langsam dämmerte der Morgen und draußen wurde es heller. Und endlich hatte dann auch das Boarding für unseren Flug nach Santorini begonnen. Man bat die Fluggäste der hinteren Plätze zuerst einzusteigen.

Der Flug verlief ruhig und nach gut zwei Stunden lockerte sich auch die Wolkendecke und wir sahen das erste Mal auf das ägäische Meer. Bezaubernd und einmalig hellblau lag es unter uns.

Kurz vor der Landung schwebten wir an einem großen Berg vorbei. Die linke Tragfläche der Maschine schien fast den Steilhang zu berühren. Allesamt waren wir überwältigt von der bizarren Landschaft dieser kleinen Insel unter uns und wir freuten uns wie wild auf die bevorstehenden Tage.

Es ist für mich immer ein erhabenes Gefühl, wenn die Reifen des Flugzeuges endlich wieder festen Boden berühren. Sanft und sicher setzte die Maschine auf und mein Herz machte einen kleinen Sprung vor Erleichterung.

Noch kaum, dass die Maschine stand, begannen die ersten Fluggäste ihre Handgepäcksstücke emsig aus den oberen Staufächern zu holen. Der Mittelgang war damit blockiert und wir mussten etwas warten bis wir das Flugzeug verlassen konnten.

Die warme Meeresluft die uns beim Verlassen der Maschine entgegenschlug, machte Urlaubsstimmung von der ersten Sekunde an. Ein Bus fuhr uns die wenigen Meter von unserer Maschine bis hin zu dem kleinen Gebäudetrakt auf dem Flughafen von Thira.

Nachdem wir unsere Koffer wieder hatten, wurden wir vor dem Gebäude von zwei netten Reiseleitern begrüßt. Sie informierten uns, dass um die Ecke ein goldfarbener Kleinbus stehen würde, der uns ins Hotel Vulcano Sunset bringen sollte.

Noch weitere Urlauber stiegen mit uns in den herunter gekühlten Kleinbus und schon bald begann unsere allererste Fahrt über eine griechische Insel.

Alles war neu und die Spannung stieg.

Zuerst fuhren wir nach Kamari, ein kleiner Badeort, der nicht weit vom Flughafen entfernt liegt. Der griechische Busfahrer hielt sich während der Fahrt unentwegt sein Handy ans Ohr. Mit nur einer Hand lenkte er den Bus und telefonierte dabei ständig lauthals in seiner Muttersprache. Er zeigte uns damit vom ersten Augenblick an, dass wir hier weit weg aus unserer korrekten und von Vorschriften gegeißelten Heimat waren.

In Kamari liefen die Urlauber bereits in kurzen Hosen und ärmellosen T-Shirts herum. Die ersten Sonnenbrände in Badelatschen, mit bunten Handtüchern unter dem Arm, ja, so stellte ich mir einen typischen Badeort vor!

Unser Fahrer zwängte sich mit dem Kleinbus durch die engen Gassen, die noch zusätzlich an den blödesten Stellen zugeparkt waren und hupte hin und wieder einen Touristen von der Straße auf den Gehweg zurück. Wir hielten an zwei Hotelanlagen und fast die Hälfte der Fahrgäste verließ bereits hier den Bus schon wieder.

Dann fuhren wir um einen riesigen Berg herum, der, wie ich später nachlesen konnte, Profitis Ilias heißt, und landeten in Perissa. Hier wurden die restlichen Gäste aus dem Bus in ihre Hotels entlassen. Jetzt waren wir die letzten Fahrgäste und die Neugier auf unser Ziel stieg unentwegt weiter an.

"Es muss laut Plan irgendwo ganz oben sein", klärte ich meine Familie unnötigerweise auf. Inzwischen machte sich die kurze Nacht bemerkbar, wir hingen alle ein wenig müde in den Seilen.

Erst jetzt ging es weiter hinauf auf die Steilküste. Wir fuhren durch Megalohori Richtung Pyrgos. Und plötzlich das Schild: "Vulcano Sunset".

Niemand war hier nur zufällig, keine Spaziergänger und keine parkenden Autos. Noch einmal bogen wir ab in einen kleinen Seitenweg, dann noch zwei scharfe Kurven und endlich sahen wir das erste Mal unser Hotel.

Etwas abgelegen vielleicht, aber dennoch sehr vielsprechend sah es aus. Der kleine türkisfarbene Pool, das lichtweiße Haus mit seinen runden Dächern, alles war genauso wie auf den Bildern im Internet.

Kapitel 9

Themistoklis

Es war das erste Mal, dass sich im Vulcano Sunset Gäste aus Deutschland angekündigt hatten. Zwei Erwachsene, ein Kind. Efthimios würde sagen, das ist typisch, zu mehr Leidenschaft reicht es bei den Deutschen nicht. Aber inzwischen war Themistoklis professionell genug, um sich über derlei Gerede keine Gedanken mehr zu machen.

Er erwartete die Gäste aus Deutschland gegen Mittag und dann würde er sich sowieso selbst ein Bild von ihnen machen. Die Deutschen, mit denen er früher zu tun hatte, waren ausschließlich ältere Ehepaare gewesen, mit denen es kaum Ärger gab. Oft fehlten ihnen nur ihre gewohnten Utensilien oder sie waren sich wegen der Formalitäten unsicher. Das ließ sich aber alles richten.

Die Anmeldung war erst vor ein paar Tagen ganz plötzlich hereingekommen, was Nicolesku sehr freute, denn in dieser ersten Saison waren noch ein paar Zimmer frei geblieben. Es war richtig von ihm gewesen sich auch über die professionellen Reiseanbieter im Internet vermitteln zu lassen, so wurde sein Hotel ab dem ersten Tag sofort weltweit gefunden.

Wie jeden Morgen lief Themistoklis mit seinem Frühstückstablett auf dem Hotelgelände herum, um seine Gäste zu bewirten. Begleitend zum Frühstück gab es von ihm täglich gute Ideen für Ausflüge oder Besichtigungen, auch wenn er nicht danach gefragt wurde.

Viele Impressionen von der Insel hatte er inzwischen von seinen Gästen übernommen und was die einen gut fanden, empfahl er dann anderntags gerne den anderen weiter. Ein besonderes Speiselokal oder ein ungewöhnliches Café zum Beispiel und einige Urlauber fanden sogar noch abgelegene Strände auf der Insel, die er selbst noch nicht kannte. Erfahrungsgemäß reichte eine kleine Auswahl an Vorschlägen, da die meisten sowieso nur ein paar Tage im Hotel blieben und er musste sich nur merken, von wem er einen Tipp hatte und an wen er diesen weitergeben konnte.

Eigentlich sollte die deutsche Familie längst hier sein, aber der Flug schien sich wieder einmal verspätet zu haben. Das kannte er und das war nicht weiter ein Problem. Lieber kamen die Gäste später, als zu früh, denn die Zimmerreinigung zog sich beim Wechsel oft hin. Die Reinigungsfrau war zwar gründlich, aber nicht immer die Schnellste und sie arbeitete alleine. Manchmal packte Themistoklis dann sogar selbst mit an, wenn es darum ging Wäsche zu holen oder wegzubringen, um so die Zimmerreinigung zu beschleunigen. Er war als Hotelmanager eben der Mann für alles, selbst für die kleinsten Aufgaben fühlte er sich nicht zu schade.

Er saß gerade an seinem Schreibtisch, als am späteren Vormittag die drei Deutschen mit ihren Koffern plötzlich in seiner Rezeption standen. Er hatte sie gar nicht vorfahren sehen.

Sofort stand er auf, ging auf sie zu und begrüßte sie so zuvorkommend, wie es auch sonst seine Art war. Sie waren irgendwie anders, als er erwartet hatte. Der Mann war groß, die Frau eher klein und die Tochter war irgendwo dazwischen und längst kein Kind mehr. Da hatte er wohl wieder einmal zu schnell über die Altersangabe hinweg gelesen. Alle drei strahlten ihn erwartungsvoll an und machten ihm den Einstieg leicht.

"Hallo, ich bin Themistoklis", stellte er sich vor und reichte zuerst dem Vater die Hand hin, "und wie heißt du?"

Das Du in der Anrede schien den Mann nicht zu stören.

"Ich bin Leopold!", der Mann griff nach der hingehaltenen Hand und schüttelte sie. "Sag einfach Leo zu mir."

Als er dem Mädchen die Hand reichte, wurde sie rot im Gesicht und sagte fast schüchtern: "Ich heiße Julia, man nennt mich Julie."

Dann hielt er der Frau die Hand hin und lachte: "Und wie nennt man dich?"

"Ich bin Katerina", lachte sie zurück, "und man nennt mich auch Katerina."

"Das erste Mal auf Santorini?", fragte Themistoklis daraufhin höflich in seinem besten Englisch. Die englische Sprache war für ihn längst kein Problem mehr, da er sich seit Jahren mit Touristen in dieser Sprache verständigte, denn Griechisch blieb für die meisten Inselbesucher ein Buch mit sieben Siegeln.

"Das erste Mal in Griechenland überhaupt", antwortete Leo in genauso fließendem Englisch.

Obwohl der Mann bereits ziemlich graue Haare hatte, wirkte er nicht alt oder überheblich auf Themistoklis. Die Stimmung war weder angespannt noch fremd. Themistoklis verlangte routinemäßig nach den Pässen und den Hotelgutscheinen, um die Berechtigung für den Aufenthalt zu überprüfen. Die Frau fing sofort an, umständlich in ihrer riesigen Handtasche herumzuwühlen. Themistoklis hatte keine Eile. Er hatte genug Zeit um sich mit seinen neuen Gästen ausgiebig zu beschäftigen. Er nutzte die Gelegenheit dazu, sich erst einmal ausgiebig in den Anblick des Mädchens zu vertiefen, das sich mit Julie vorgestellt hatte.

Plötzlich tauchten die Papiere doch noch auf, sogar erstaunlich ordentlich in mehrere Klarsichthüllen verteilt. Korrekt und deutsch, fiel Themistoklis auf Anhieb dazu ein. Noch während er die Unterlagen prüfte wurde ihm klar, dass das Zimmer, das er für diese Familie geplant hatte, ein Zweibettzimmer mit Zustellbett, zu klein war. Vor allem das Zustellbett. So wie er das jetzt einschätzen konnte, ging seine Planung nicht auf. Weil das Kind eben kein Kind mehr war, sondern eine hübsche junge Dame, die ein eigenes großes Bett brauchen würde. Zum Glück war er jetzt lange genug im Geschäft, um sich schnell eine passende Lösung für dieses Problem auszudenken.

Eine größere Suite musste her, aber eine solche würde erst morgen frei werden und erst gegen Mittag zu beziehen sein. Als Zwischenlösung könnte er die drei für eine Nacht in einem anderen Hotel unterbringen. Natürlich nur, wenn sie mit einem vorübergehenden Hotelwechsel einverstanden wären. Jetzt kam es darauf an, dieses Angebot so schmackhaft wie möglich zu verkaufen.

Noch während er die Papiere so langsam wie möglich ordnete, überlegte er sich, wie er diese Angelegenheit am besten erklären könnte.

Er stand auf und bot den Dreien zuerst einmal einen Drink an, das würde sie entspannen. Doch statt Likör oder Sekt bestellten sie nur Wasser bei ihm. Das hatte Themistoklis auch schon anders erlebt. Wenn es etwas umsonst gab, wurde auch gerne ein teurer Drink genommen. Und manche Gäste reisten hinterher sogar mit den hoteleigenen Handtüchern wieder ab.

Themistoklis brachte drei Gläser mit kühlem Eiswasser und dann führte er seine Gäste durch die offene Glastüre auf den Balkon direkt über der Caldera. Der Blick von hier war für alle Ankommenden ein Erlebnis, darauf konnte sich Themistoklis verlassen. Das war der perfekte Einstieg, um seine Gäste in Santorini-Laune zu versetzen.

"Wow", entkam es der Frau auch prompt, "das ist ein Ausblick!"

Themistoklis lachte, denn er wusste um diesen ersten wichtigen Eindruck. Der stimmte versöhnlich und jetzt würde er auch seine Buchungsprobleme leichter korrigieren können.

Er überließ die drei erst einmal ihren Impressionen und ging an seinen Schreibtisch zurück, um die Sache mit dem Ersatzzimmer für eine Nacht zu klären, denn vorher konnte er diese Lösung nicht anbieten.

Doch dann musste er doch noch auf einen Rückruf warten und brauchte mehr Zeit. So zeigte er ihnen auf einer Karte zuerst noch die Sehenswürdigkeiten Santorinis. Die Geister milde stimmen, nannte er das. Er fuhr mit seinem Zeigefinger langsam über die Red Beach hier und über Oia da, Perissa dort, Pyrgos und den Profitis Elias. Er sprach bewusst langsam und seine tiefe beruhigende Stimme schaffte das nötige Vertrauen in seine Kompetenz. Die halbe Schlacht war schon gewonnen.

Dann klingelte das Telefon und zum Glück gab es keine Probleme die Gäste für eine Nacht in ein Hotel zu bringen, das zu Nicoleskus Kette gehörte. Die Vernetzung der Hotels untereinander funktionierte perfekt.

"Es gibt da leider ein Problem", rückte Themistoklis dann endlich mit der Sprache heraus. "Das Zimmer, das sie haben sollten, ist noch nicht frei."

"Was hat er gesagt?", die Frau verstand sein Englisch nicht und schaute fragend ihren Mann an.

"Unser Zimmer ist noch nicht frei", übersetzte der.

"Wenn sie einverstanden sind, werde ich sie eine Nacht in ein anderes Hotel bringen lassen und ab morgen könnten sie dann sogar ein größeres Zimmer beziehen, als das, das sie gebucht haben." Themistoklis machte eine kurze Sprechpause und weil keine Antwort kam, ergänzte er:

"Das ist selbstverständlich für sie alles gratis und das Hotel in Imerovigli ist eines unserer besten, sie werden sich dort sicher sehr wohl fühlen."

Der Mann übersetzte wieder und Themistoklis sah sofort in den Gesichtern, dass alle einverstanden waren.

Das Mädchen stand die ganze Zeit stumm neben ihren Eltern und Themistoklis ertappte sich dabei, dass er sie gerne länger und vor allem etwas genauer angesehen hätte. Er startete gleich mehrere Versuche, fühlte sich aber jedes Mal dabei ertappt und richtete seinen Blick dann schnell wieder auf den Vater, so gleichgültig wie möglich wollte er in die Runde schauen.

Das Mädchen hatte lange dunkelbraune Haare und braune Augen. Er stellte fest, dass sie nicht viel kleiner war als er selbst, vielleicht sogar gleich groß, schlank und sehr hübsch. Sie sah gar nicht typisch deutsch aus, oder wenigstens nicht so, wie er sich ein typisch deutsches Mädchen vorgestellt hätte. Dabei wusste er nicht einmal wie er sich ein typisch deutsches Mädchen überhaupt vorstellen sollte.

In griechischen Karikaturen wurden deutsche Frauen oft blond, energisch und gut genährt dargestellt. Doch dieses Mädchen wirkte eher exotisch und überhaupt nicht energisch.

Obwohl er sich nie wirklich damit befasst hatte, stellte er jetzt fest, dass dem Mädchen jegliche Art der Koketterie fehlte. Sie war Kind und junge Frau in einem und obwohl sie ihm völlig fremd war, hatte er den Eindruck ihr auf eigenartige Weise nahe zu stehen.

Zu seiner Umbuchung gab es keinen Widerspruch. Als alle Details geklärt waren, führte Themistoklis alle hinaus zum Pool, wo sie auf den Fahrdienst warten konnten. Zur besseren Verständigung bot er noch einmal Getränke aus der Bar an. Es war gut, dass es so unkompliziert lief, denn er hatte ein wenig Ärger befürchtet.

Die deutsche Ordnung war doch berühmt berüchtigt. Sture Rechthaber wären sie, hatte ihm Efthimios immer wieder eingeimpft. Doch jetzt nichts von dem. Geduldig warteten diese Leute bis der Fahrdienst sie abholte und in das Ausweichhotel nach Imerovigli brachte.

Als sie dann endlich abgefahren waren, setzte sich Themistoklis hinter seinen Schreibtisch und fing an, die Zimmerplanung für die nächsten Tage umzustellen, denn wie immer zog diese kleine Umstellung eine Folge weiterer Umstellungen nach sich. Zu oft würde er diese Lösung mit dem Ausweichhotel nicht anbieten können.

Den ganzen Nachmittag und auch am Abend war es im Gelände und an der Poolbar ruhig geblieben. Die wenigen Gäste waren irgendwo unterwegs und abends saßen sie oft in den umliegenden Tavernen zum Dinner.

Erst später, wenn sie ins Hotel zurückkamen, trafen sich einige noch an der Poolbar. Aber oft vertrieb sie der frische Wind, der abends über die Klippen herauf wehte und an der offenen Bar ungemütlich zu spüren war, vorzeitig in ihre Zimmer.

Jeden Abend, nach Einbruch der Dunkelheit, stellte Themistoklis weiße Laternen rund um den Pool und zündete die Kerzen darin an. Danach stand er oft mit Adelphia hinter dem Tresen, um sich mit ihr über dies und das zu unterhalten. Hin und wieder kam Nicolesku vorbei, ließ sich einen Drink servieren und erkundigte sich, ob alles reibungslos lief.

Bis kurz nach Mitternacht blieb Themistoklis täglich in Bereitschaft. Sein Dienst endete erst, wenn die Poolbar geschlossen war. Dann löschte er die Laternen um den Pool herum, sammelte sie wieder ein und brachte sie in den Abstellraum unter einer der Außentreppen. Adelphia war dann meistens schon gegangen und Themistoklis blieb alleine auf dem Hotelgelände, wo er im untersten Stockwerk sein Zimmer für die Nacht hatte.

Obwohl ihm der Zusatzaufwand mit den Laternen lästig war, fand er in dieser Nacht, dass es romantisch sein müsste, mit jemanden, den man sehr mochte, am beleuchteten, türkisblauen Pool noch lange draußen zu sitzen und über die nächtliche Ägäis in die Sterne zu schauen.

Kapitel 10

Katerina, erster Urlaubstag

Im Vulcano Sunset war wohl etwas schief gelaufen. Der Hotelmanager schickte uns gleich weiter nach Imerovigli, wo wir in einen weißen Höhlenbau zogen. Ein Fahrer brachte uns dorthin.

Ganz oben auf einer Empore stand Julies Bett direkt unter einer runden Kuppel und das Bett für Leo und mich war genau unter der Empore. Alles war etwas alt und es roch nach feuchtem Holz, aber es war sauber und gemütlich. Von der kleinen Terrasse vor unserem Zimmer, hatten wir einen wunderbaren Blick über die weißen Kuppeln der Höhlenbauten unter uns, bis weit über das Meer, hinüber zum Vulkan. Wir badeten kurz im Hotelpool und machten anschließend einen ausgedehnten Spaziergang durch die außergewöhnliche weiße Hotellandschaft. Alles war atemberaubend schön!

Wir waren überhaupt nicht böse über den Buchungsfehler. Wir sahen das als Glücksfall! Besser konnte es gar nicht laufen. Das erste Mal auf Santorini und schon wurden wir zweimal über die ganze Insel chauffiert. Außer unserem gebuchten Hotel durften wir gleich noch ein anderes kennenlernen.

Julies Begeisterung schien einen Namen bekommen zu haben, denn sie fragte mich immer wieder, wie mir eigentlich Themistoklis gefallen hätte.

Für mich war dieser Name so kompliziert, dass ich ihn gar nicht richtig aussprechen konnte. Der Name war genau so kom-

pliziert wie die Namen der Orte auf der Insel: Imerovigli, Akrotiri oder Megalohori.

Ich machte gleich mehrere Anläufe und musste lachen, weil ich gar nicht dachte, dass man die Buchstaben eines einzigen Wortes so wild durcheinander würfeln konnte.

Aber ich gab zu, dass der junge Hotelmanager sehr gut aussah, so braungebrannt mit seinem schwarzen Dreitagebart. Und mir war auch nicht entgangen, dass er Julie genauso neugierig gemustert hatte, wie sie ihn.

Ich sagte ihr das aber nicht, obwohl sie genau das vielleicht gerne gehört hätte.

"Ja, er sieht gut aus", bestätigte ich meiner Tochter, "dem werden die Mädchen reihenweise hinterher laufen."

Aber das war es nicht, was sie hören wollte. Sie schwebte gerade auf Wolke sieben und freute sich auf morgen. Fünf Jahre Mädchenschule reichten ihr erst einmal.

Kapitel 11

Themistoklis

Am nächsten Morgen brachte die Personalchefin der Hotelkette um Nicolesku, die Gäste aus Deutschland persönlich zurück. Themistoklis war gerade dabei den Pool zu säubern, als sie ankamen. Sofort brach er seine Arbeit ab, begrüßte sie alle und kümmerte sich um die Koffer. Zwei Sixpack Wasserflaschen waren zum Gepäck hinzu gekommen. Offenbar war die Familie in Sorge im Hotel verdursten zu müssen. Aber für ihn waren diese schweren Dinge kein Problem mehr. In den vier Monaten im Vulcano Sunset hatte er einiges an Muskelmasse aufgebaut. Viele schwere Koffer mussten viele Treppen rauf und runter geschleppt werden, das war sein tägliches Fitnessprogramm.

Er trug alles in seine Rezeption und lud die kleine Gruppe ein, mit ihm an die Poolbar zu kommen.

Das Wetter im August war sehr warm und tagsüber war der vom Meer herauf wehende Wind angenehm und erfrischend.

"Wie geht es?", fragte Themistoklis, wie immer in seinem besten Englisch, in die Gruppe hinein, ehe er hinter dem Tresen der Poolbar verschwand, um die Getränke herzurichten und etwas Kuchen, der vom Frühstück übrig war, auf kleine Teller zu verteilen.

"Uns geht es sehr gut", antwortete die Mutter für alle. "Wir haben gestern schon hunderte Fotos geschossen, so schön war es in dem Ort!" Sie sagte das in Deutsch und Themistoklis verstand sie nicht.

"I don't understand you, Katerina!", lachte er sie an.

Leo sprang ein, gab sich als Dolmetscher und übersetzte alles, was seine Frau zu sagen hatte und jedes Mal hängte er hintendran einen humorvollen Kommentar, wohlwissend, dass sie das auch nicht verstehen konnte.

Eine lustige kleine Runde hing da am Tresen zusammen und Themistoklis gefiel, dass seine Personalchefin ebenso begeistert war wie seine Gäste. Er war froh, dass er alles so gut im Griff hatte. Die Griechin konnte nämlich auch sehr energisch werden. Doch wenn sie sich zu einem griechischen Kaffee bei ihm niederließ, war das ein gutes Zeichen.

"Das Zimmer ist leider noch nicht fertig", gestand Themistoklis und neigte den Kopf zur Seite, als könne er mit dieser Haltung die Anwesenden gnädig stimmen. "Wenn ihr wollt, könnt ihr euch in der Rezeption umziehen und im Pool baden. Ich bringe Pooltücher an die Liegen."

Die Gäste waren von seiner Idee begeistert und nahmen sie dankend an.

Dann zog es ihn den ganzen Vormittag immer wieder in die Nähe seiner Gäste und jedes Mal versuchte er einen Blick auf das Mädchen zu werfen, die im Bikini auf der Liege saß und las.

"Alles in Ordnung?", fragte er jedes Mal, wenn er vorbeikam. "Habt ihr noch einen Wunsch?"

Dann fand er, dass sein Interesse bereits auffallen könnte und er verkroch sich eine Weile hinter seinen Schreibtisch, wo er versuchte andere Aufgaben zu erledigen. Er saß noch nicht lange, als Katerina und Julie an seinen Tisch kamen und ihn nach einer Toilette fragten.

Die einzige Toilette befand sich hinter seinem Schreibtisch und nur eine dünne Holztür trennte sie von seinem

Arbeitsplatz. Normalerweise nutzten die Gäste die Toiletten in ihren Zimmern, aber in diesem Fall ging das ja nicht. Er wusste, dass man den feinsten Wasserstrahl durch die Wände hören konnte und weil er das peinlich fand, machte er sich sofort auf den Weg nach draußen. Er konnte ja bei der Gelegenheit schon mal nach dem Zustand der Suite schauen.

Themistoklis stand in der offenen Tür, als Katerina und Julie auf dem Rückweg an der Suite vorbeikamen.

"Ich kann euch ja schon mal die Suite zeigen", sprach er sie an und ging voraus in das Zimmer.

Das würde ihnen die Wartezeit verkürzen und außerdem stand das Mädchen jetzt direkt im Bikini vor ihm, was er für ein nettes Intermezzo seines langen Arbeitstages hielt. Seine griechische Seele machte einen Freudensprung.

Sie war so hübsch und er wunderte sich aufs Neue, dass sie so scheu und hilflos wirkte. Sie sollte doch wissen, wie sehr sie sich auf ihr Äußeres verlassen konnte. Doch gerade diese scheue Zurückhaltung war es, die sein Interesse weckte.

Er war recht abgelenkt, als er die Suite erklären wollte und plötzlich war es ihm sogar unangenehm im Beisein Julies auf das große Doppelbett aufmerksam zu machen. Als er routinemäßig mit der Hand auf das Fußende der Matratze drückte, um die Weichheit der Unterlage zu beweisen, war sein Gefühl dabei ein anderes als sonst. Er bemühte sich dann so sachlich wie möglich das Sofa, die kleine Küche, den Herd die Gläser und das Geschirr zu zeigen. Die sichtbare Bewunderung der beiden, als er das Inventar der Küche erklärte, freute ihn und er schloss aus ihren Blicken, dass das großzügige Studio Gefallen fand. Dass die Kochgelegenheit über die Jahre hinweg gelitten hatte, übersahen die beiden offensichtlich, was ihn sehr beruhigte.

Als Julie und ihre Mutter das Zimmer wieder verlassen hatten, stand er noch eine ganze Weile in der offenen Tür und sah dem Mädchen nach, bis es sich plötzlich umdrehte. Er fühlte sich ertappt, aber weil sie ihn spontan anlächelte, lachte er genauso spontan zurück. Dieser kleine Blickkontakt hinterließ ein seltsames Glücksgefühl.

Nachdem die Familie endlich ihre Suite bezogen hatte, sah er sie den ganzen Nachmittag nicht wieder. Zuerst hatten sie wohl ausgepackt und nach einer kleinen Ruhepause hatten sie das Gelände verlassen. Erst spät am Abend kamen sie wieder ins Hotel zurück und als Julie ganz plötzlich seinen Weg kreuzte, machte sein Herz prompt einen kleinen Sprung vor Aufregung.

Dann verbrachte sie den Abend mit ihren Eltern auf dem Balkon vor dem Zimmer. Themistoklis konnte dort eine flackernde Kerze sehen, wenn er am äußersten Rand der Poolterrasse die Tische abwischte und die Stühle dort zurecht rückte. Dass dort auf dem Balkon gerade ein bezauberndes Mädchen saß, spürte er mehr, als er es dachte.

Bis Mitternacht stand er mit Adelphia in der Bar und sprach mit ihr über die neuen Gäste, wobei er sorgsam darauf bedacht war, Julie nicht zu oft zu erwähnen.

"Das Mädchen gefällt dir, was?", zwinkerte Adelphia ihm zu. "Vergiss es. Du hast eine Freundin auf der Insel. Ich habe doch gesehen, wie nah Angeliki und du euch auf der Einstandsparty gewesen seid."

"Das darfst du nicht so ernst nehmen", winkte Themistoklis ab. "Angeliki ist eher hinter mir her, als umgekehrt."

"Themistoklis, träum dich da nicht in eine Sache, die nicht gut gehen kann", warnte ihn Adelphia. Dann fing sie an eine Menge Geschichten zu erzählen von Urlaubern und Angestellten und wie oft diese Geschichten mit einer Enttäuschung enden.

Als Themistoklis die Laternen um den Pool herum aufräumte, war die Kerze auf dem Balkon bereits gelöscht. Und es war das erste Mal in diesem Sommer, dass er darauf gespannt war, am nächsten Morgen jemand ganz besonderen, das Frühstück zu bringen.

Kapitel 12

Katerina, zweiter Urlaubstag

Wir schliefen in unserem Ausweichquartier alle drei sehr gut.

Zum Frühstück gab es frischgepressten Orangensaft, der wirklich vor unseren Augen frisch aus Orangen gepresst wurde. Bevor unser Fahrer kam, kauften wir in einem kleinen Supermarkt gegenüber des Hotels noch ein paar Flaschen Wasser, denn so wie ich es in Erinnerung hatte, war rund um das Vulcano Sunset keine Möglichkeit etwas einzukaufen. Ich wusste genau, dass ich am meisten Durst bekommen würde, wenn es nichts zu Trinken gäbe.

Julie zog zum ersten Mal ihr superkurzes ausgefranstes Beachhöschen an und ihre langen Haare trug sie offen, obwohl mir die Hitze schon am frühen Vormittag den Schweiß in den Nacken trieb.

Eine Griechin fuhr uns sehr rasant über die Insel zurück in unser eigentliches Hotel. Sie erzählte uns ohne Luft zu holen in Griechisch akzentuiertem Englisch alles über Santorini und die Menschen auf der Insel. Ich verstand zwar nur die Hälfte, aber ich fand es herrlich urlaubsmäßig. Die Fahrt war auf diese Weise viel schneller vorbei, als die gleiche Fahrt am Vortag in die Gegenrichtung.

Mühelos schleppte dieser Themistoklis unser gesamtes Gepäck, inklusive der zwölf großen Wasserflaschen in seine Rezeption. Julie schaute ihm dabei interessiert zu und sie langweilte sich überhaupt nicht wie sonst. Nicht ein einziges Mal nörgelte sie wegen irgendetwas herum.

Wir waren Themistoklis nicht böse wegen seines oder sonst irgendjemandes Fehler. Auf diese Weise hatten wir einen guten Überblick über die Insel bekommen und konnten uns ein Bild machen, was wir in den nächsten Tagen alles genauer sehen wollten. Außerdem sah es so aus, als bekämen wir wegen des Buchungsfehlers im Vulcano Sunset eine Sonderbehandlung, denn jedes Mal gab es Kaffee und Kuchen auf Kosten des Hauses.

Wir tranken unseren ersten Griechischen Kaffee.

Er wurde vor unseren Augen in einem kleinen Kupferkännchen zubereitet, das gerade mal so viel Inhalt hatte wie eine kleine Tasse. In diesem Kännchen wurde das Kaffeepulver, zusammen mit zwei Teelöffel Zucker, aufgekocht und kurz bevor das dunkelbraune Süßgetränk überlief, wurde es in eine Tasse umgefüllt.

Es schmeckte hervorragend.

Griechischer Kaffee wird künftig auf alle Fälle in der Liste meiner Lieblingsgetränke stehen.

Als Themistoklis so hinter dem Tresen stand, fiel mir Julies Frage wieder ein. Ja, der Junge sah wirklich gut aus! Dass die junge Dame jetzt viel aufrechter auf ihrem Stuhl saß und ganz besonderen Wert auf ihre Kleidung legte, konnte ich gut verstehen.

Der Bezug unseres Studios dauerte dann aber doch noch bis zum Nachmittag. Die Schnellsten waren sie hier nicht. Aber wir durften in der Zwischenzeit schon mal im kühlen Pool baden. Themistoklis brachte uns große braune Pooltücher, die angenehm sauber nach frischer Luft dufteten.

Insgesamt kam er ziemlich häufig bei uns vorbei und immer wieder fragte er nach, ob wir etwas bräuchten oder ob er etwas für uns tun könnte. Es sah fast danach aus, als ob er extra häufig um uns herum gepirscht wäre.

Julie meinte aber nur ganz cool, dass das schließlich sein Job wäre!

Aber als Themistoklis ihr und mir dann unser Studio zeigte, das gerade noch final geputzt wurde, war seine und ihre Begeisterung aneinander ziemlich offensichtlich.

Hier das Bett, dort das Sofa, also das Bett für Julie, hier der Kühlschrank, die kleine Kücheneinrichtung mit der Heizplatte, ein kleines Wassertöpfchen, drei Gläser, drei Tassen, drei Teller und genau dreimal Besteck. Alles abgezählt wie bei den sieben Zwergen.

Nicht die Einrichtung gefiel hier ganz besonders, sondern Themistoklis. Ruhig und gelassen stand er da, der braungebrannte griechische Halbgott und erklärte uns mit seiner tiefen Stimme und seinem griechisch angehauchtem perfektem Englisch die Vorzüge dieser sehr einfachen, veralteten Einrichtung. Die versiffte Heizplatte und das zerbeulte Wassertöpfchen würden wohl das einzige sein, was wir hier verwenden könnten. Aber wen interessierte das, wenn man so beseligend informiert wird.

Es sah ganz danach aus, als hätten sich Julie und er noch einmal zugezwinkert, als wir zum Pool zurückgingen. Ich tat so, als hätte ich das nicht gesehen.

Als wir das Zimmer endlich beziehen konnten, kochte ich uns mit dieser kleinen Herdplatte und dem kleinen Wassertöpfchen erst einmal einen starken Kaffee, den wir uns zusammen mit Keksen auf dem Balkon schmecken ließen.

Der Blick über die Caldera war von hier aus umwerfend! Nicht einmal die Dächer anderer Hotels störten den Blick hinüber zum Vulkan. Hier war vermutlich das schönste Fleckchen Griechenlands und wir waren hier!

Später fuhren wir noch mit dem öffentlichen Bus nach Perissa. Die Busse sehen hier wie normale Reisebusse aus und man muss dem Fahrer an der Haltestelle zuwinken wenn man einsteigen möchte, sonst hält er möglicherweise gar nicht an.

Julie und Leo sprangen am Strand von Perissa gleich ins Meer. Nur ich konnte mich angesichts des Windes und der fehlenden Umzugsmöglichkeiten noch nicht zu einem Bad erwärmen. Später stellten wir fest, dass es den ganzen Strand entlang Umkleidekabinen gibt und alle Tavernen ganz selbstverständlich ihre Toiletten anbieten. Ich fand das sehr sympathisch. Griechenland fing an mir immer besser zu gefallen und das nächste Mal würde ich auch ins Wasser gehen.

Wir blieben bis zum Abendessen. Dann gab es unser erstes Gyros in einer der vielen Tavernen am Strand. Erst nach Sonnenuntergang fuhren wir mit dem Bus zurück ins Vulcano Sunset.

Bis in die Nacht hinein saßen wir auf dem Balkon vor unserer Suite und genossen den Blick über die Caldera. Mehr und mehr Lichter säumten nach und nach den Inselrand und spiegelten sich goldgelb im dunklem Meer.

Kapitel 13

Themistoklis

Themistoklis hatte erstaunlich fest geschlafen und am Morgen war er mit einer freudigen Erwartung aufgewacht, die dafür sorgte, dass er blitzschnell aus dem Bett kam. Er konnte es kaum erwarten Julie das Frühstück zu servieren.

Die kleinen Tischchen auf der Poolterrasse waren jetzt mit drei Leuten besetzt fast zu klein, um alles Notwendige für ein Frühstück darauf unterzubringen. Themistoklis wunderte sich über sich selbst, dass er es trotzdem schaffte drei Sets auszubreiten und drei Kaffeekännchen, drei Kaffeetassen, drei Dessertteller, Besteck, Orangensaft, Brotkörbchen, Marmelade, Joghurt und Früchte darauf abzustellen. Er versuchte dabei so relaxt, wie möglich zu wirken.

"Habt ihr gut geschlafen?", fragte er interessiert und dachte an die Kerze auf dem Balkon und dass sie schon deutlich vor Mitternacht gelöscht wurde. "Habt ihr heute schon etwas vor? Ich kann euch die antike Stadt in Akrotiri empfehlen. Die ist sehr interessant. Von dort kommt man ganz schnell auch an die Red Beach. Viele unserer Gäste machen diesen Ausflug." Themistoklis wollte gerne ein wenig mit seinen Gästen ins Gespräch kommen.

"Wir müssen heute auf unsere Reiseleitung warten", sagte Leo.

"Ach so! Ja klar, sie kommen immer, ich kenne das." Themistoklis vermutete, dass die Reiseleiter für jede verkaufte Tour eine dicke Provision einsteckten, aber sicher wusste er es nicht. Er fand, dass das leicht verdientes Geld war. Einen längeren Blick auf Julie erlaubte er sich in Gegenwart ihrer Eltern nicht, obwohl er zu spüren glaubte, dass sie ihn unentwegt ansah.

Als er sich später um den Pool kümmerte, sah er, wie sich die drei in Turnschuhen auf den Weg machten, durch das wilde Gestrüpp neben der Hotelanlage zu streifen. Er fand das merkwürdig. Wandern in dieser Hitze würde ihm nicht im Traum einfallen und schon gar nicht durch die Wildnis neben dem Hotel. Da gab es doch nichts, als vertrocknete kleine Grasbüschel, Steine, Staub und vielleicht ein paar Schlangen und er wunderte sich über Julie, dass sie so brav mit ihren Eltern loszog. In ihrem Alter waren die meisten Mädchen jede Nacht auf einer anderen Beachparty und dann schliefen sie in den Tag hinein bis zum Mittag. Wenn er Zeit gehabt hätte, würde er Julie gerne selbst die Insel gezeigt haben oder sie nachts in einen der üblichen Clubs begleiten. So aber war er hier angebunden und er konnte nur die Musik an der Poolbar etwas lauter als üblich aufdrehen. Er hatte plötzlich sehr, sehr gute Laune und Bruno Mars sang dazu passend gerade sein Lied "The Way You Are". Yes, da war nichts an ihrem Gesicht, das er hätte ändern wollen. Julie war erstaunlich!

Später würde er sie selbst noch nach ihrem Musikgeschmack fragen. Es interessierte ihn, ob sie seinen Musikgeschmack teilen würde, das wäre so etwas wie eine erste Gemeinsamkeit, fand er.

Schon kurze Zeit später kamen die drei ziemlich abgekämpft aus der Wildnis zurück. Sofort steuerten sie zu Adelphia an die Bar und bestellten sich kühle Getränke.

Dann kam auch schon die Reiseleiterin und fragte ihn nach den neuen Gästen aus Deutschland. Themistoklis führte sie persönlich zu ihnen hin und machte sich gleich selbst hinter dem Tresen nützlich. So hatte er alles gut im Blick.

Mit wachsender Begeisterung stellte er fest, dass Julie seinen Blicken öfter standhielt als er erwartet hätte. Seine Arbeit ging ihm in ihrer Gegenwart viel leichter von der Hand und alles machte jetzt mehr Spaß als sonst. Heute Abend wollte er sich in jedem Fall wieder den Platz an der Poolbar mit Adelphia teilen. Vielleicht ergab sich die Möglichkeit zu einem privaten Gespräch mit Julie, bei dem man sich näher kennen lernen könnte.

Schon am frühen Abend bezog Themistoklis dann deswegen Stellung als Barmixer. Immer wieder schielte er neugierig und erwartungsvoll um die Ecke und hoffte, dass seine Gäste den Abend bei ihm am Tresen verbringen würden. Und als sie dann tatsächlich zum Sonnenuntergang aufkreuzten, sich auf die hohen Barhocker vor ihm hinsetzten, fühlte es sich an, als käme seine Familie zu Besuch. Mit Leo konnte er sofort locker drauflos plaudern und der trockene Humor dieses weitgereisten Geschäftsmannes brachte ihn mehr als einmal herzhaft zum Lachen. Themistoklis vergaß an diesem Abend ganz, dass er zum Arbeiten im Hotel war. Eher fühlte er sich, als wäre er selbst in Urlaub.

Es war ein sehr lustiger und ein sehr privater Abend. Nur Adelphia machte ein Gesicht, zog sich immer mehr zurück und war nur schwer aufzuheitern.

Kapitel 14

Katerina, dritter Urlaubstag

Das Frühstück servierte uns Themistoklis höchstpersönlich am Pool ganz nach unseren Wünschen vom Vortag. Er schaffte es tatsächlich alles für uns drei auf einem kleinen runden Tischchen abzustellen. Etwas übereinander zwar, aber irgendwie ging das. Erstaunlich, dass nichts herunterfiel.

Dabei sah er noch sehr relaxt und freundlich aus. Er schlug uns vor, die historische Stadt in Akrotiri zu besuchen. Aber das ging nicht, weil wir am Vormittag unsere Reiseleitung erwarteten. Themistoklis wünschte uns dann lächelnd einen schönen Tag.

Nach dem Frühstück brachen wir zu einem kleinen Spaziergang durch die Wildnis außerhalb des Hotelgeländes auf. Ich weiß nicht, was wir dort erwartet haben. Ein bisschen sportlich gehen und ein wenig die Landschaft genießen vielleicht. Aber die Sonne stand schon so heiß am Himmel, dass wir froh waren, als uns irgendwann ein tiefer Steinbruch am Weitergehen hinderte.

Wir waren ziemlich schnell wieder zurück in unserem Hotel und genehmigten uns bei Adelphia im Schatten einer Markise ein paar lebensrettende Erfrischungsgetränke. Der leichte Wind, der vom Meer heraufzog und die Musik aus der Poolbar waren genau richtig nach dieser schweißtreibenden Exkursion in die griechische Pampa.

Adelphia forderte unter allem werkeln Julie mehrmals auf, doch nächstes Jahr ihren Boyfriend mitzubringen und Julie versicherte ihr daraufhin mehrmals, dass sie nach fünf Jahren Mädchenschule keinen Boyfriend kennengelert hätte. Dann solle sie halt Freundinnen mitbringen und Party machen, schlug Adelphia unbeirrt weiter vor.

Julie war anzusehen, dass sie diese Belehrung, oder was immer das sein sollte, mehr und mehr nervte. Dann kam Themistoklis mit unserer Reiseleiterin um die Ecke gebogen und damit war das lästige Bargespräch für Julie erst einmal beendet.

Die junge Reisekauffrau stellte uns gleich mehrere Ausflüge vor, die wir alle bei ihr buchen konnten. Alles zum Sonderpreis und ganz exklusiv versteht sich.

Wir entschieden uns für den Samstag ein Auto zu mieten, dann könnten wir die schönsten Ecken der Insel ganz individuell abfahren und für den Sonntag buchten wir eine organisierte Schiffstour zum Vulkan.

Danach belegten wir noch eine Weile die Liegen um den Pool herum und Themistoklis werkelte jetzt selbst hinter der Bar.

"Wie alt schätzt du eigentlich Themistoklis", fragte ich Leo, weil ich das Gefühl nicht los wurde, dass Julie und er sich gar nicht mehr aus den Augen ließen.

"Mitte oder Ende Zwanzig", sagte Leo.

Damit war Themistoklis für unsere Julie zu alt, fand ich, sie war ja gerade einmal Siebzehn.

Julie dagegen schien das nicht zu finden. Sie konnte stundenlang dasitzen mit einem Glas Wasser in der Hand und dem jungen Mann bei seiner Arbeit zusehen. Und er schien das auch zu genießen. Immer wieder zwinkerte er hinter seinem Tresen hervor und aus dem Poolradio tönte dabei vielsagend der Song "Love Is In The Air!".

Später machten wir uns noch zu einem Spaziergang durch die romantische Stadt Megalohori auf. Auf Empfehlung von Themistoklis aßen wir in einer nahegelegenen Taverne Santorinisalat, mit frischen Tomaten aus dem hauseigenen Garten, Oliven und Schafskäse und später tranken wir an der Hotelbar bei Themistoklis einen Cocktail.

Leo und Themistoklis verstanden sich sofort großartig. Mein Mann war endlich im Urlaub angekommen.

Adelphia buk an diesem Abend noch einen Rührkuchen für das Frühstück und der Duft nach frischem Gebäck hing aromatisch über der gesamten Hotelanlage.

Der Urlaub versprach richtig gut zu werden.

Kapitel 15

Themistoklis

Themistoklis hatte seinen Kopf an diesem Morgen nicht bei seinen Aufgaben. Alles erlebte er wie unter einer Dunsthaube. Immer wieder ließ er sich von seiner Arbeit ablenken. Sogar der Poolwassertest, das einfachste jeden Morgen geriet ihm außer Kontrolle. Filter öffnen, etwas Wasser ablassen, Prüftablette auflösen, Filtereinbau und alles wieder schließen. Er werkelte schon eine Weile, mit seinen Gedanken beim gestrigen Abend, und kam dann nur bis zum Poolwasser aufdrehen, weil sein Telefon klingelte.

Angeliki war dran: "Kommst du essen am Strand heute?"

"Nein, das geht nicht", wehrte er ab, "und ich muss auch jetzt gleich wieder Schluss machen", sagte er, "hier wartet heute viel Arbeit auf mich!"

Dann steuerte das Hausmädchen auf ihn zu und wollte, dass er ihr die Kammer mit den Putzmitteln unter der Außentreppe aufsperrte. Themistoklis hielt diese Kammer fürsorglich verschlossen, weil er wusste, dass verschiedene Dinge oft von alleine verschwanden. Er wartete noch, bis das Mädchen ihre Putzmittelflaschen nachgefüllt hatte und kontrollierte nebenbei die Reserven, dann sperrte er den Raum sorgfältig wieder ab und als er sich umdrehte sah er Katerina auf dem Parkplatz stehen. Immer wieder sah sie gereizt auf ihre Armbanduhr, sie schien sehr nervös zu sein. Themistoklis steuerte sofort auf sie zu.

"Was ist passiert?", wollte er wissen.

"Themistoklis, unser Mietwagen, sollte um zehn Uhr hier sein und jetzt ist es schon elf!" Sie schien ziemlich gereizt zu sein und er wollte sie gerne mit ein paar freundlichen Worten aufheitern.

Sagte sie nicht, das wäre ihr erster Urlaub in Griechenland? Jetzt war sie doch durch und durch deutsch. Zehn Uhr ist zehn Uhr, da kennt sie keine Gnade. Und hätte sie zehnuhrsiebzehn ausgemacht, dann hätte sie sicherlich auch darauf bestanden, dass der Mietwagen um zehnuhrsiebzehn vor der Tür stand.

"Relax, Katerina!", Themistoklis setzte seinen ganzen Charme ein, um sie beim Warten zu beruhigen und sie an ihren Urlaub zu erinnern. "Nach griechischer Zeit ist alles etwas anders", erklärte er. "Der Wagen kommt sicher und wenn er nicht um zehn kommt, dann kommt er eben um elf, dann gibst du ihn einfach auch eine Stunde später wieder zurück oder zwei Stunden später, das ist kein Problem hier. Bei uns gibt es keinen Stundenplan."

Sie entspannte sich sichtbar. Die Erklärung der griechischen Pünktlichkeit schien sie verstanden zu haben. Vermutlich hatte er mit seiner spaßigen Anteilnahme an diesem Problem voll ins Schwarze getroffen, denn jetzt lachte sie wieder und gab ihm in allen Punkten recht.

Sie sah wieder fröhlich aus und das beruhigte ihn. Das Wohlergehen seiner Gäste war schließlich seine oberste Pflicht.

"Du hast ja so recht, Themistoklis!", sagte sie und strahlte ihn an, wie ein Honigkuchenpferd, "wir haben Urlaub! Und wenn ich dich sehe, beginne ich langsam, die griechische Seele zu verstehen!"

Dann kam Leo auf sie zu und Themistoklis beschloss, bei einem kleinen Gespräch auch noch auf Julie warten zu können. Das Poolwasser hatte er jetzt endgültig vergessen.

Als der Mietwagen dann endlich gebracht wurde kam Julie als letztes aus dem Zimmer. Gefolgt von einem Duft nach frischen Himbeeren schenkte sie ihm noch ein ganz besonderes Lächeln, bevor sie in den Wagen stieg. Dann fuhren die drei ab und Themistoklis sah ihnen noch solange nach, bis sie um die Ecke bogen.

"Heute ist wenig Wasser im Pool", sprach ihn ein Gast an als Themistoklis ins Büro zurück gehen wollte, um sich seinen nächsten Aufgaben zu widmen.

Das Poolwasser! Er hatte es völlig vergessen. Eine große Menge war bereits die Steilküste hinunter gelaufen und der Wasserstand im Becken war fast um dreißig Zentimeter gesunken. Zum Glück beschwerte sich noch niemand darüber. Jetzt musste er den Wassertankwagen rufen und Themistoklis hoffte, dass dieser das Problem so schnell und so kostengünstig wie möglich beheben konnte. Hauptsache Nicolesku erfuhr vorerst nichts davon.

Den Nachmittag verbrachte Themistoklis ausnahmsweise wieder einmal selbst in seiner Lieblingstaverne am Strand, um sein Big-Sandwich zu essen. Obwohl er wusste, dass es beinahe unmöglich war, hielt er trotzdem Ausschau nach Julie und hoffte, dass er nicht stattdessen auf Angeliki treffen würde.

Dann fing er an, die Mädchen um sich herum mit Julie zu vergleichen und er stellte fest, dass keine unter den Anwesenden weder Julies zurückhaltenden Charme hatte, noch so gut aussah. Noch nie hatte er eine feste Freundin gehabt und noch nie hatte ihm das so gefehlt, wie in diesem Augenblick. Er stellte fest, dass alleine sein und sich alleine fühlen zwei ganz unterschiedliche Dinge waren. Angeliki zählte er nicht, denn sie war weder sein Mädchen, noch hatte er jemals geplant, mit ihr sein Leben zu verbringen. Mit Julie war das anders. Plötzlich konnte er sich ganz gut vorstellen, wie es wäre, sie dauernd in seiner Nähe zu haben. Er fing zu dösen an und träumte sich in einen wohltuenden Nachmittagsschlaf.

Erst am späteren Nachmittag war er wieder zurück in seinem Hotel und eine Stunde später fuhren auch schon seine Gäste mit dem Mietwagen wieder auf das Hotelgelände.

Er hatte schon auf sie gewartet.

"Hello Taxidriver!", Themistoklis winkte Leo schon von Weitem zu, gleich als dieser aus dem Wagen stieg. Vorbehalte gegenüber deutschen Touristen, sofern er sie selbst je hatte, waren völlig vergessen. An das politische Gefasel seines Freundes Efthimios dachte er überhaupt nicht mehr. Seine Gäste standen außerhalb jeder üblichen nationalen Vorurteile. Und das, was Efthimios als typisch deutsch verspottete, fand er bei Leo und seiner Familie entweder liebenswert oder es war überhaupt nicht vorhanden.

"Wir sind heute die Insel rauf und runter gefahren, Themistoklis", erzählte Leo. "Jetzt bin ich ganz schön fertig. Ich denke außer einem Drink an deiner Bar ist mit mir heute nicht mehr viel anzufangen!"

"Ich freu mich, wenn du kommst! Ich habe ein Spezialrezept für gestresste Urlauber", zwinkerte Themistoklis ihm zu, "das wird dir schmecken!"

Themistoklis sah, dass Adelphia aus der Poolbar lugte und die kleine Gruppe beobachtete. Gutgelaunt ging er zu ihr hinüber, stellte sich neben sie hinter den Tresen und fing an, die Füllstände der Likörflaschen zu kontrollieren, um sich zu überlegen, was er später für Leo mixen könnte.

"Heute Abend wird es wieder lustig", freute er sich.

"Gefällt dir das deutsche Mädchen?", fragte Adelphia ihn sehr viel schärfer, als er es erwartet hatte. Sie sprach es laut und vorwurfsvoll aus, sie musste sich kein Blatt vor den Mund nehmen, weil sie wusste, dass niemand hier, außer Themistoklis und sie selbst, die griechische Sprache verstehen konnten.

"Und wenn es so wäre?", antwortete Themistoklis mit einer Gegenfrage, weil ihm nicht sofort klar war, worauf sie hinaus wollte.

"Sie ist nicht gut für dich!", blaffte sie ihn an. "Ich kenne die Geschichte mit den Urlaubern. Sie flirten mit dir und sie brechen dir das Herz und danach machen sie sich schnell aus dem Staub. Sie melden sich nie wieder. Was denkst du denn, was du für das deutsche Mädchen bist?", sie hielt inne und wartete eine kurze Weile und nachdem er nichts sagte, legte sie nach: "Ich habe dich vorhin beobachtet, wie du die Kleine anschaust!" Sie verdrehte dabei ihre Augen und ließ die Mundwinkel schmachtend nach unten hängen, "ein knappes pinkfarbenes Mini-Shirt und superkurze weiße Höschen? Das gefällt dir was? Du bist genau, wie alle anderen."

Adelphia war jetzt nicht mehr zu bremsen: "Klar sieht sie nett aus, aber vergiss nicht, ich", und sie betonte das Ich außergewöhnlich laut, "ich habe dich zu dem gemacht, was du heute bist. Du warst ein kleiner unscheinbarer dicker Junge als du hier auf die Insel gekommen bist. Alles was du weißt und was du bist, hast du von mir. Ich habe dir gezeigt, wie du gut aussehen kannst und wie du dich präsentieren musst. Ich habe dir gezeigt, wie man mit Gästen umgeht und was gutes Benehmen ist. Ich habe dir immer Mut gemacht und mir deine Probleme angehört, wenn du welche hattest. Und das waren nicht wenige. Ich dachte, wir wären Freunde und dass ich mich auf dich verlassen könnte."

Jetzt schmollte sie regelrecht und Themistoklis hätte wetten können, dass sie eifersüchtig war.

"Gegen Angeliki hast du nie so gewettert", verteidigte er sich.

"Angeliki ist anders. Sie ist eine von uns. Du weißt, wie sie ist. Sie macht dir nichts vor und wenn es aus ist, dann wirst du sie nicht vermissen. Sie ist ein Paradiesvogel."

"Ich weiß nicht was du meinst", wehrte sich Themistoklis und wandte Adelphia den Rücken zu. Er wollte nicht auf dieses Thema eingehen. Nicht jetzt und auch nicht später.

"Julie flirtet nur mit dir, nichts weiter! Sie wird dich einfach fallen lassen, wenn ihr Urlaub vorbei ist. Themistoklis, wach auf! Und überhaupt, was war das denn heute mit dem Tankwagen? Noch so einen blöden Fehler brauchst du dir nicht leisten, dann bist du ganz schnell raus hier!"

Sie waren noch am streiten als Leo, Katerina und Julie um die Ecke bogen und sich auf der anderen Seite des Tresens auf die Hocker setzten.

"Alles in Ordnung?", fragte Katerina.

Adelphia hatte gerade noch auf Griechisch gewettert und auch wenn Katerina die Sprache nicht verstand, so verstand sie sicherlich den Ton mit dem Adelphia gesprochen hatte. Schimpfen war auf der ganzen Welt schimpfen und das klang in jeder Sprache gleich. Sicherlich war es Katerina nicht entgangen, welch schlechte Stimmung zwischen ihm und Adelphia augenblicklich herrschte.

"Alles Okay!", Themistoklis drehte Adelphia einfach den Rücken zu und lachte seine Gäste freundlich an. Sie waren ihm jetzt eine sehr willkommene Ablenkung. Adelphia gelang es jedoch den ganzen Abend nicht mehr, ein freundliches Gesicht zu machen.

"Themistoklis, heute Morgen haben wir gesehen dass Wasser aus dem Pool gelaufen ist. Ist es ausgetauscht worden?", wollte Katerina wissen.

Themistoklis spürte wie ihm die Röte ins Gesicht stieg, was aber niemand sehen konnte, weil seine braune Haut und der Bart es geschickt verbargen. Nur Adelphia warf ihm sofort einen strengen Blick zu.

"Nein, nicht direkt", sagte er augenzwinkernd. "Ich war abgelenkt und habe vergessen es wieder abzudrehen. Ich musste den Tankwagen holen, doch zum Glück ging alles ganz schnell und mein Chef hat nichts gemerkt", gestand er ungeniert ehrlich.

Katerina machte ein besorgtes Gesicht und Leo wollte wissen, was denn so ein voller Wassertank kosten würde und ob es generell mit dem Wasser auf Santorini Probleme gäbe.

Und dann debattierten sie noch eine ganze Weile über verschiedene Missgeschicke und jeder wusste eine kleine Geschichte darüber zu erzählen, wie häufig doch noch Glück im Unglück zu finden war.

Weil die wenigen Zimmer des kleinen Hotels immer noch nicht ausgebucht waren, blieben die Gäste aus Deutschland auch an diesem Abend wieder Themistoklis' einzige Gäste an der Poolbar. Sie redeten alle erstaunlich offen miteinander und die Stimmung war ungewöhnlich familiär.

Es wurde ein langer und geistreicher Abend. Themistoklis machte seine Arbeit, die plötzlich gar keine Arbeit mehr war. Nur Adelphia blieb wieder den ganzen Abend merkwürdig angespannt, wirkte beleidigt und sprach kaum ein Wort.

Kapitel 16

Katerina, vierter Urlaubstag

Ich stand auf dem Hotelgelände und wartete auf unseren Mietwagen. Ich dachte schon, er würde überhaupt nicht mehr gebracht werden. Wir hatten den Wagen nur für diesen einen Tag gemietet und wenn er so spät gebracht würde, wäre der Tag zu kurz, um alles abzufahren, was wir uns vorgestellt hatten.

Themistoklis rettete dann meine immer schlechter werdende Laune.

Ich kenne bis heute niemanden, der mit so viel Charme die griechische Unpünktlichkeit rechtfertigen kann. Aber er hatte ja recht! Urlaub ist Urlaub und Termine gäbe es genug, wenn wir erst wieder zurück in Deutschland wären.

Weil wir den Wagen nur einen Tag zur Verfügung hatten, gönnten wir uns kaum eine Fahrpause. Wir fraßen die wenigen Kilometer, die es auf der kleinen Insel überhaupt zu fahren gab und fuhren inselauf- und inselabwärts.

Erst besuchten wir den Leuchtturm bei Akrotiri im Süden, dann ging es gleich wieder ab nach Oia im Norden. Wir bestaunten die luxuriösen Hotelanlagen mit ihren typischen weißen Höhlenbauten, die stufenförmig an der Steilküste kleben, kauften eine Santorini-Tasche für Julie und ein T-Shirt für Leo und fuhren über die Ostseite der Insel zurück nach Fira und hinterher noch an den Strand von Perissa, wo wir unser Abendessen einnahmen. Der ganze Tag war, wegen der vielen Eindrücke die wir hatten, viel zu kurz.

Zurück im Hotel begrüßte uns Themistoklis so freundlich, als hätte er den ganzen Tag auf uns gewartet.

Nachdem wir uns ein wenig frisch gemacht hatten, setzten wir uns noch zu einem Abenddrink zu ihm an die Poolbar. Adelphia und Themistoklis schienen sich gestritten zu haben, jedenfalls war Adelphias Laune sehr viel schlechter als sonst.

Doch Themistoklis war nichts von einem Streit anzumerken, er lockerte wie üblich die Stimmung an der Bar auf. Er und Leo hatten so viel Spaß miteinander, dass selbst das auslaufende Poolwasser, das wir morgens vom Balkon aus beobachten konnten, für Themistoklis kein Problem darstellte und er noch darüber lachen konnte. Es wäre sein erstes Jahr als Hotelmanager, entschuldigte er sich zwinkernd und wenn er seinen Kopf zur Seite neigte, sah er aus wie ein unschuldiges Hündchen.

Kann irgendwer diesem Jungen ernsthaft böse sein?

Kapitel 17

Themistoklis

Am nächsten Morgen hatte Themistoklis immer noch Adelphias Vorwurf in den Ohren. Den Streit an der Bar von gestern Abend hielt er für völlig überzogen. Außerdem befürchtete er, dass seine Gäste die schlechte Stimmung hinter der Bar mitbekommen könnten. Das war sicher nichts, was dem Betrieb gut tun würde. Adelphia hatte ihm noch vorgehalten, es würde langsam auffallen, dass er Julies Nähe suchte. Zum Glück schimpfte sie in Griechisch mit ihm, das hatte sicher niemand außer ihm verstanden. Lediglich Katerina schaute öfter unsicher drein und fragte sogar bei Adelphia nach, ob alles in Ordnung wäre.

Adelphia wollte ihm unbedingt einreden, dass Gefühle zu den Gästen nur schiefgehen konnten. Plötzlich versuchte sie ihn zu maßregeln, das fand er völlig daneben. Er würde sein Leben selbst gestalten und Adelphia ging das alles gar nichts an. Es reichte schon, wenn sie vor ihm immer wieder die große Schwester herauskehrte.

Er war alt genug, um zu wissen was er tat und wann er es tun würde. Er erkannte seine alte Freundin plötzlich nicht wieder. So seltsam hatte sie sich noch nie benommen. Komischerweise fing sie jetzt auch noch an, ihm Angeliki schön zu reden. Das verstand er überhaupt nicht. Adelphia kannte Angeliki doch fast gar nicht. Hatte sie nicht sogar einmal gesagt, dass Angeliki ein bunter Falter wäre? Flatterhaft und so schnell wieder weg, wie sie gekommen war? Wieso sollte Angeliki dann jetzt die bessere Wahl sein?

Irgendwann würde er Adelphia danach fragen müssen.

Außerdem war Julie sowieso den ganzen Tag unterwegs. Heute war sie mit ihren Eltern gleich nach dem Frühstück zum Vulkan aufgebrochen. Nur kurz zum Frühstück hatte er sie gesehen und als sie in den Bus stieg, hatten sie sich kurz zugewunken.

Als mittags Angeliki anrief, ob er Zeit hätte mit ihr am Strand ein Sandwich zu essen, kam ihm plötzlich der Verdacht, dass Adelphia dahinter stecken könnte, vielleicht sollte Angeliki ihn von Julie ablenken. Aber er hatte sowieso keine Zeit und vor allem keine Lust, Angeliki weder an diesem noch an einem anderen Nachmittag zu sehen.

Am Abend würde das jährliche Feuerwerk auf dem Vulkan stattfinden. Schon Wochen vorher waren tausende Feuerwerkskörper rund um den Krater installiert und so angerichtet worden, dass es einem Vulkanausbruch gleicht, wenn die gelben und roten Lichterkaskaden über dem Vulkan explodieren.

Das Hotel war nicht ausgebucht und Themistoklis erwartete keine Gäste auf seiner Terrasse. Nur Julie und ihre Eltern, die würden sicher kommen und dann gäbe es wieder richtig viel Spaß an der Hotelbar.

Und sie kamen dann auch pünktlich zum Sonnenuntergang, setzten sich diesmal aber auf die Poolterrasse, um geduldig auf das Spektakel in der nachtschwarzen Caldera zu warten. Katerina betonte immer wieder, welcher Zufall es wäre, dass sie gerade jetzt ihren Urlaub gebucht hätte und damit das Feuerwerk erleben würde und Themistoklis freute sich mit ihr.

Als es dann endlich soweit war und der erste Goldregen aus dem Vulkan sprühte, hätte er sich am liebsten zu seinen Gästen an den Tisch gesetzt, um sich das Feuerwerk mit ihnen gemeinsam anzusehen, so vertraut waren ihm die drei inzwischen geworden. Zusammen trinken, essen und lachen, das wäre noch ein Höhepunkt gewesen.

Eigentlich stellte er fest, dass es ihm lieber war, die drei hätten sich an seinen Tresen gesetzt, denn dort befand er sich mitten unter ihnen, ohne sich aufdrängen zu müssen. Wenn er hinter dem Tresen stand, war er einfach dabei, ganz so, als würde er dazugehören. Saßen sie aber an einem Tisch war ein engerer Kontakt für ihn nicht möglich, das wusste er auch ohne dass es ihm Adelphia immer wieder sagen musste.

Er durfte sich nicht zu seinen Gästen an den Tisch setzen. Das war ungeschriebenes Hotelgesetz.

So stand er mit Adelphia etwas abseits und beobachtete mit ihr die aufsteigenden Raketen. Adelphia rückte näher an ihn heran, als sie es sonst tat. Wenigstens wirkte sie diesmal entspannt und fröhlich. Doch jedes Mal wenn

Katerina oder Julie ihre Köpfe zu ihm umdrehten, als ob sie etwas wollten, fasste Adelphia ihn fest am Arm.

"Die brauchen dich jetzt nicht", hielt sie ihn zurück. "Du siehst doch, die Gläser sind voll, lass sie mal in Ruhe! Du musst sie nicht jeden Abend unterhalten. Die melden sich schon, wenn sie was brauchen und dann kann ich das auch mal an ihren Tisch bringen."

Adelphia zückte ihr Smartphone und versuchte den ganzen Abend die verschiedensten Eindrücke festzuhalten. Es sah ganz so aus, als würde sie diesen Abend an der Seite ihres Freundes ganz besonders genießen.

Themistoklis fühlte sich als hätte er ein wichtiges Spiel verloren.

Kapitel 18

Katerina, fünfter Urlaubstag

Erstaunlich pünktlich wurden wir mit einem Kleinbus abgeholt. Wir fuhren in den Hafen unterhalb Firas, wo uns ein altes Holzschiff erwartete, das uns zum Vulkan Nea Kameni brachte.

Leo und Julie machten frohen Mutes den Landgang über die heißen schwarzen Vulkansteine mit. Ich blieb lieber an Bord. Mir hat der Blick auf den Vulkan vom Schiff aus gereicht und lieber habe ich ein frisches Lüftchen über mich hinweg wehen und mich auf dem Meer schaukeln lassen.

Obwohl es sehr heiß auf dem Vulkan gewesen sein musste, kamen die Vulkanwanderer sehr begeistert auf das Schiff zurück und als alle an Bord waren, ging die Reise um den Vulkan herum weiter in die nächste Bucht.

Hier wurde uns angeboten im warmen gelbgefärbten Schwefelwasser des Vulkans zu baden. Leo und Julie sprangen gleich mit vielen anderen über die Reling ins Wasser. Das war wieder nichts für mich. Ich bevorzugte die ausgehängte Badeleiter, um dann gemächlich die zweihundert Meter zu den heißen Quellen hinüber zu schwimmen.

Das viele Wasser unter mir, der weit entfernte Meeresboden, alles war mir unheimlich genug und ich war froh, als wir uns alle wieder gesund an Bord einfanden.

Weiter ging es zum Baden in den Hafen der Insel Thirasia, die zusammen mit der gegenüberliegenden Insel Thira den Kraterrand bildet. Zum Schluss schipperten wir noch an der Steilküste Thiras entlang, zurück zu unserem Ausgangspunkt.

Die hohen Felsenwände und die überhängenden weißen Häuser beeindruckten uns gewaltig. Dieser Ausflug war sein Geld auf alle Fälle wert, da waren wir uns alle drei einig. Ein Transferbus brachte uns vom Hafen wieder zurück in unser Hotel.

Nach dem Abendessen in einer nahegelegenen Taverne begrüßte uns Themistoklis damit, dass es nach Einbruch der Dunkelheit ein Feuerwerk geben sollte, das nur einmal im Jahr stattfindet. Wir konnten unser Glück gar nicht fassen, dass wir *mit meiner Spontanbuchung genau auf dieses Ereignis getroffen hatten.*

Themistoklis und Adelphia standen ein ganzes Stück abseits, als das Feuerwerk losging, was ich sehr schade fand. Ich verstand nicht, warum sich diese netten Menschen nicht zu uns an den Tisch setzten, wo wir doch auch an diesem Abend wieder die einzigen Gäste auf der Terrasse waren.

Kapitel 19

Themistoklis

Themistoklis gab sich dem Morgen nach dem Feuerwerk extra Mühe förmlich zu wirken. Adelphia hatte ihm deutlich gemacht, wie unmöglich seine Vorstellung war, sich für Julie zu interessieren. Zwar stellte er beim Servieren des Frühstücks seine üblichen interessierten Fragen, aber er achtete sorgsam darauf, Julie dabei nicht zu viel Beachtung zu schenken.

Er hatte sich Adelphias Kritik zu Herzen genommen und war entschlossen mehr Abstand zu halten.

Doch genau an diesem Tag kam es ganz anders, als er es sich vorgenommen hatte, denn gerade diesen Vormittag wollten die drei auf dem Hotelgelände verbringen. Sie holten sich Liegetücher und breiteten sich auf den Liegen neben dem Pool in der Sonne aus.

Themistoklis war noch in der kleinen Poolküche beschäftigt, als Julie plötzlich aufstand und sehr entschlossen zu ihm an den Tresen kam. Sie trug einen knappen azurblauen Bikini und sah wieder einmal bezaubernd aus. Jetzt wo sie ihm so nahe kam, wusste er gar nicht wo er hinsehen sollte, um sein Interesse zu verbergen. Ein paar schnelle Blicke in ihre Augen erlaubte er sich dann aber trotzdem. Er konnte auch nicht verhindern, dass man seinem Gesicht die Freude über ihr Kommen deutlich ansah. Selbst ein Blinder würde spätestens jetzt bemerkt haben, wie sehr ihm Julies Gegenwart gefiel.

Julie setzte sich auf einen der Barhocker und war jetzt nur noch eine knappe Unterarmlänge von ihm entfernt. Sie hatte eine glatte Mädchenhaut ohne jegliche Unreinheiten und auch ungeschminkt sah sie mit ihren braunen Augen und den darüber liegenden dichten, schön geformten Augenbrauen perfekt aus. Er musste unweigerlich an eine Prinzessin aus dem Märchenbuch denken, der stets eine Haut wie Milch und Honig angedichtet wurde und dass er erst jetzt verstand, wie das aussehen konnte.

"Hallo Themistoklis", sprach Julie ihn an, "ich würde gerne von dir ein paar griechische Buchstaben und Wörter lernen. Hast du etwas Zeit?"

"Gerne", sagte er höflich und voller Freude, "soll ich dir etwas ganz Bestimmtes zeigen?" und dabei zwinkerte er ihr griechisch charmant zu, in der Hoffnung, sie würde diese Zweideutigkeit verstehen.

Julies weiche Knie und ihren flauen Magen konnte er nicht ahnen, als er sich umdrehte, um einen Stift und einen Zettel zu holen. Es war ihr nicht anzusehen, dass sie noch nie so in Vorlage gegangen war und dass sie jetzt kurz davor war, von ihrem Mut verlassen zu werden.

Dann schrieb er ihr das lateinische Alphabet auf und setzte jeweils den entsprechenden griechischen Buchstaben daneben. Dabei sprach er jeden Buchstaben deutlich aus und sagte auch immer gleich ein passendes Wort dazu, das er dann ebenso auf den Zettel schrieb. Er gab den perfekten Lehrer.

Julie beugte sich interessiert über den Tresen zu ihm hinüber, um das Geschriebene besser sehen zu können. Sie war ihm jetzt so nah, dass sich ihre Gesichter fast berührten. Er fühlte wie die Luft zwischen ihnen zu knistern begann und er konnte sich nicht vorstellen, dass Julie das nicht gleichermaßen spürte.

"Hast du dich schon einmal mit der griechischen Sprache beschäftigt?" fragte er ganz nah an ihrem Ohr und musste sich bremsen, sie nicht zu berühren.

Anders als bei Adelphia oder Angeliki war er zum ersten Mal versucht, diesem Mädchen spontan einen Kuss aufzudrücken. Sie wirkte wie ein Magnet auf ihn.

"Ein paar griechische Buchstaben kenne ich aus dem Mathematik-Unterricht. Bis jetzt spreche ich nur Deutsch, Französisch und Englisch", zählte sie ihm ernsthaft auf.

"Sprachen sind mein Hobby, sie haben mich schon immer interessiert. Mein Vater ist beruflich viel auf Reisen und jedes Mal wenn er in einem anderen Land ist, versuche ich ein paar Floskeln zu behalten. Das Alphabet, ein paar Zahlen und Worte aus dem täglichen Leben sind immer das Erste. Vielleicht brauche ich das einmal", sagte sie wichtig, ohne damit anzugeben.

Ihre sonnengebräunte Haut roch nach Poolwasser und ein Rest Himbeerduft stieg ihm in die Nase. Sie war so echt und so offen und es war ihr offensichtlich überhaupt nicht bewusst, wie sehr sie ihn verwirrte.

"Wenn du möchtest, kann ich dir auch etwas mehr beibringen", spaßte er und dabei zwinkerte er sie mit seinen schmalen braunen Augen so verwegen an, dass Julie verlegen ihren Blick senkte.

Und dann begannen sie die verrücktesten Wörter aufzuschreiben und Themistoklis legte ihr nahe, niemals in Griechenland jemanden als "Malaka" zu bezeichnen. Das wäre das schlimmste Wort, das die Griechen kennen.

Sie lachten und flirteten miteinander und die Zeit schien still zu stehen. Sie waren sich unterdessen so nahe gekommen, dass er kurz davor war sie für den Nachmittag in seine Beachbar einzuladen. Er überlegte gerade, wie er diese Einladung in seinen Unterricht einbauen könnte, als er Katerina auf die Bar zukommen sah. Themistoklis war so verlegen, dass er im ersten Augenblick nicht recht wusste, wie er auf die Schnelle umsteuern konnte. Er wusste nicht, ob sein Interesse an Julie auch bei den Eltern willkommen war und ob Katerina vielleicht kam, um ihre Tochter zu holen.

"Deine Mutter kommt", sagte er zu Julie und es klang fast wie eine Warnung.

Dann schnappte er sich instinktiv einen Putzlappen und flüchtete nach draußen, wischte über die wenigen Tische vor der Bar herum, um möglichst schnell dieser intimen Nähe mit Julie ein Ende zu setzen.

"Ich habe eine Schülerin", entschuldigte er sich draußen bei Katerina, obwohl es überhaupt nicht danach aussah, als würde sie ihm Vorwürfe machen wollen.

Julie rutschte vom Hocker und schien zu bedauern, dass der Unterricht zu Ende war. Sie ging rascher als er gewollt hatte mit ihrem dichtbeschriebenem Zettel zurück zu ihrer Liege und Themistoklis sah gerade noch, wie sie das Stück Papier sorgfältig in einem Buch versenkte. Er war über sich selbst erstaunt, dass er das Ende dieses Unterrichts so sehr bedauerte. Doch er musste sowieso zurück zu seinen anderen Aufgaben, die er wegen Julie aufgeschoben hatte.

Am Nachmittag wollte er jedoch unbedingt seine wenigen freien Minuten am Strand auskosten. Vielleicht ergab sich doch noch eine Möglichkeit Julie zu fragen, ob sie mitkäme. Er packte sich Handtücher und eine Wasserflasche in seinen Rucksack und ging, um alles in sein Auto zu verfrachten. Er wollte gerade nach Julie suchen, als sie ihm zusammen mit ihren Eltern direkt über den Weg lief.

"Hi Themistoklis!", lachte ihn Katerina an. "In deinem schwarzen Shirt habe ich dich gar nicht erkannt, du siehst so ganz anders aus, als sonst."

"Ich gehe zum Strand", sagte er und schaute Julie dabei abwartend an.

"Das ist schön, für dich, genieß deine freien Stunden", sagte Katerina nach einer Weile freundlich. "Wir werden nach Fira fahren und den Weg vom Hafen mit den Maultieren hochreiten."

Julie schaute verlegen drein und er dachte, ihr Blick wäre ein enttäuschter gewesen. Er wartete noch einen Augenblick, ob sie nicht doch noch irgendetwas sagen würde. Aber es kam nichts und er durfte sich seinen Gästen auch nicht aufdrängen.

So blieb ihm nichts weiter übrig, als sich höflich zu verabschieden und seinen Weg zum Auto fortzusetzen. Sie winkten ihm freundlich hinterher, aber seine Stimmung war nicht gut. Dass das Mädchen so gar nicht ihr Leben selbst in die Hand nahm, schien ihm merkwürdig. Der Vormittag war so vielversprechend und jetzt hätten ein paar Worte von ihr gereicht und sie könnten zusammen einen ihrer schönsten Nachmittage am Strand erleben.

Er hoffte sehr, dass er am Strand nicht auf Angeliki treffen würde. Sie rief jetzt wieder täglich bei ihm an und er klickte ihre Anrufe meistens nur weg. Es konnte deswegen leicht sein, dass sie nach ihm suchen würde.

112

Aber am Strand war niemand den er kannte und so verbrachte er seinen Nachmittag alleine. Er lag bequem unter einem mit Schilf bespannten Sonnenschirm, aß sein Big-Sandwich, trank seine Cola und schaute dem Trubel der Touristen zu. Überwiegend belebten junge Pärchen den Strand und Themistoklis vermutete, dass er am Verhalten der Paare erkennen konnte, wer verheiratet war und wer nicht und ob sich die Paare schon länger kannten oder erst ganz neu zusammen gefunden hatten. Er fühlte sich einsam, dachte an Julie und dachte darüber nach, ob er verliebt war. Er phantasierte was geschehen könnte, wenn Julie jetzt an seiner Seite wäre.

Aus der Strandbar hörte er das Lied von Delia, sie sang: *"Nichts ist besser, als mit dir am Strand zu liegen, nichts ist besser, nichts ist besser, nichts ist besser...!"*

Er dachte, wie recht die Sängerin damit hatte und verfiel in einen erholsamen Halbschlaf.

Abends kamen Leo, Katerina und Julie wieder fröhlich zu ihm an die Poolbar. Er stand alleine hinter dem Tresen und weil Adelphia nicht hier war, fühlte sich Themistoklis augenblicklich außeramtlich. Sie hatten alle drei viel zu erzählen von Fira, dem Maultierreiten und der Seilbahn. Zu dumm, wie der Nachmittag gelaufen war, aber jetzt saßen sie wieder zusammen und die Stimmung war hervorragend.

"Der Busfahrer war heute mit uns beim Tanken, Themistoklis!", witzelte Leo und tauchte seinen Mund in den Bierschaum, bevor er weitererzählte.

Themistoklis zog die Augenbrauen hoch: "Ja, das kann hier vorkommen", lachte er. "Mein Onkel wohnt an einer Bahnlinie und er erzählt, dass bei ihm ein ganzer Zug angehalten hat. Der Zugfahrer und er haben einen Ouzo getrunken und dann ist der Zug weitergefahren." Alle staunten ihn an. "Ja, tatsächlich, so war es!" Themistoklis musste diese Geschichte ein zweites Mal bestätigen, weil keiner sie glauben konnte.

"Die Betonmauer unter dem Lift hat mir auch gefallen", spaßte Leo von seiner Beobachtung der laienhaft zurecht gemeißelten Betonmauer unterhalb der Lifttrasse. "Da sind wohl bei der Eröffnung die ersten Gondeln hängen geblieben, was?"

"Das nennen wir hier ein griechisches Patent", grinste Themistoklis und knickte anschließend selbst vor Lachen ein, weil Leo mit seinem trockenen Humor immer wieder nachlegte.

Katerina rührte mit dem Strohhalm die Eiswürfel in ihrem Drink hin und her und stotterte ein paar Halbsätze zusammen. Und wenn dann alle still wurden, um ihr Raum zu geben, ging nichts vorwärts und dann musste sie über ihr mangelhaftes Englisch selbst am allermeisten lachen.

Julie hörte allen begeistert zu und immer wenn sich Themistoklis kurz in ihre Augen vertiefte, spürte er das Verlangen sie an sich zu drücken und nicht mehr loszulassen.

Er war verwundert, weshalb Efthimios so schlecht über Menschen sprechen konnte, die er gar nicht kannte. Nein, er, würde diesen dumpfen Vorurteilen nicht zum Opfer fallen. Er würde immer ein weltoffener Grieche bleiben! Er konnte nicht verstehen, warum manche Kreise ihre pauschalen Abneigungen so sehr pflegten und warum die Fehler in der Geschichte eines Volkes den nachfolgenden Generationen anhafteten wie Erbsünden.

Die gute Stimmung dieses Abends jedenfalls hielt bei ihm noch an, bis er müde in sein Bett fiel. Und noch beim Einschlafen sah er das deutsche Mädchen und ihr sanftes Wesen deutlich vor sich.

Kapitel 20

Katerina, sechster Urlaubstag

Den Vormittag verbrachten wir zur Abwechslung mal an unserem Hotelpool. Leo las auf seinem Smartphone Zeitung und döste zwischendurch immer wieder einmal ein. Ich las ein Buch und Julie fasste sich ein Herz und besuchte Themistoklis an der Bar. Sie wolle Griechisch lernen, sagte sie.

Julie, das Sprachtalent! Es würde mich gar nicht wundern, wenn sie Griechisch in einer Woche lernen würde. Schon als kleines Kind hat sie ihre ganz eigenen Sprachen erfunden und später in der Schule lernte sie Englisch und Französisch ziemlich schnell.

Von Weitem sah es ganz danach aus, als hätten die beiden viel Spaß miteinander. Vielleicht wäre Themistoklis doch nicht zu alt für Julie. Aber was dachte ich da schon wieder so weit voraus?

Als ich viel später dazu stoßen wollte, flitzte Themistoklis sofort, wie von einer Tarantel gestochen, aus seinem Häuschen und Julie rutschte von ihrem Hocker. Ich hatte den Eindruck ich wäre ein Kehrbesen, der alles durcheinander wirbelt.

Später lief uns Themistoklis dann noch einmal über den Weg. Fast feierlich erklärte er uns, dass er nun zum Baden fahren würde und weil niemand sonst etwas sagte, unterbrach ich die Denkpause und wünschte ihm einen schönen Nachmittag am Strand.

Wir fuhren mit dem öffentlichen Bus nach Fira. Auf halber Strecke hielt der Busfahrer doch tatsächlich mit uns zum Tanken an. Die Fahrgäste klebten an den Scheiben während der Einfüllstutzen aus dem Tank hing und der Fahrer mit dem Tankwart ein Pläuschchen hielt.

Das ist Griechenland, waren wir Fahrgäste uns alle einig und lachten über den ungewöhnlichen Zwischenfall.

Auf dem Maultierpfad wanderten wir zum alten Hafen hinunter, aßen in einer schattigen Taverne griechischen Salat und Julie und ich ritten anschließend auf den Maultieren den Pfad wieder zurück nach oben.

Mal wetzten die Tiere mit uns an der Mauer entlang und mal bogen sie scharf am Abgrund vorbei. Ich war mir stellenweise nicht sicher, ob ich das überleben würde, aber es kitzelte aufregend im Bauch und machte riesigen Spaß.

Leo, der Technikgläubige, nahm lieber den Schräglift der österreichischen Firma Doppelmayr. Eine der Stützmauern am Steilhang sah ziemlich laienhaft zurechtgemeißelt aus. Die Gondeln schwebten aber immerhin gerade noch so knapp darüber hinweg ohne anzustoßen. Wir waren uns einig, dass hier Alexis Zorbas nachgearbeitet haben musste.

Wir schlenderten durch die engen Gassen, bestaunten die Angebote der Souvenirläden, bewunderten den Sonnenuntergang und fuhren dann zurück in unser kleines Boutique-Hotel, wo uns Themistoklis schon freudig erwartete. Er empfing uns wie immer fröhlich lachend und er nahm sich viel Zeit für unsere vielen Geschichten von unterwegs.

Themistoklis kannte auch eine Menge kuriose Geschichten aus Griechenland und ich wunderte mich, dass ich dieses Land und diese netten Menschen nicht schon viel eher kennengelernt hatte.

Keine Krise, keine Feindlichkeit, nichts war hier zu spüren von all dem, was wir zu Hause in den Medien zu hören oder zu lesen bekommen hatten und niemand behandelte uns hier unfreundlich nur weil wir Deutsche waren. Ich fragte mich ernsthaft, wer eigentlich all diese üblen Geschichten in Umlauf setzte?

Themistoklis' unverstelltes Lachen gefiel uns allen. Selbst Leo gab jetzt zu, dass der "Typ ganz nett" wäre, wo mein Mann mit Komplimenten sonst wirklich nichts am Hut hat. Und Julie *schmolz bei Themistoklis' Blicken sowieso hin wie ein Eis in der Sonne und ich fing an sie zu verstehen.*

Kapitel 21

Themistoklis

Die gute Stimmung hatte Themistoklis entspannt schlafen lassen und entsprechend gutgelaunt stieg er morgens aus dem Bett.

Während er auf das kleine runde Tischchen ein Frühstück für drei Personen manövrierte, fragte er zum ersten Mal nicht nur routinemäßig nach den Befindlichkeiten seiner Gäste aus Deutschland, nein, diesmal interessierte es ihn ganz persönlich und am liebsten hätte er seine eigene Befindlichkeit gleich dazu erzählt.

Und noch lieber wäre ihm gewesen, er hätte den ganzen Tag mit seinen Gästen verbringen und ihnen die Insel zeigen können. Alles was er wusste, würde er mit ihnen ablaufen, an die schönsten Strände würde er sie führen und in den besten Tavernen wäre er mit ihnen essen gegangen. Er hatte so viele Tipps gesammelt, das würde sicher noch für ein paar schöne Urlaubstage reichen.

"Seid ihr schon in Emporio gewesen?", fragte er. "Das ist ein typischer Wohnort auf Santorini. Da leben die Leute noch genauso, wie sie früher hier gelebt haben. Der Ort ist ein reines Wohngebiet mit typisch griechischen Höhlenbauten. Sehr romantisch!"

Themistoklis freute sich schon im Voraus, wenn sie ihm abends an der Poolbar ihre Eindrücke schildern würden. Vielleicht machten sie eine neue Entdeckung, die er dann als Tipp wieder erfolgreich weiterreichen könnte.

Am Nachmittag stand plötzlich Nicolesku im Hotelgelände. Er hatte die schlechte Angewohnheit stets unangemeldet aufzutauchen, was Themistoklis oft mehr bei seiner Arbeit hinderte, als dass es für ihn nützlich gewesen wäre.

"Wie sieht's denn aus bei dir?", fragte der Chef interessiert. "Klappt alles?"

Und dann musste Themistoklis wieder einmal alle Vor- und Nachteile der offenen Bar und der kleinen Küche aufzählen und alles wiederholen, was der Chef eh schon wusste.

"Im Winter renovieren wir sowieso und dann klappt vielleicht auch der Umbau der Küche. Die Zahlen sehen jetzt schon gut aus", versicherte ihm Nicolesku.

Und dann fing der Chef an über ganz alltägliche Dinge zu reden und Themistoklis hatte den Eindruck, dass sein Boss sich manchmal langweilte und nur deswegen in das Hotel kam, um sich zu Hause nicht selber im Weg zu stehen.

"Ich schau mir mal die Anmeldungen für die nächsten Tage an", sagte Nicolesku und machte sich auf den Weg zu Themistoklis' Schreibtisch.

Themistoklis befürchtete, dass der Boss den ganzen Abend bleiben würde und dann müsste er Adelphia die Bar alleine überlassen und das war ihm ausgerechnet heute überhaupt nicht recht. Es war der letzte Abend mit Julie und ihren Eltern.

Obwohl er sonst sehr gut mit seinem Boss auskam, hatte er dieses Mal kein gutes Gefühl. Vielleicht würde Nicolesku die Rechnung für den zusätzlichen Wassertankwagen finden, denn die hatte er bis jetzt noch gar nicht ins Gespräch gebracht und dann müsste er ihm seine Ungeschicklichkeit doch noch beichten.

Doch zum Glück verließ Nicolesku bereits kurz vor Sonnenuntergang das Hotelgelände wieder ohne etwas Unstimmiges in Themistoklis' Buchführung gefunden zu haben. Themistoklis war erleichtert, jetzt stand einem lustigen Abend an der Bar nichts mehr im Weg. Adelphia hantierte schon mit dem Geschirr herum, als er sich zu ihr hinter den Tresen stellte.

"Ist heute nicht der letzte Abend mit den Deutschen?", wollte sie wissen.

"Ja, ist es, warum fragst du?"

"Ach nichts, nur so", antwortete sie.

Themistoklis hatte das erste Mal seit langer Zeit das Gefühl, dass ihre Laune wieder besser wurde. Sie wirkte sogar noch entspannt und vergnügt, als sich Julie und ihre Eltern an der Bar niederließen.

Wieder wurde viel erzählt, gelacht und getrunken. Am späteren Abend beschloss Themistoklis einen Abschiedsdrink auszugeben. Heute konnte er selbst auch ganz gut einen vertragen.

"Yamas!", riefen alle und stießen mit ihren Gläsern zusammen.

Dann musste Themistoklis die Runde kurz verlassen, weil ihm einfiel, dass er tagsüber nicht dazu gekommen war die Wasserqualität im Pool zu überprüfen und er eventuell über Nacht Chlor nachfüllen musste.

"Themistoklis der Poolmixer!", rief Leo plötzlich von der Bar herüber, als Themistoklis mit seiner Chlorflasche hantierte. "Ich möchte gar nicht wissen, was du alles in unsere Drinks gemixt hast", feixte Leo.

"Katerina wollte die Zutaten für den Drink wissen", rief Adelphia ihm zu, weil sie merkte, dass Themistoklis den Witz nicht verstanden hatte. "Ich habe gesagt ich kenne das Rezept nicht, weil du der Mixer bist und jetzt hast du die Chlorflasche in der Hand!" und dann musste sie selber lachen.

"Ich weiß auch nicht, was da alles drin ist", scherzte Themistoklis zurück. "Ich habe einfach die Reste aus allen Flaschen zusammengeschüttet und bin selbst erstaunt, wie gut das schmeckt!". Er grinste verschmitzt, weil er genau wusste, dass es nicht so war.

Unbedingt wollte er Julie noch nach ihrer privaten Verbindung fragen, aber irgendwie gab es nie den richtigen Zeitpunkt das zu tun. Er lauerte den ganzen Abend auf eine passende Gelegenheit, ihr diese Frage noch zu stellen. Aber jedes Mal, wenn er sich Julie ein Stück näherte, war Adelphia sofort neben ihm und schien ihn ganz besonders genau zu beobachten. So verstrich Minute um Minute.

"Bist du eigentlich in einem dieser sozialen Netzwerke, Themistoklis?", fragte Julie ihn dann plötzlich kurz vor Mitternacht selbst noch ganz unvermittelt.

Sein Herz machte einen Sprung.

"Nein, bin ich nicht, aber ich habe eine Email-Adresse und einen Skype-Account. Ich kann dir beides aufschreiben", drängte es ihn zu sagen.

Und schneller als erwartet zog er Stift und Papier aus seiner Hosentasche. Beides hatte er vorsichtshalber schon eingesteckt und bereitgehalten. Und dann schrieben sie jeder dem anderen ihre Kontaktdaten auf.

"Bis du in einem sozialen Netzwerk, Adelphia?", fragte Katerina dazwischen.

Themistoklis wusste, dass sie einen Account hatte und er staunte nicht schlecht, dass Adelphia ihn so bereitwillig bekanntgab. Vermutlich war sie heute wirklich bester Laune und deswegen neugierig über das private Leben dieser Gäste mehr zu erfahren.

Als viel später alle gegangen waren, sammelte Themistoklis noch die Laternen um den Pool herum ein, nahm sich eine Flasche Wein aus dem Regal, verschloss die Bar und verschwand in seinem Zimmer. Irgendwie hatte er das Gefühl, heute einen größeren Schlummertrunk zu brauchen.

Kapitel 22

Katerina, siebter Urlaubstag

Themistoklis empfahl uns für heute einen Spaziergang durch den kleinen Ort Emporio. Gleich nach dem Frühstück brachen wir dahin auf.

Pinkfarbene und dunkelrote Bougainvillea wuchs üppig über Zäune und an den Hauswänden hoch und ich schoss mindestens das zweitausendste Foto.

Ein alter Mann saß in seinem kleinen Vorgarten und schälte Kakteenfrüchte, die hier gerade überall reif waren. Wir sagten artig "Kalimera" zu ihm und er freute sich so über die Maßen, dass er gleich wissen wollte woher wir kamen.

"Germany gut, Germany gut!", sagte er fröhlich und bot uns einige seiner Früchte zum Probieren an. Sie schmeckten süß und waren sehr saftig und immer wenn wir eine geschluckt hatten reichte er uns schon wieder die nächste.

Ich dachte, wir sollten ihm dafür etwas Geld geben, aber das wollte der Alte auf keinen Fall. Er winkte mehrmals ab und sagte immer wieder überaus freundlich "ist gut!".

Ich schämte mich dann dafür, dass ich in allem ein Geschäft vermutete und auch deswegen, weil der Alte mit Sicherheit sehr viel ärmer war als wir und er uns trotzdem das Wenige das er hatte aus vollem Herzen gab.

Sozusagen als Buße liefen wir danach in unseren Badelatschen zu Fuß bis nach Perissa weiter. Ungefähr dreißig Minuten dauerte der Weg auf der staubigen Landstraße. Das Gras seitlich der Straßen war um diese Jahreszeit hellgelb und völlig vertrocknet. Im Gänsemarsch wanderten wir hintereinander her, um nicht Opfer eines Verkehrsunfalls auf der vielbefahrenen Hauptstraße zu werden.

Am Strand mieteten wir uns drei Liegen unter einem mit Stroh bedecktem Sonnenschirm. Essen und Trinken ließen wir uns aus einer der Tavernen bringen. Bis in den Abend hinein blieben wir am Meer und genossen die Stimmung unseres Strandurlaubs.

Später saßen wir wieder bei Themistoklis an der Poolbar. Wieder unterhielten wir uns prächtig und weil es unser letzter Tag war, servierte uns Themistoklis auf Kosten des Hauses noch einen süßen Mix.

Als Themistoklis gerade den Inhalt einer kleinen Flasche in den Pool kippte, mussten wir alle herzlich lachen, weil er uns nicht sagen wollte, was er kurz zuvor noch in unsere Getränke geschüttet hatte. Bis spät in die Nacht hinein lachten wir noch über den Witz mit dem Poolmixer.

Zum Abschied gab mir Adelphia sogar noch ihren privaten Account im sozialen Netzwerk und um eine Verwechslung auszuschließen, beschrieb sie mir ihr Profilbild genau im Detail. Ich werde sie sicher finden.

Kapitel 23

Themistoklis

Sofort nach dem Aufwachen war Themistoklis' erster Gedanke, dass Julie heute abreisen würde.

Das letzte Frühstück servierte er ihr und ihren Eltern mit einem kleinen Kater. Er hatte sich gestern noch in den Schlaf getrunken, was er sonst nie tat, weil er es sich beruflich einfach nicht leisten konnte. Es drückte ihn nieder, dass alles Schöne am Ende immer viel zu kurz war. Diese eine Woche fand er die beste Woche, seit der Eröffnung des Vulcano Sunset. Und nur, um überhaupt etwas zu sagen, erkundigte er sich am Frühstückstisch nach der genauen Startzeit des Fliegers, obwohl ihm bereits bei seiner Frage klar war, dass es für ihn keinerlei Bedeutung hatte.

Immer wieder lief er zwischen Poolbar und Rezeption hin und her und überlegte, wie er noch einmal Kontakt zu Julie aufnehmen könnte, ehe sie unwiderruflich weg war.

Dann sah er, wie Katerina von Julie an mehreren Stellen des Hotelgeländes Fotos machte.

Spontan kam ihm die Idee sich mit Julie fotografieren zu lassen.

Schnurstracks lief er auf die beiden zu und rief: "Kann ich mit aufs Bild?"

Er stellte sich ganz dicht neben Julie und legte seinen Arm um ihre Taille. Die Zeit blieb für einen Moment stehen und als er Julie zuzwinkerte, lachte sie ihn an und legte ihre Hand auf seine Schulter. Katerina drückte genau in diesem Augenblick noch einmal auf den Auslöser.

"So ein schönes Bild!", freute sich Katerina und dann drückte sie gleich mehrmals hintereinander ab. "Klick, klick, klick", machte das.

Die Sonne strahlte jetzt Mitte August schon in den frühen Morgenstunden heiß vom Himmel. Themistoklis konnte kaum die Augen offen halten, weil er mit dem Gesicht genau zur Sonne stand. Jedes Mal, wenn er zu Julie neben sich sah und ihre Versuche, die Augen offen zu halten, bemerkte, mussten sie beide lachen.

Themistoklis hatte sich noch nie mit Gästen fotografieren lassen, aber dies würde eine Erinnerung für ihn sein und er würde Julie, sobald sie Kontakt miteinander hätten, gleich darum bitten, ihm eines der Fotos zu schicken. Und sicher würden sie sich nach und nach alles schreiben, was sie sich in diesen wenigen Tagen nicht sagen konnten. Er freute sich schon jetzt auf einen regen Austausch mit ihr.

Themistoklis half noch die Koffer in den Transferbus zu hieven und dann kam unweigerlich der endgültige Abschied. Als der Transferbus außer Sichtweite war, fühlte er sich verlassener, als er gedacht hatte. Die nächsten Stunden verbrachte er damit, sich mit seiner Arbeit abzulenken und darauf zu hoffen, dass sich Julie nach ihrer Ankunft zu Hause gleich bei ihm melden würde.

Er nahm sich vor, die wenigen Wochen, die bis zum Saisonende noch vor ihm lagen, so routiniert und emotionslos wie möglich abzuarbeiten.

Kapitel 24

Katerina, letzter Urlaubstag

Heute saßen wir ein wenig verkatert am Frühstückstisch und Themistoklis sah auch nicht viel besser aus. Aber er war genauso freundlich wie immer und interessierte sich für unsere Flugzeiten.

Nach dem Kofferpacken war noch etwas Zeit und ich machte von Julie ein paar Fotos im Hotelgelände. Themistoklis stellte sich sofort an Julies Seite. Ich machte eine Menge schöner Bilder von diesen hübschen jungen Leuten und plötzlich fand ich, dass sie eigentlich ganz gut zusammen passten.

Der Transferbus kam dann griechisch zu spät. Der Fahrer wunderte sich noch über die deutsche Aufgeregtheit im Bus. Zwei Stunden vor Abflug! Da würde er sich noch einen Kaffee genehmigen, sagte er und ich glaube, er hat uns liebenswürdig ausgelacht.

Da wir die letzten Touristen auf seiner Abholliste waren, fuhren wir dafür ohne noch einmal anzuhalten direkt zum Flughafen.

Die Warteschlange am Check-In-Schalter war so lang, dass die Letzten bereits außerhalb des kleinen Flughafens anstehen mussten. Doch die Abfertigung ging schnell. Wir standen dann auch erstaunlich entspannt ganz hinten an, denn selten hat ein Urlaub bei uns allen einen so großen Eindruck hinterlassen. Wir werden auf alle Fälle wieder hierher zurückkommen!

Bis zur Zwischenlandung auf Mykonos erreichte das Flugzeug nicht seine volle Reisehöhe und so konnten wir noch eine Weile auf die Ägäis und auf andere griechische Inseln sehen. Das türkisfarbige Wasser war so klar, dass sogar der felsige Meeresboden von oben noch deutlich zu erkennen war.

Zurück in München wurde mir zum ersten Mal bewusst, welche Ausmaße eine sechsspurige Autobahn haben konnte und wie schnell und wie dicht hier der Verkehr floss. Wie eilig es alle hatten und wie riesig die Autos hier waren.

So fühlt sich also ein Kulturschock an!

Schlagartig wusste ich, dass ich die unbeschwerten Tage auf Santorini noch lange nicht vergessen würde.

Kaum zu Hause angekommen meldete ich mich, noch bevor ich die Koffer auspackte, sofort im Internet an und suchte im *sozialen Netzwerk nach meiner neuen Freundin Adelphia. Ich schickte ihr eine Freundschaftsanfrage, die sie schon innerhalb einer Minute bestätigte. So weit entfernt waren wir voneinander und doch waren wir uns auf diese Weise wieder so nah!*

Mir war klar, dass ich es kaum ein Jahr aushalten würde, bis ich meine griechischen Freunde alle wiedersehen konnte. Schon im Dezember buchte ich deswegen gleich den Urlaub für das nächste Jahr. Griechischer Kaffee mit Blick über die Caldera!

Und Julie trat ihr letztes Schuljahr an und sie wusste endlich was sie sofort nach der Schule machen wollte: Ein Hotelpraktikum im Vulcano Sunset!

Kapitel 25

Abreise in den Winter

"Und wann du mich holen?", fragte die Stimme durch das Smartphone, das Themistoklis jetzt noch als einziges Telefon bei sich trug. Sein Arbeitshandy hatte er bereits im Bürotisch eingeschlossen.

"Ich räume noch meine Sachen zusammen und dann komme ich, das wird so in einer Stunde sein", erklärte er.

Das war nun schon der soundsovielte Anruf von Angeliki und langsam ging ihm ihre Ungeduld auf die Nerven. Er musste noch seinen letzten Rundgang durch das Hotel machen, ehe er alles abschließen und losfahren konnte. Mit Nicolesku hatte er schon gestern besprochen wo die Unterlagen für den Umbau lagen und wo die Handwerker ihre Geräte unterstellen und absperren konnten. Der Renovierung des Hotels über den Winter stand im Prinzip jetzt nichts mehr im Weg.

Der Chef wollte den Umbau selbst begleiten. Die erste Saison war besser gelaufen als erwartet und bereits vor Wochen hatte Nicolesku alle notwendigen Arbeiten in Auftrag geben können. Sogar die neuen Möbel für die Zimmer waren bestellt. Zusammen mit einer Innenarchitektin hatten sie sich die neuen Betten und Waschschüsseln ausgesucht, die kleinen Küchenzeilen geplant und sogar die Wandfarben und die Muster der Kissen und Tagesdecken miteinander abgestimmt. Jede freie Minute saß Nicolesku am Schreibtisch und durchforstete die Umbaupläne, ob vielleicht das eine oder andere noch geändert werden musste. Die Renovierung würde umfangreich und der Winter kurz sein, und da war es wichtig, dass nichts dem Zufall überlassen blieb.

Themistoklis war sehr zufrieden mit seiner ersten Saison als Hotelmanager. Das Ende war schneller gekommen, als er erwartet hatte. Doch jetzt, wo er zur Ruhe kam, fühlte er sich schlapp und ausgemergelt. Die letzten Partys zu denen er sich noch geschleppt hatte, gaben ihm den Rest. Zu wenig Schlaf, zu viel Alkohol und jede Menge Zigaretten, die er gar nicht rauchen wollte, zehrten an seiner Kondition. Außerdem fiel ihm der Abschied von der Insel schwer, weil er wusste, dass die Winter auf dem Festland lang und trostlos waren. Er sehnte sich schon jetzt in sein Hotel zurück, wo er es noch gar nicht verlassen hatte.

Es gab aber auch etwas Gutes. In der vergangenen Saison sprudelte das erste Mal so richtig viel Trinkgeld und er würde sich damit selbst ein paar Tage Urlaub in Bulgarien leisten, die er ausgiebig genießen wollte. Es würde sein erster Urlaub überhaupt werden.

Vielleicht könnte er auch die Arbeit in der Olivenfabrik etwas verkürzen und zum Jahreswechsel mehr Freizeit haben. Er könnte mit Freunden losziehen und etwas für seine Fitness tun. Noch hatte er keinen zusammenhängenden Plan für die Wintermonate.

Das nächste große Ereignis, unmittelbar bei seiner Ankunft in Athen, war die Hochzeitsfeier seiner Cousine, zu der er schon vor Wochen eingeladen wurde. Er würde nur wenig Zeit haben, sich vorher zu Hause umzuziehen. Seine Mutter und seine Großmutter würden schon auf dem Fest sein, wenn er zu Hause ankam. Sie wollten bereits am Nachmittag mit ihrer griechischen Verwandtschaft feiern. Sämtliche Onkel, Tanten, deren kleine und erwachsene Kinder, die normalerweise weit verteilt auf den verschiedenen griechischen Inseln ihr Zuhause hatten, würden da sein. Er hatte sie alle lange nicht mehr gesehen.

Angeliki wollte er im Hafen von Athen verabschieden, denn zur Familienfeier würde er sie keinesfalls mitnehmen, obwohl sie sicher danach fragen würde. Aus irgendeinem Grund war sie immer noch der Meinung, dass sie zusammen gehörten.

Zwar hatte er Angeliki in der letzten Zeit wieder öfter getroffen, weil sie keine Poolparty und keine Abschiedsparty ausließ auf der er auch anzutreffen war, aber als seine feste Freundin sah er sie trotzdem nicht, auch wenn sie in Gesellschaft nie Zweifel daran ließ, dass sie sein Mädchen war. Aber gerade deswegen wollte er sie nicht seiner traditionellen Familie vorstellen, denn das würde ihre Sichtweise nur noch bestätigen. Er ahnte, dass sie nicht verstehen würde, warum sie nicht mitkommen durfte und im Geiste sah er sie schon ihren Schmollmund ziehen, wenn er ihr später sagen musste, dass die gemeinsame Reise in Piräus beendet war. Vielleicht würde er ihr die Hochzeit auch verschweigen und einfach keine Zeit mehr für sie haben. Wenn alles gut lief, würde sie vielleicht auch gar nicht danach fragen was er im Anschluss vorhatte und er würde überhaupt keine Entschuldigung brauchen.

Von Adelphia hatte er sich freundschaftlich verabschiedet und sie hatten sich versprochen nächstes Jahr wieder gemeinsam im Vulcano Sunset zu arbeiten, wenn es notwendig wäre. Hätte Themistoklis diese Familienfeier nicht besuchen müssen, wäre er vielleicht noch ein paar Tage auf Santorini geblieben und mit Adelphia durch die Lokale gezogen, die jetzt noch offen hatten. Zwar war auf der Insel nicht mehr viel los, aber gerade ein paar ruhigere Tage hätten ihm auch gefallen.

Bis in den Nachmittag hinein schlafen und in der Nacht durch die Lokale ziehen, das wäre nochmal eine Option gewesen. Adelphia hatte ihm sogar angeboten, ihr Appartement mit ihm zu teilen. Das war nett von ihr, aber er wollte das besser nicht in Anspruch nehmen. Selbst wenn er noch auf der Insel geblieben wäre, würde er weiter in seinem Zimmer im Hotel geschlafen haben. So gern er mit Adelphia zusammen war, aber wohnen wollte er dann doch lieber alleine. Er wusste, wie bestimmend sie sein konnte und wie ihn das nervte und dass ihre, bis jetzt so unkomplizierte Freundschaft zwangsläufig darunter leiden würde. Die letzte Saison hatte er das mehrmals zu spüren bekommen. Da war es gut, sich ab und zu aus dem Weg zu gehen und nicht dauerhaft aufeinander sitzen zu müssen.

Themistoklis suchte seine restliche Kleidung zusammen, die noch im Zimmer verteilt war, sie passte locker ohne besondere Stapeltechnik in seine zwei Reisetaschen. Zwei Paar ausgetretene Sportschuhe, von denen sich nach so vielen Kilometern innerhalb einer ganzen Saison die Sohlen lösten, ließ er vor seinem Zimmer zurück. Dann konnten sie bei der Renovierung zusammen mit den anderen alten Dingen gleich mitentsorgt werden.

Zwischendurch kontrollierte er immer wieder sein Smartphone, ob eine Nachricht von Julie da war, die er dann schnellstens beantwortet hätte. Weder sie noch er hatten immer Zeit für einen ausgiebigen Chat. Sie steckte gerade in ihren Prüfungsarbeiten und er war ständig am Laufen, um sich um das Hotel und die Gäste zu kümmern. Wie dringend hatte er nach Julies Abreise auf eine Nachricht von ihr gewartet und wie erstaunt war er, wie schnell sie sich bei ihm gemeldet hatte. Und dann verging kein Tag, an dem sie sich nicht irgendetwas schrieben. Manchmal war es nur ein "Guten Morgen!" oder ein "Gute Nacht!" oder gar nur ein paar Smilies oder ein paar Herzchen, die sie sich schickten, doch in Kontakt miteinander waren sie täglich.

Durch den Chat war zwischen ihm und Julie so etwas wie eine richtige Freundschaft entstanden und irgendwann war ihm so, als wären sie nicht nur ein paar Tage, sondern Wochen zusammen gewesen.

Sich mit Julie zu schreiben war für ihn wie der Kontakt zu seiner Familie. Es war so, als würde er nach Hause schreiben. Er konnte Julie nach ihrer Abreise noch eine ganze Weile vor sich sehen, wie sie da auf dem Barhocker saß und von ihm wissen wollte, wie die griechischen Buchstaben geschrieben werden. Und auch die Aufregung, die er dabei empfand, blieb ihm nachhaltig in Erinnerung.

Bevor er sein Laptop einklappte, klickte er noch einmal auf ein Bild, das Julie ihm geschickt hatte. Es war eine perfekte Fotomontage. Julie hatte eines der Abschiedsfotos, die Katerina am letzten Tag von ihnen beiden im Hotelgelände gemacht hatte, mit einem Computerprogramm bearbeitet und im Bild den Hintergrund verändert. Nun standen sie beide nicht mehr auf dem Hotelgelände, sondern auf dem Münchner Oktoberfest. Die Fröhlichkeit in ihren Augen und wie sie so nebeneinander stehen, er den Arm um ihre Taille und sie die Hand auf seiner Schulter, war noch Original, aber auf der Fotomontage trug Julie jetzt ein Dirndl, hellblau mit kleinen weißen Tupfen. Mit diesen Farben erinnerte das Kleid fast ein wenig an eine griechische Tracht und er selbst trug jetzt zusätzlich ein Lebkuchenherz um den Hals gehängt. "Mein Schatzerl" stand in weißer Zuckerschrift auf dem braunen Herz mit gelbem Zuckerrand und er musste lachen, als er bei ihr nachfragte, was der Schriftzug bedeutete.

Das Foto war so perfekt verändert, dass er, wenn er nicht genau gewusst hätte, dass er nie in München gewesen war, selbst an seine Echtheit geglaubt hätte.

Er erinnerte sich daran, wie überrascht er gewesen war, als er das Foto zum ersten Mal gesehen und wie sehr er sich über dieses Bild gefreut hatte. Als wäre es tatsächlich eine Erinnerung an gemeinsame Tage in München.

Dazu schrieb sie ihm, sie könne ihn überall hin zaubern, wohin er nur wollte und er bestellte sich bei ihr Hawaii. Prompt schickte sie ihm ein Bild, das ihn mit einer bunten Blumenkette um den Hals zeigte. Palmen am Strand und hawaiianische Tänzerinnen um ihn herum.

Und weil er ein großer Fußballfan war, schickte sie ihm noch ein Foto, das ihn im Trikot der griechischen Nationalmannschaft inmitten der Spieler zeigte. Und wieder musste er schmunzeln, so gut gefiel ihm, was sie da für ihn gemacht hatte und es war klar, dass sie noch eine große Zukunft vor sich haben würde. Vielleicht würde sie einmal eine Künstlerin werden.

Wenn er darüber grübelte, war ihm klar, dass Julie nicht in die Welt der billigen Saisonarbeiter passte. Er würde ihr nicht im Weg stehen, doch vorerst sprach nichts dagegen, für eine ungewisse Weile miteinander in Kontakt zu bleiben.

In der ersten Euphorie hatte er die Bilder gleich Adelphia gezeigt und ihr von dem Chat mit Julie erzählt. Sogar sie war erstaunt gewesen, dass sich das deutsche Mädchen so schnell gemeldet hatte. Aber wohlwollend geäußert hatte sich Adelphia über Julie trotzdem nicht. Sie fand die Bilder gut und die Idee dahinter auch, aber an ihrem grimmigen Gesichtsausdruck konnte Themistoklis erkennen, dass sie von Julie immer noch nicht viel hielt. Ihre negativen Kommentare fand er schade und er begriff nicht, dass seine älteste Freundin sein Glück nicht mit ihm teilen wollte und das, obwohl sie regelmäßig nachfragte, ob es von Julie Neuigkeiten gab.

Er packte alles was er mitnehmen wollte in den Kofferraum seines alten Autos, der sich jetzt langsam füllte. Einen Rucksack mit Proviant für unterwegs stellte er noch zusätzlich auf die Rücksitzbank. Obwohl er kaum selbst fahren musste, weil das Auto die meiste Zeit auf der Fähre stehen würde, wollte er gut gerüstet sein. Noch einmal kontrollierte er alle Türen des Hotels, ging um den ausgetrockneten Pool herum, schloss die Läden an der Poolbar und warf einen letzten Blick über die Caldera. Dann fuhr er los.

Morgen würden hier die Handwerker anfangen die Zimmer umzubauen. Einige Wände würden fallen und andere würden neu hochgezogen werden. Bäder und Duschen würden neu eingebaut und die kleinen Küchen umgebaut werden. Fliesen an den Wänden und am Boden mussten neu verlegt und neue Möbel aufgestellt werden. Das Vulcano Sunset würde in diesem Winter einer Großbaustelle gleichen, doch Themistoklis freute sich bereits auf das neue Hotel im nächsten Jahr.

Angeliki stand mit ihrem Seesack und einer zusätzlichen Reisetasche bereits in der Einfahrt ihres Hotels und winkte ihm schon von Weitem aufgeregt zu. Bis auf die letzten Partytage hatten sie sich in dieser Saison wenig gesehen. Die freien Stunden am Nachmittag, die sie beide hin und wieder hatten, waren oft zeitlich versetzt oder er wollte seine Ruhe haben. In den sehr kurzen Nächten war er viel zu erschlagen und zu müde, um noch feiern zu gehen oder gar den privaten Gastgeber zu spielen. Angeliki machte ihm häufig Vorwürfe deswegen.

Themistoklis nahm das gelassen. Er wusste, dass sie genügend Verehrer hatte und sicherlich nicht einsam gewesen war. Angeliki war eine Draufgängerin, wenn es darum ging sich neue Freunde zu schaffen. Sie hatte keine Scheu auf andere zuzugehen. Immer wieder posierte sie in den Bars mit gutaussehenden Jungs vor deren Handykameras ohne sich dafür zu interessieren, was mit den Fotos geschehen würde.

Die Fotos landeten fast ausnahmslos im Netz und er kannte sie inzwischen fast alle. Offensichtlich machte es Angeliki Spaß, der ganzen Welt zu zeigen wie lebenslustig sie war und wie gut sie aussehen konnte, wenn sie es darauf anlegte. Sobald sich eine Gelegenheit dazu bot zeigte sie ihm voller Stolz die Fotos auf denen sie besonders toll aussah und sie freute sich kindlich, wenn hunderte ihrer Freunde im Netzwerk das gut fanden.

Sie hatte sogar Bilder von sich und ihm, von der Party kurz nach der Hoteleröffnung, ins Netz gestellt ganz ohne ihn zu fragen ob ihm das recht wäre.

"Für Efthimios", sagte sie und "schau, wie viele finden gut. Sogar Adelphia hat Bilder von uns geteilt!"

Jetzt stand Angeliki vor ihrem Hotel und wartete, dass Themistoklis sie zurück auf das Festland mitnehmen würde.

Themistoklis stieg aus, um ihr mit dem Gepäck zu helfen. Sie packten ihre Sachen auf die Rücksitzbank, weil der kleine Kofferraum bereits ziemlich voll war. Dann stellte sie sich vor ihm auf die Zehenspitzen, um von ihm in die Arme genommen zu werden. Aber Themistoklis gab ihr nur einen flüchtigen Kuss auf die Wange und hielt ihr die Wagentür auf.

"Freu mich auf Heimreise mit dir!", sagte sie und schien das auch sehr ehrlich zu meinen.

Sie machte es sich auf dem Beifahrersitz gemütlich und als wäre kein ganzer Sommer zwischen der An- und Abreise vergangen, fing sie sofort an, ihm ihre Geschichten zu erzählen. Sie benahm sich wie eine Ehefrau, die gerade von ihrer täglichen Arbeit abgeholt wurde. Themistoklis versuchte ihr zuzuhören und hoffte, dass sie irgendwann von selbst merkte, dass er kein großes Interesse an ihren Geschichten hatte. Er nahm sich vor, während der Reise locker zu bleiben, weil er am Ende Komplikationen befürchtete, wenn er sie am Hafen verlassen musste.

Als die Fähre ablegte standen sie an der Reling und schauten auf den Inselhafen zurück, der langsam kleiner und kleiner wurde. Themistoklis hatte keine gute Laune, obwohl er nicht sagen konnte, was ihm so sehr aufs Gemüt schlug. Vielleicht war es das Loch in das Vielbeschäftigte fallen, wenn ihre Arbeit plötzlich getan ist. Vielleicht war es aber auch der Abschied von diesem Sommer. Der Abschied von einer Idee, wie sein Leben immer sein sollte und zugleich die negative Erwartung dessen, was im Winter zwangsläufig wieder auf ihn zukommen würde.

"Du bist komisch geworden", stellte Angeliki fest.

"Ich bin nicht komisch, was meinst du?", fragte er gereizt zurück, weil sie ihn damit aus seinen Gedanken riss.

"Sprichst nichts zu mir und schaust immer nur auf Wasser und auf Handy!", warf sie ihm vor.

"Findest du?", er tastete automatisch nach seinem Smartphone in der Hosentasche, weil er sich vergewissern wollte, ob es noch da steckte, wo er es hingeschoben hatte.

139

Er hatte wenig Lust, sich jetzt mit ihr über seine Empfindlichkeiten auszutauschen. Sich mit ihr beschäftigen zu müssen, störte ihn bei seinen Erinnerungen, die gerade noch frisch waren und darauf warteten, verarbeitet zu werden. Er wusste, wenn er erst anfing, sie als lästig zu empfinden, würde seine Freundschaft zu ihr schnell ganz vorbei sein.

Noch vor einem Jahr fand er ihre Unbeschwertheit und ihre grünen Augen faszinierend, doch jetzt war sie ihm eine Spur zu aufdringlich und wenn er an die Fotos dachte, die sie von ihren vielen Partys hatte, war sie ihm auch zu oberflächlich und zu flatterhaft.

"Seit du Hotel alleine machst, du wirst so... so ganz anders!", wiederholte sie vorwurfsvoll, weil sie seinen Unmut bemerkte.

"Ich bin nicht anders, ich hatte nur viel zu tun. Außerdem war ich abends immer fix und fertig. Was denkst du denn, was ich im Hotel so mache?" Er hatte keine Lust, sich jetzt auch noch für seine Arbeit rechtfertigen zu müssen.

Sie schmiegte sich enger an ihn heran.

"Du bist braun geworden. Braune Haut und schwarzer Bart, das gefällt mir", sagte sie bewundernd. "Du siehst mehr sportlich aus, als vergangene Jahr. Gefällt mir gut, wie du bist. Ich mag dich, Themistoklis. Du weißt, ich kenne nur dich auf der Insel und nur du bist mein allerbester Freund."

Dann kam sie darauf zu sprechen, dass sie gerne irgendwann heiraten und Kinder bekommen wollte und dass sie nie einen anderen hatte, als ihn und dass sie oft an die gemeinsame Zeit letztes Jahr und insbesondere an die Liebesstunde in ihrem Zimmer zurückdenken musste und es schade fand, dass sie nicht mehr Zeit zusammen verbringen und solch eine Stunde wiederholen konnten. Sie war in ihrer Ausdrucksweise genauso direkt wie Efthimios. Nur aus ihrem Mund klang jetzt alles was sie sagte wie ein einziger Vorwurf.

Themistoklis hörte ihr zu und wusste nicht, was er antworten sollte. Im Augenblick wäre alles was er dazu zu sagen hatte in ihren Augen falsch gewesen und vorsätzlich verletzen wollte er sie auch nicht.

Dann gingen sie in den Rumpf des Schiffes und setzten sich nebeneinander auf eine gepolsterte Bank. Sie empfand das offensichtlich als Aufforderung ihm näher kommen zu dürfen und hielt ihm ihr Gesicht entgegen. Nicht diese Nase, dachte er und dann musste er aber doch lachen, weil sie mit ihrem Schmollmündchen wie ein kleines bettelndes Kind aussah. Sie war so wandelbar. Sie kannte wirklich alle Tricks sich anzuschleichen. Was für eine kleine Schlange, dachte er.

Und weil sie ihm inzwischen so nahe war, dass ihre Wange schon seinen Mund berührte, gab er ihr reflexartig einen kameradschaftlichen Kuss darauf und sie schloss ihre Augen dabei. Vermutlich bekam sie immer was sie wollte, dachte er.

"Efthimios hat dich eingeladen zu kommen. Wohnt jetzt weg von Athen, hat andere Haus. Kommst du?", fragte sie. "Ich denke, er hat was vor. Will dich wo mitnehmen."

Efthimios hatte bei Themistoklis schon mehrmals selbst angerufen und ihn dafür begeistern wollen, ein paar Tage bei ihm zu verbringen. Es gäbe besondere Aufgaben, meinte er, und er würde sich mit coolen Freunden treffen, da müsse er unbedingt dabei sein.

Themistoklis war zwar nicht so neugierig auf diese besonderen Aufgaben, aber der Freund hatte nicht locker gelassen und weil Themistoklis die lockere Art Efthimios' gefiel, hatte er ihm dann doch zugesagt. Eine Woche durch die Cafébars ziehen wäre nicht so übel. Seinen Zweitjob in der Olivenfabrik würde er Anfang Dezember beginnen und außer den paar Tagen die er in Bulgarien ausspannen wollte, hätte er im November Zeit den Freund zu besuchen.

Dummerweise hatte Angeliki von seinen Plänen mit Bulgarien erfahren und daraufhin wollte sie unbedingt mit ihm kommen. Themistoklis war davon aber nicht begeistert und weil ihm klar war, dass sie nicht aufhören würde zu betteln, überlegte er noch, wie er sie am besten von diesem Wunsch wieder abbringen konnte.

Während der Überfahrt schaute er immer wieder auf sein Smartphone, ob eine Nachricht von Julie da war. Aber nirgendwo auf dem Meer hatte er einen brauchbaren Empfang.

"Wieder blödes Handy", sagte Angeliki und drückte sich noch etwas fester an ihn heran. Themistoklis ahnte, dass sie die gesamte Überfahrt nicht mehr von seiner Seite weichen würde. Sie dachte sicher, ihr Erfolg bei ihm wäre nur eine Frage der Zeit und der Möglichkeiten. Bisher hatte er von sich aus nichts getan, was ihr Hoffnungen machen könnte. So jedenfalls sah er das. Diese eine einzige Nacht bedeutete doch so gut wie gar nichts.

Der Schiffsmotor brummte gleichmäßig vor sich hin und sie wurden beide zu müde, um zu reden. Jeder in seine eigenen Gedanken versunken, schlossen sie die Augen. Erst als die Lichter von Piräus in Sichtweite kamen sagte ihr Themistoklis endlich, dass er sie sofort nach der Ankunft im Hafen wieder verlassen musste.

Als Entschädigung bot er ihr an: "Wenn du möchtest, kann ich dich aber noch zum Busbahnhof bringen."

"Dachte, ich komme mit dir nach Hause?", schmollte sie.

"Das geht nicht, ich muss auf eine Familienfeier und da kann ich dich nicht mitnehmen", immerhin war es jetzt raus.

"Was für Feier ist das?", wollte sie wissen.

"Meine Cousine heiratet und die ganze Verwandtschaft wird dort sein. Das würde dir sicher keinen Spaß machen."

"Doch gerne bin ich mit dir, hab sogar schönes Kleid in der Tasche. Hab ich immer an, wenn Gäste mich einladen."

"Ich kenne meine Familie", redete sich Themistoklis heraus. "Sie würden dich zu sehr unter die Lupe nehmen, glaub mir. Vielleicht lernst du sie später einmal richtig kennen. Außerdem werde ich nicht viel Zeit für dich haben. Es gibt so vieles, was sie mich nach so langer Zeit fragen werden."

Angeliki schaute deprimiert drein.

Dachte sie tatsächlich, er würde sie für ein paar Tage mit zu sich nach Hause nehmen? Wie kam sie nur darauf? Sie rückte ein wenig von ihm ab und fing an zu trotzen.

"Aber du nimmst mich mit nach Bulgarien?", da war sie, die Frage, auf die er immer noch keine schonende Antwort wusste.

"Ja vielleicht", Themistoklis hatte ein schlechtes Gewissen und wollte sie nicht noch mehr kränken. "Ich melde mich, aber erhoff dir nicht zu viel."

Jetzt, wo sie so klein neben ihm stand, hatte sie mit ihrer Mitleidstour sein Gemüt wieder ins Wanken gebracht. Besser, er würde ihr später distanziert per SMS oder Mail absagen. Er wusste, dass das feige war, aber er wusste auch, dass sie ihn um den Finger wickeln konnte, wenn sie es nur darauf anlegte und sich dagegen zu stemmen, war ihm im Augenblick zu anstrengend. Solange er sie im Unklaren halten konnte, hatte er seine Ruhe.

"Wir sehen uns dann bei Efthimios", sagte er beim Abschied als sie mit ihrem Gepäck in den Reisebus stieg. Und fürs Erste außerordentlich befreit ging er zurück zu seinem Wagen.

Kapitel 26

Das Fest

Themistoklis' Cousine hatte für ihre Hochzeitsfeier einen großen Saal in einem noblen Hotel gemietet. Fast alle Tanten, Onkel, Cousins, Cousinen und viele Freunde waren ihrer Einladung gefolgt. Die gesetzliche Trauung fand bereits im Frühjahr statt, doch jetzt zum Sommerende war die Zeit für ein großes Fest. Die meisten Gäste kamen genau wie Themistoklis von weit her und einige würden die Gelegenheit gleich nützen, um im Anschluss an die Feier noch ein paar Tage bei Verwandten oder bei Freunden zu bleiben. Und sie kamen alle, denn so ein großes traditionelles Familienfest war ein Höhepunkt im Kalenderjahr.

Themistoklis kam erst viel später auf das Fest. Er musste sich zu Hause noch frisch machen, sich umziehen und außerdem hatte er noch einen längeren Chat mit Julie, den er nicht gerne zu früh abbrechen wollte. Zusätzlich hatte er vergessen sein Smartphone rechtzeitig aufzuladen und wollte zu Hause darauf warten, dass sich der Akku wieder einigermaßen erholen würde. Aber das dauerte ihm dann doch zu lange, weshalb das flache Ding jetzt immer noch zuhause an der Steckdose hing, was er sehr unerfreulich fand. Jetzt würde er den ganzen Abend keine Verbindung mehr nach draußen haben können.

Sein einziger Anzug saß ihm um die Taille sehr locker, dafür spannte er jetzt über den Schultern. Trotzdem würde er sich so schnell keinen neuen kaufen und zu später

Stunde legten die Männer erfahrungsgemäß sowieso ihre Jacken zur Seite und liefen nur noch hemdsärmelig herum.

Themistoklis' Mutter und Großmutter waren schon am Nachmittag auf das Fest gekommen und warteten bereits auf ihn.

"Du bist schmal geworden, Junge", stellte seine Mutter gewohnheitsmäßig fest, nachdem sie ihn an sich gedrückt und geküsst hatte. "Wie war denn dein Sommer mit dem Hotel und allem? Bist du gut zurecht gekommen?"

"Der Sommer war ganz okay", und mehr konnte Themistoklis nicht sagen, weil seine Mutter gleich weiterredete, um über die Cousine und ihre Hochzeit mit dem gutaussehenden Griechen zu erzählen und was für ein Segen es sei, wenn die Kinder so glücklich waren und wie stolz ihr Schwager sein konnte, bald viele Enkelkinder zu haben.

"Du bist neunundzwanzig, Themistoklis! Wenn deine Arbeit gut ist, warum suchst du dir nicht ein nettes Mädchen? Du weißt, wie sehr ich mir Enkelkinder wünsche. Und deine Großmutter möchte das auch noch erleben!"

"Deine Mutter hat recht", die Großmutter fasste ihn fürsorglich am Arm. "Hier sind so viele junge hübsche Mädchen, such dir eine aus", lachte sie und zwinkerte ihm zu, so gut sie das noch fertig brachte.

Die vielen Gäste schnatterten laut durcheinander und es klang, als flöge ein Schwarm Wildgänse über alle hinweg. Themistoklis kannte fast niemanden im ganzen Saal.

Er nahm an, dass die meisten Gäste die Freunde seiner Cousine oder die des Bräutigams waren und selbst den kannte er nur aus den wenigen Erzählungen seiner Mutter.

Dann bahnte er sich einen Weg in Richtung der Braut, vorbei an den riesigen runden, mit rosa Blumen geschmückten Tischen, die bereits mit fröhlich schwatzenden Hochzeitsgästen besetzt waren. Sie warteten offensichtlich alle auf ihr Abendessen.

Er und seine Cousine hatten sich das letzte Mal gesehen als sie beide sechzehn oder siebzehn Jahre alt waren und jetzt erkannte er sie nur, weil sie ein weißes Brautkleid trug. Sie plauderte mit einigen ihm unbekannten jungen Frauen und er musste eine Weile warten, bis er näher an sie herantreten konnte.

Auch sie erkannte ihn nicht sofort und er musste sich bei seiner eigenen Cousine erst einmal vorstellen. Aber dann gab es ein großes Hallo und sie fiel ihm stürmisch um den Hals.

"Themi! Du hast dich aber herausgemacht", stellte sie fest. "Lass dich anschauen!" und damit schob sie ihn wieder ein Stück von sich. "Mann, siehst du gut aus! Bist du alleine hier? Wann haben wir uns denn das letzte Mal gesehen?"

"Eigentlich wollte ich dir die Komplimente machen", lachte Themistoklis. "Das letzte Mal, dass wir zusammen waren ist lange her, ich glaub das war im Sommer anno dazumal und du hast dich aber auch ganz schön verändert. Siehst ehrlich gut aus!".

"Danke! Verändert, ja, da sagst du was, alles hat sich verändert und ich freue mich sehr, dass du gekommen bist."

"Ja, ich freue mich auch, dich zu sehen. Ich wünsche dir alles Gute für dein Leben zu zweit. Wo wohnt ihr beide denn jetzt?"

"Stell dir vor, Vasilis hat letztes Jahr ein Restaurant im Hafen von Mikrolimano eröffnet. Du musst uns unbedingt besuchen kommen! Wir haben es ganz zufällig entdeckt und der Besitzer wollte es loshaben, weil es zu viele Reparaturen gab und er das selber nicht mehr zahlen konnte, aber Vasilis und seine Brüder haben das sofort in Angriff genommen, die Lage direkt am Wasser war großartig und tagelang und nächtelang sind sie auf den Beinen gewesen, haben alles rausgerissen was drin war, die Einbauten und so, sie haben die Böden neu verlegt, mit Schiffsplanken, du weißt schon, und gemalert und alle Einbauten selbst wieder neu gemacht und jetzt...", sie war noch nicht fertig mit ihrer Erzählung als ihm der Bräutigam seine Hand reichte.

"Hi, ich bin Vasilis! Sie kann wieder nicht aufhören", unterbrach er seine Frau und lachte. "Ich weiß nicht, wie oft sie die Geschichte heute schon erzählt hat. Such dir einen netten Platz und iss mit uns, wir reden später noch."

Themistoklis hatte so viele Details auf einmal gar nicht erwartet. Aber er konnte sich noch erinnern, dass seine

Cousine schon immer schwer zu stoppen war, wenn sie einmal mit dem Erzählen begonnen hatte.

Er suchte seine Mutter und Großmutter und setzte sich an ihren Tisch, wo sie ihm seinen Platz frei gehalten hatten.

Es gab gebratenes Gemüse als Vorspeise, Salate mit Tomaten, Gurken, Oliven und Schafskäse, mehrere Platten mit Fleischgerichten, Reis und Kartoffeln. Die Tische waren mit den unterschiedlichsten Gerichten so vollgestellt, dass kein Millimeter Luft mehr zwischen den Tellern war. Und es gab so viel Torte und Kuchen zum Nachtisch, dass Themistoklis dachte, er würde gleich platzen, wenn er noch ein einziges kleines Stück davon aß.

Später am Abend tanzten die Gäste zu griechischer Folklore und Schlagermusik. Und obwohl eine zierliche Brünette Themistoklis immer wieder zum Tanzen ermuntern wollte, hielt er sich zurück. Tanzen wollte er nicht. Dafür sah er aber den anderen gerne dabei zu.

Die meisten Mädchen erinnerten ihn an Julie und daran, dass er versprochen hatte, ihr einen genauen Bericht dieser Feier zu geben, sobald er wieder zu Hause sein würde. Immer wieder zündete er sich eine neue Zigarette an und nur wenn er angesprochen wurde, ließ er sich auf ein Gespräch ein.

"Ich wusste gar nicht, dass mein Cousin so ein Langweiler ist", spottete die Braut und zog ihn mit sich in den Kreis einiger Männer, die angefangen hatten das unabwendbare Alexis Zorbas Thema zu tanzen. Hemdsärmelig, wie seinerzeit Anthony Quinn, tanzten sie jetzt in einem großen Kreis und jeder der Männer hatte seine Arme links und rechts auf den Schultern seines Nachbarn. Ein Bein nach vorne, zur Seite, einen Schritt nach rechts und zwei nach links, wieder vor, zurück und zur Seite. Die Frauen standen oder hockten um die Männer herum und feuerten sie klatschend an. Die Musik wurde schneller und schneller und das Lachen wurde lauter und lauter.

Obwohl Themistoklis die Ablenkung gefiel, konnte er sich den ganzen Abend nicht entspannen. Viel lieber wäre er jetzt zu Hause gewesen und hätte mit Julie über seine Stimmung gesprochen.

Hin und wieder hatte er ihr schon ganz vorsichtig über seine Sehnsüchte geschrieben und tatsächlich gab sie auf einige zweideutige Fragen erstaunlich eindeutige Antworten. Alles in allem blieb sie aber zurückhaltend, vermutlich wollte sie keine Fehler machen. Sie hatte offenbar keinerlei Erfahrung wie sie vorgehen musste, obwohl sie fast achtzehn war. Was genau hatte er von ihr erwartet?

Themistoklis schaute sich um. An einem der Tische saß eine ganze Gruppe junger Mädchen. In seinen Augen sahen sie alle aus wie Julie. Sie alberten herum, lachten, dann tanzten sie wieder und sie hatten viel Spaß miteinander. Er fühlte so etwas wie Eifersucht in sich hochsteigen. Er wusste gar nicht, wie Julie so ihre Zeit verbrachte. Was tat sie? Mit wem traf sie sich? Würde sie ohne ihn auch so viel Spaß haben können, wie diese Mädchen da am Tisch?

Julies Fotomontagen hatten ihn deswegen so gefreut, weil er sich vorstellte, wie konzentriert sie daran gearbeitet und dabei immer an ihn gedacht hatte. Für ihn war das ein Liebesbeweis, den ihm Julie auf diese Weise direkt per Mail zukommen ließ. Er sah sich mit einem Herzchen um den Hals gehängt, mit Julie durch das Oktoberfest schlendern und war mit seinen Gedanken weit weg. Die Wirklichkeit würde nie so sein, das wusste er, schon deswegen nicht, weil er zu dieser Jahreszeit immer würde arbeiten müssen und niemals im Spätsommer Freizeit haben würde.

Jetzt sah er den Mädchen an dem runden Tisch dabei zu, wie sie sich gegenseitig fotografierten, mal allein und dann wieder in kleineren Gruppen und wie sie die Köpfe über ihren Smartphones zusammensteckten, mit den Fingern zeigten und kicherten.

Dabei fiel ihm ein, wie Adelphia seine Begeisterung über Julies Bilder gleich geschmälert und ihn gewarnt hatte.

"Du weißt doch gar nicht, welche Montagen dieses Mädchen sonst noch so anfertigt. Und was sie damit macht, weißt du auch nicht. Du kennst doch diese Sucht mit dem Internet. Irgendwann bist du drin und weißt nicht, wie du da hineingekommen bist", sagte sie eines Abends.

"Du übertreibst maßlos", hatte er Julie verteidigt und schon bereut, dass er Adelphia die Bilder überhaupt gezeigt hatte.

"Mädchen im Alter dieser Kleinen sind unberechenbar. Du riskierst deine Karriere. Julie ist minderjährig, auch wenn sie nicht mehr so aussieht und du bist fast dreißig, denk mal lieber darüber nach", predigte Adelphia ihm.

Immer wenn es um Julie ging, erkannte Themistoklis Adelphia nicht wieder. Jedes Mal konnte sie von einem Moment zum anderen zum Drachen werden. Dann kramte sie ihre sämtlichen Enttäuschungen hervor und beklagte sich, dass die Versprechen der Touristen nicht einmal bis zu ihrem Heimatflughafen andauern. Sollte sie ihn mit diesem Gezeter vor einer Enttäuschung schützen wollen, lag sie falsch, denn er brauchte diesen Schutz nicht.

"Warte wenigstens, bis sie als Volljährige wiederkommt", hatte Adelphia noch gesagt, ihn dabei merkwürdig angesehen und noch gebrummelt, dass das wohl sowieso nie passieren würde.

Die Mädchen hingen jetzt alle über ihren Smartphones. Sie hatten sich ausreichend fotografiert und jetzt warteten sie vermutlich auf die Kommentare ihrer Freundinnen und Freunde, die gerade die hochgeladenen Fotos bewunderten.

Kurz nach Mitternacht brachte Themistoklis seine Mutter und seine Großmutter nach Hause. Das Fest würde noch bis in die frühen Morgenstunden andauern, aber solange wollten die beiden Frauen nicht bleiben. Themistoklis war das ganz recht. Er hatte viel geraucht, ausreichend getrunken und viel zu viel gegrübelt. Bis zum Ende des Festes gelang es ihm nicht, sich mit irgendjemanden länger zu unterhalten. Jeder hatte seine eigene Geschichte zu erzählen und Themistoklis' Zuhören war gefragter, als dass er selbst reden sollte. Jeder sprach von sich und alle redeten aneinander vorbei. Er konnte kaum glauben, dass ihm das vorher nie aufgefallen war. Entweder war er noch nicht richtig zu Hause angekommen oder der letzte Sommer hatte seine Wahrnehmung verändert.

Das Drängen der Verwandtschaft, sich doch endlich ein griechisches Mädchen zu nehmen und eine Familie zu gründen, sowie die griechischen Traditionen und die gesamte griechische Folklore waren ihm mit einem Mal zu viel geworden. Er wusste nicht einmal woher seine Familie die Sicherheit für ihre eigene Zukunft nahm und noch weniger wussten sie davon, wie schwierig es für ihn war, sich eine Zukunft aufzubauen. Er spürte richtig, wie die Winterdepression anfing in ihm hoch zu steigen.

Vielleicht würden ihn die folgenden Tage bei Efthimios wieder aufheitern. Der hatte es wenigstens immer verstanden, sich im Leben nicht so reglementieren zu lassen. Er war der Freund, den er jetzt brauchte, der sich selbstbewusst in Szene setzte, egal, ob er eine Zukunft hatte oder nicht. Efthimios war in der Lage auf alles zu pfeifen, was ihn einengte. Zukunft hin oder her, Party und Alkohol gab es bei Efthimios in einer ganz anderen Größenordnung! Themistoklis war sich sicher, dass ihn sein Freund in den nächsten Tagen in die richtige Stimmung zurückversetzen konnte. Nach diesem Folklore Abend brauchte er das mehr denn je.

Kapitel 27

Pressemeldung

Im Wohnzimmer von Themistoklis' Mutter lief das Fernsehgerät fast Tag und Nacht. Morgens schaltete sie es ein und erst wenn sie abends ins Bett ging, wieder aus. Und wenn sie für ihre Besorgungen das Haus verließ, ließ sie den Apparat für die Großmutter laufen. Themistoklis vermutete, es hätte damit zu tun, dass sich die beiden Frauen in der Wohnung nicht so alleine fühlten. Die laufenden Bilder und die unterhaltende Worte im Hintergrund waren wie Freunde, die sich im Wohnzimmer aufhielten und miteinander plauderten. Sie könne die Stille nicht mehr ertragen, sagte seine Mutter zu ihm, als er sie einmal danach fragte.

Themistoklis saß auf dem Sofa und überprüfte sein Smartphone auf neue Nachrichten von Julie, als ein Bericht über den Syntagma-Platz gesendet wurde.

"Auf dem Platz vor dem griechischen Parlament wurden Migranten beschimpft und aufgefordert den Platz zu verlassen", sagte eine Reporterin in ihr Mikrophon, "rund fünfhundert Menschen haben sich auf dem Platz versammelt und verfolgen die Kundgebung der rechtsextremen Organisation 'Goldenes Griechenland'. Die ganz in schwarz gekleideten Mitglieder verteilen Lebensmittel an alle notleidenden Bürger. Sie verteilen Milch, Nudeln, Kartoffeln und Olivenöl an die Umstehenden. Vor der Weitergabe der Lebensmittel muss der Perso-

nalausweis, zwecks Überprüfung der Staatsangehörigkeit, vorgezeigt werden. Ohne Ausweis gibt es keine Hilfspakete. Die Aktion "Essen für alle" soll ausschließlich von Griechen für Griechen sein, erklären die Mitglieder der nationalistischen Vereinigung."

Jetzt sah man ganz in schwarz gekleidete junge Männer die Lebensmittel verteilten und ältere Frauen und Männer, die diese dankbar entgegen nahmen.

Für einen Moment stockte Themistoklis der Atem, weil er dachte, er hätte im Hintergrund unter den verteilenden Männern Efthimios erkannt.

"Mama, schau mal hier im Fernsehen!", rief er in die Küche hinüber. Gerade erklärte einer der Helfer stolz:

"Wir haben bei griechischen Produzenten griechische Produkte gekauft und verteilen sie nur an griechische Bürger. Nur wer Grieche ist, bekommt Hilfe"

Im Hintergrund konnte man hören, wie sich umstehende Zuschauer vor Ort ereiferten. Einer rief dazwischen:

"Das ist genau richtig! Es gibt viel zu viele Illegale im Land, die auf soziale Unterstützung warten."

Die Reporterin klärte weiter auf:

"Ähnliche Aktionen hatte es auf die Initiative von Bauern aus Kreta bereits in den vergangenen Wochen gegeben. Diese waren allerdings in Kooperation mit den Städten organisiert worden und hatten vermutlich keinen parteipolitischen Hintergrund. Die rechtsextreme 'Goldenes Griechenland' zielt mit ihren Aktionen darauf ab, in das Parlament gewählt zu werden.

155

Die Organisation hat bei den jüngsten Umfragen fast sieben Prozent bekommen. Ranghohe Mitglieder der Gruppierung befürworten offen, eine auf ethnischer Herkunft basierende Staatsbürgerpolitik, um der schleichenden Verarmung der Bürger Griechenlands zu begegnen."

Dann sagte sie:

"Der Versuch, von 'Goldenes Griechenland', die Krise im Wahlkampf auf ein ethnisches Problem zu reduzieren, ist damit durchaus aufgegangen".

Danach schwenkte die Kamera nach oben und der Bericht endete mit dem Anblick des griechischen Parlaments.

"Hast du das gehört?", Themistoklis sah seine Mutter an, die jetzt im Wohnzimmer stand.

"Ja, davon habe ich schon gehört", sagte sie. "Aber ich weiß nicht, ob mir das gefällt. Pass auf, Themistoklis, mit wem du unterwegs bist. Ich muss dabei immer an deinen Vater denken, sein Stolz und seine politische Einstellung haben ihn vergiftet. Ich mach mir Sorgen, lass dich da in nichts reinziehen." Sie schaute ihn so abwartend an, als ob er ihr jetzt sofort versichern müsste, dass er nicht wie sein Vater war.

"Du kennst meine Freunde nicht wirklich", sagte er, um sie zu beruhigen, "die sind ganz in Ordnung. Mach dir keine Sorgen!"

Sie sah ihn nachdenklich an und dann sagte sie: "Ich hoffe, dass du recht hast."

Kapitel 28

Bei Efthimios

Bereits zwei Tage später traf Themistoklis gegen Abend bei Efthimios ein. Er hatte noch die Abschiedsworte seiner besorgten Mutter im Kopf. Sie machte sich immer noch viel zu viele Sorgen um ihn, als ob er in seinem Alter nicht genau wüsste was er tat. Er fragte sich einmal mehr, wie alt man denn werden müsste, um nicht mehr der umsorgte Sohn zu sein. Solange die eigene Mutter lebt, würde vermutlich niemand dieses Alter, weder in Griechenland noch anderswo, erreichen.

Efthimios erwartete ihn schon vor der Haustüre und umarmte seinen Freund so herzlich, wie es unter Männern gerade noch praktikabel war. Männerfreundschaften pflegen ohne schwul zu wirken, das war jetzt auch in Griechenland ein Thema geworden. Ein schwuler Grieche war Efthimios auf keinen Fall und er würde sich auch nie mit Schwulen abgeben, das beteuerte der Freund immer wieder lautstark. In seinen Kreisen waren Schwule verachtenswerter als eingewanderte Sozialschmarotzer. Und daraus machte er kein Geheimnis. Überhaupt blieb Efthimios dabei, gerne original und unverblümt zu sagen, was er dachte. Das war sein Markenzeichen und darauf war er stolz.

"Hey, wir haben dein Sofa schon gerichtet", sagte er als er Themistoklis wieder los ließ.

"Was sagt dein Hund, wenn ich sein Sofa beziehe?", fragte Themistoklis ihn scherzhaft aber nicht ganz ohne Sorge.

"Der erkennt meine griechischen Freunde, der vergreift sich nur an Ausländern." Efthimios machte mit seiner Hand eine zuschnappende Bewegung in Richtung Themistoklis' Nase und lachte dabei.

Efthimios war vor zwei Jahren auf den Hund gekommen, wie er es scherzhaft nannte. Einen Rottweiler hatte er sich zugelegt, den er Cerberus nannte, nach dem dreiköpfigen Höllenhund des Hades, dem Gott der Unterwelt. Cerberus sollte bei Efthimios' öffentlichen Auftritten den Umstehenden gebührenden Respekt einjagen.

Der Hund war allerdings bei weitem nicht so aggressiv wie Efthimios ihn gerne gehabt hätte. Der Rottweiler war friedlich und freundlich, solange es die Menschen zu ihm auch waren. Und obwohl er eigentlich ein sogenannter Einmannhund war, respektierte er Efthimios' Gäste gelangweilt. Nur anderen Hunden gegenüber neigte er zu dominantem Verhalten, was sein Halter jedoch sehr spannend fand und weil Cerberus in der Regel als der Stärkere hervorging, wollte er ihm diese Aggression auch nicht aberziehen.

In der Wohnung wartete bereits Angeliki auf Themistoklis' Ankunft. Themistoklis stand noch in der Türe, da lief sie ihm schon freudig entgegen und umarmte ihn herzlich.

"Dein Girl hat schon sehnsüchtig auf dich gewartet", Efthimios sagte das mit einem überaus süffisanten Unterton in der Stimme. "Ihr könnt hier schlafen und es ist mir egal, was ihr treibt, wenn ihr den Hund dabei in Ruhe lasst", spöttelte er weiter.

Und dann holte er zwei Flaschen Wodka und eine Flasche Ouzo aus dem Schrank und einen Träger Bier aus der Küche und stellte alles im Wohnzimmer auf den Boden neben einem niederen Sofatisch ab. Cerberus fing an, an allen Flaschen herumzuschnüffeln und die kühlen Metallverschlüsse abzulecken. Themistoklis nahm das leicht angewidert zur Kenntnis und schnappte sich schon einmal eine noch unberührte Flasche.

"Jetzt feiern wir erst einmal und trinken einen", sagte Efthimios, "und morgen stelle ich dich ein paar Freunden von mir vor, das wird dir gefallen!"

Efthimios polemisierte bis tief in die Nacht hinein, riss derbe Scherze und jedes Mal, wenn er sich eine Zigarette anzündete oder einen Schluck trinken wollte, nötigte er Themistoklis es ihm gleich zu tun.

Im Laufe des Abends bekam Themistoklis dann immer weniger mit und bemerkte nur noch, dass Angeliki unentwegt an seiner Seite klebte. Erst gegen Morgen bekam Themistoklis auch das nicht mehr mit. Alle Anspannung der letzten Wochen und Monate verflüchtigten sich mit jeder Flasche Bier und mit jedem Glas Ouzo mehr. Die Aussichten auf eine bessere Zukunft wurden zwar undeutlicher, aber sie schienen greifbarer.

159

Als Themistoklis am nächsten Tag aufwachte, fühlte er sich vollkommen erschlagen. Sein Mund war ausgetrocknet und sein Kreislauf kam nicht richtig in Schwung. Er konnte sich nicht erinnern, jemals so viel geraucht und getrunken zu haben.

Unwirklich und merkwürdig falsch fühlte sich das jetzt an. Sein Kopf war wie in Watte gepackt und er vermutete, dass die ganze Wohnung nach ihm stank. Angeliki war schon länger wach und stellte ihm eine Tasse Kaffee auf das Tischchen vor dem Sofa. Sie setzte sich neben ihn auf das Bettenlager und machte ein freundliches Gesicht.

"Kannst du mir sagen, was gestern hier los war?", Themistoklis langte nach einer bereits offenen Wasserflasche und trank sie vollends aus.

"Du hast viel Alkohol und bist dann weggekippt, so", klärte sie ihn auf und klappte dabei beide Hände vor seinen Augen nach unten.

Themistoklis erinnerte sich dürftig. Viel gelacht hatten sie und Efthimios hatte ihm erklärt, warum Griechenland in der Pleite steckt, wer daran schuld war und was jetzt dringend gemacht werden müsste. Irgendwie hatte er das noch mitbekommen, aber so richtig klar wurde es in seinem Kopf trotz allem Nachsinnen doch nicht. Er erinnerte sich nur, dass Efthimios über die kleine Deutsche hergezogen war, als Themistoklis zu Beginn der Sauffeier immer wieder auf sein Display schaute und dass Angeliki deswegen eifersüchtig wurde.

160

"Schau dir Angeliki an", hatte Efthimios immer wieder gesagt, "von der kannst du alles haben und sie ist jetzt Griechin! Was soll das mit der Deutschen? Für die bist du nur eine Marionette, mit der sie ihre Langeweile vertreibt. Meinst du wirklich, dass sie es ernst mit dir meint?" Dann spottete er weiter: "Echte Liebe gibt es nicht, die kannst du dir im Kino ansehen!".

Themistoklis überlegte krampfhaft, ob er von Julie erzählt hatte oder nicht? Ob er sie verteidigt hatte oder nicht? Was wusste Efthimios von ihr? Jedenfalls nahm er sich vor in Efthimios' und vor allem in Angelikis Gegenwart zukünftig jeden Kontakt mit Julie zu vermeiden. Sie verstanden ihn beide nicht, das war jetzt klar und er hatte keine Lust es ihnen zu erklären. Julie war Teil seines Sommers und hier war es bereits wieder tiefster Winter geworden. Er musste Julie aus all dem heraushalten.

Den späten Nachmittag verbrachten sie, wie Efthimios es geplant hatte, in einem Strandcafé weit außerhalb nordöstlich von Athen. Das Café war jetzt im November nur spärlich besucht. Die Tische und Stühle, die direkt am Meer unter den ganzjährig mit Schilfgras bespannten Sonnenschirmen standen, blieben jetzt zum größten Teil leer. Nur vereinzelt saßen dort ein paar Kaffeetrinker, die manchmal bis zum Sonnenuntergang blieben.

Efthimios steuerte zielgerichtet in das Lokal, das er offensichtlich gut kannte. Im hinteren Bereich der Cafébar waren einige Tische und Stühle mit jungen Männern besetzt. Cerberus lief sofort auf die Gruppe zu und wedelte mit seinem ganzen Hinterteil, weil sein Schwanz bis auf einen kleinen Stummel fehlte. Themistoklis und Efthimios wurden fröhlich mit Handschlag, Efthimios sogar vereinzelt mit einer brüderlichen Umarmung, begrüßt.

Die jungen Männer waren zuerst alle gut gelaunt, aber je länger sie zusammen saßen und miteinander sprachen, umso politischer und emotionaler ging es zu.

"Im Moment wird den Griechen aus jeder Tasche das Geld zum Leben genommen", sagte einer, der sich als Lampros vorgestellt hatte, "und die meisten Läden in Omonia sind schon in der Hand von Einwanderern."

Lampros trug genau wie Themistoklis einen Bart im Gesicht, während die anderen fast keine Haare auf dem Kopf und im Gesicht trugen. Dafür waren viele von ihnen auffallend tätowiert.

"Aber wir lassen uns nicht in die Knie zwingen. Griechenland gehört den Griechen! Wir müssen uns dagegen wehren", sagte ein anderer und zog kräftig an seiner Zigarette, um dann wie ein Stier den Rauch aus beiden Nasenlöchern wieder auszublasen.

"Ich habe neulich mit Konstantinos, dem Ladenbesitzer an der Ecke zum Omoniaplatz gesprochen. Ihr wisst schon, der kleine Laden mit den Bildern. Der hat mir erzählt, dass er viel Kundschaft verloren hat, weil sich niemand mehr in das Viertel traut", setzte Efthimios an. "Wir müssen vielleicht unsere Präsenz im Viertel wieder mehr ausbauen." Er war überzeugt, dass diese Idee das Beste wäre.

"Wir müssen unsere Landsleute vor Übergriffen schützen und die Straßen säubern", warf ein anderer ein und alle stimmten ihm zu.

"Genau!", ereiferte sich Evangelos, der bisher ruhig zugehört hatte. "In den Seitenstraßen werden Drogen verkauft und die Schwarzen verkaufen ihre Körper ganz ungeniert vor jeder Haustüre, das ist nicht mehr zu übersehen. Männer und Frauen stehen da ungeniert herum!"

"Die Regierung schützt dort niemanden mehr, die trauen sich doch selbst nicht mehr dorthin. Und es wird immer schlimmer. Seit Jahren ziehen sie uns das Geld aus der Tasche und was tun sie, um uns Griechen zu unterstützen?", jetzt redeten alle aufgeheizt durcheinander.

Efthimios übertönte die Gruppe: "Evangelos hat recht, ich sehe das genauso! Wir sollten da mal wieder durchmarschieren und zeigen, wer in Griechenland aufräumen kann und für Ordnung sorgt!"

Die Freunde heizten sich immer mehr an und im fortlaufenden Gespräch wurde mehr und mehr klar, dass sie ihren Reden demnächst Taten folgen lassen müssten.

Themistoklis fand das spannend und irgendwie hatten die Jungs auch recht. Seine Mutter sorgte sich genauso, wenn sie abends noch das Haus verlassen musste. Ihre Wohnung war nur ein paar Gehminuten vom Omoniaplatz entfernt und sie hatte sich mehrmals beklagt, dass sie sich in den engen dunklen Seitengassen nicht mehr wohlfühlte. Dabei war sie früher oft zum Einkaufen dort unterwegs gewesen.

Er selbst kannte noch einige Cafés von früher, wo er heute nicht mehr hingehen würde, weil dort bei genauerem Hinsehen merkwürdige Geschäfte abgehandelt wurden. Schließlich wollte man nicht mit dubiosen Geschäftemachern in einen Topf geworfen werden.

"Themistoklis wohnt ganz in der Nähe, er weiß, was da los ist", Efthimios zeigte auf ihn und Themistoklis hatte das Gefühl etwas sagen zu müssen.

"Stimmt schon. Das ist genau richtig. Das Viertel ist ziemlich heruntergekommen und in den Wohnungen hausen jetzt überall illegale Einwanderer. Meistens bis zu zehn Mann in einer kleinen Bude. Omonia kannst du nicht mehr betreten, so heruntergekommen ist das Viertel. Es ist schmutzig und verwahrlost", stimmte Themistoklis zu.

"Okay, ich schlage vor, wir machen wieder mehr Ausflüge in diese Gegend", sagte Efthimios, der so etwas wie eine führende Rolle in der Gruppe innehatte. Er war überzeugt, dass der Stadtteil gesäubert werden musste. Was er damit ganz genau meinte, dazu sagte er nichts.

Wie sie mit den Illegalen umgingen, darüber stritten sie sich öfter, aber das war eben auch nur eine Seite der Medaille. Die andere Seite war, dass sie sich schon seit Längerem um die sozialen Belange der einheimischen Bürger kümmerten und zwar gerade in den Gegenden, wo sich der Staat immer mehr zurückzog und sich die Polizei gar nicht mehr hintraute. Ihre Organisation dage-

gen schützte die Ladeneingänge und verteilte Kleider-
spenden und Lebensmittel an bedürftige Landsleute.

Darauf waren sie stolz.

"Ich bin kein Rassist", entschuldigte sich Evangelos bei
Themistoklis, "ich bin Nationalist und ich will nicht zuse-
hen, wie die Menschen in unserem Land ruiniert werden.
Diese Illegalen kommen aus Ländern, in denen ein Men-
schenleben nichts wert ist und die hauen dir für zwanzig
Euro den Schädel ein."

"Nächste Woche, Freunde, marschieren wir wieder
einmal durch unseren Stadtteil und schaffen Ordnung. Du
machst doch mit, Themistoklis, oder?", spornte Efthimios
ihn an. "Unser letzter Auftritt war ein voller Erfolg. Die
Menschen lieben uns inzwischen, weil wir die einzigen
sind, die für sie sorgen können."

"Ich werde nächste Woche nicht mehr hier sein", entschuldigte sich Themistoklis, "ich bin in Bulgarien. Ich
habe schließlich den ganzen Sommer gearbeitet und mir
ein paar Urlaubstage verdient." Insgeheim war er froh, so
eine gute Ausrede zu haben, denn als Straßenschläger sah
er sich trotz aller üblen Umstände dann doch nicht.

Die Jungs gefielen ihm zwar, aber die aggressive Seite,
die sie manchmal zur Schau trugen, fand er unheimlich.
So kämpferisch hatte er sich den Aufenthalt mit seinem
Freund nicht vorgestellt.

Themistoklis hatte in seinem Beruf fast ausschließlich
mit Menschen aus anderen Ländern zu tun, egal ob es
Touristen aus aller Welt oder Saisonarbeiter aus den

Grenzländern waren und er fand, dass sie sich alle ganz ordentlich benahmen. Es gefiel ihm gut, dass die Gruppe um Efthimios sich sozial engagierte, doch die Vorgehensweise bei der Stadtteilsäuberung, mochte er sich lieber nicht so genau vorstellen.

Unabhängig von den politischen Ansichten Efthimios', zog Themistoklis auch die nächsten Tage weiter mit ihm von Bar zu Bar. Er hatte nichts anderes vor und schließlich war er Efthimios' Freund. Er fühlte sich verpflichtet, ihn wenigstens mit seiner Gegenwart zu unterstützen. Themistoklis wollte kein Staatsfeind sein, wie Efthimios ihn nannte, wenn er ihm wieder einmal eine differenziertere Sichtweise unter die Nase rieb. Widerspruch liebte der Freund nicht.

Efthimios versuchte überall Gefolgsmänner zu rekrutieren indem er seine polemischen Gemeinplätze unter die Leute brachte. Er kannte alle einschlägigen Lokale, in denen er ohne Schwierigkeiten politisieren konnte.

Je länger Themistoklis mit seinem Freund unterwegs war, umso einleuchtender schienen ihm dessen Denkansätze.

War es nicht wirklich so, dass die Armut vieler Landsleute wegen der vielen Einwanderer stetig zunahm?

Die illegalen waren ein Sicherheitsrisiko und die legalen nahmen den Griechen die restlichen Arbeitsplätze auch noch weg oder schlimmer noch, sie nährten sich aus den staatlichen Töpfen und mit den alten Emigranten mussten sich jetzt die griechischen Rentner noch ihre Bezüge teilen.

Wie sollte der Staat die Situation in den Griff bekommen, wenn er überall sparen musste? Schulden in Milliardenhöhe! Das Land steckte tief in der Schuldenkrise und den übrigen Euroländern fiel nichts besseres dazu ein, als den griechischen Staat immer mehr zu knebeln.

Die einzige Chance die das Land hatte, war Griechenland den Griechen zurückzugeben, Europa Europa sein zu lassen und dem Euro Lebewohl zu sagen. Efthimios nannte das zurück zu den Wurzeln, um dann erneut mit voller Kraft wieder nach vorne zu stoßen.

Seine Argumente waren verblüffend einfach und genau deswegen für viele so einleuchtend.

Nach zwei Wochen fühlte sich Themistoklis weder gut noch schlecht. Vollgestopft mit politischen Weckrufen, Alkohol und Zigaretten, spürte er seine mentalen und körperlichen Kräfte langsam schwinden. Zusätzlich bedrängte ihn Angeliki jeden Tag, dass sie nach Bulgarien mitkommen wolle. Sie könne es hier nicht mehr aushalten, sagte sie ihm immer und immer wieder. Sie würde sich auch ganz klein machen und für sich selbst bezahlen. Kein Argument ließ sie aus und nichts ließ sie unversucht.

Mal schmollte sie, dann umschmeichelte sie ihn wieder, sie schimpfte und sie bettelte und vor allem wich sie nie von seiner Seite, sobald er mit Efthimios nach Hause kam.

Irgendwann war Themistoklis so weichgekocht, dass er ihr nichts mehr entgegen zu setzen hatte. Sie hatte es geschafft, dass er sich ihr gegenüber in der Verantwortung sah und ihr versprach, sie mitzunehmen.

Kapitel 29

Der Urlaub

Etwa neun Stunden brauchten sie vom Norden Athens, mit einem kurzen Zwischenstopp in Thessaloniki, bis zu ihrem Hotel in Bulgarien. Themistoklis hatte dort schon vor längerer Zeit ein kleines Boutique-Hotel gebucht. Aus beruflichen Gründen war er immer daran interessiert wie andernorts die Hotels in dieser Größenordnung geführt wurden. Und Bulgarien war als Reiseland in letzter Zeit immer häufiger im Gespräch.

Die Zimmer überraschten ihn dann aber doch. Sie waren stilvoll und gemütlich eingerichtet und wie es schien war auch hier erst vor kurzem renoviert worden. Er hatte gut gewählt. Die Möbel schienen neu zu sein und die weiße Bettwäsche roch sauber.

Angeliki jubelte beim Anblick des Zimmers und fiel ihm sofort um den Hals.

"Sooo schön hier!", strahlte sie und fing augenblicklich an ihre Taschen auszupacken. Noch ehe Themistoklis sich umdrehte, hatte sie vier Paar Schuhe mit hohen dünnen Absätzen an ihre Bettkante auf den Fußboden gestellt und dann begann sie, sich einige ihrer T-Shirts vor dem Spiegel an die Brust zu halten und ihn zu fragen, was sie für den Abend anziehen sollte.

Schon während der Fahrt war sie ganz aufgeregt gewesen und hatte ihm immerfort aus ihrem Leben erzählt. Sie plapperte so unterhaltsam drauflos wie ein Hörspiel im Radio.

Angeliki sei damals mit einer Tanztruppe aus ihrer Heimatstadt in Georgien geflohen, weil es ihr nicht möglich war, dort zu arbeiten und in Frieden zu leben, sagte sie. Nach einer Auseinandersetzung mit dem Militär hätte ihre Familie sehr unter den nachfolgenden Einschnitten gelitten. Für sie bedeutete das, dass sie sofort nach der Schule die Flucht in den offenen Westen antreten würde. Über die Türkei reiste sie nach Griechenland, wo sie zuerst illegal lebte, aber schließlich doch in einem Restaurant in Athen Arbeit fand.

Dort lernte sie Efthimios kennen, der als Kellner, DJ und Animateur jeden Abend in dem Lokal die Stimmung anheizte.

Zuerst sei er von ihr, der Zuwanderin, wenig begeistert gewesen, aber dann hätte sie ihm gut gefallen, feixte sie, weil sie unkompliziert und klein war. Efthimios mochte ihre mädchenhafte Figur, da hätte er direkt darüber hinweg gesehen, dass sie nicht aus Griechenland war.

Doch Efthimios wollte unbedingt, dass sie Griechin werden sollte und ihm hätte sie es auch zu verdanken, dass das geklappt hätte und sie ihre Papiere so unkompliziert wie möglich bekommen hatte.

"Ich gute Griechin, sagt Efthimios, ich klein, lustig und froh!", dabei lachte sie und schnippte mit dem Daumen und dem Mittelfinger der rechten Hand.

Eine kurze Zeit lebten sie und Efthimios dann als Paar zusammen. Aber Efthimios wäre ein grober Unterdrücker, beschwerte sie sich, von dem sie sich zunehmend eingeengt fühlte und wieder weg wollte.

Doch so einfach wäre das nicht gewesen, erklärte sie, weil sie keine eigene Bleibe hatte und sich auch nie eine eigene leisten könnte, mit dem Wenigen, das sie verdiente.

Zum Glück sei Efthimios aber schnell abzulenken und sie lachte dabei als sie sagte: "Sobald neues Gesicht, neuer Flirt, du kannst Efthimios vergessen!" Als wäre es eine Erlösung gewesen und nicht ein Betrug an der Freundin.

Zum Glück hätte er sie damals nicht aus der Wohnung geworfen, weil eine neue Unterkunft wäre nicht so schnell zu finden gewesen. Jetzt zahlte sie Efthimios ein paar Euro für ein kleines Zimmer, wo sie im Winter wohnen konnte. Zum Glück hätte Efthimios eine soziale Ader, also da könne man ihm nichts nachsagen, verteidigte sie ihren

Freund immer noch. In dieser Sache bewunderte sie ihn direkt.

Der Luxus in ihrem Hotel auf Santorini gefiele ihr sehr, strahlte sie, und auch wenn sie sich selbst nichts davon leisten konnte, so war sie doch direkt mittendrin und das wäre großartig, fand sie, und auf der Reise erwähnte sie das öfter in ganz unterschiedlichen Zusammenhängen.

Sie bekäme oft Trinkgeld, manchmal sogar mehr, als ihr Lohn betrüge. Da lachte sie wieder, das fand sie toll. Ob ihr die Leute aus Mitleid oder aus anderen Gründen ein paar Euros zusteckten, das war ihr egal. Hauptsache sie konnte sich von dem Geld etwas leisten!

Dass sie sich gerne in ihren freien Stunden unter die Urlauber mischte, um mit ihnen durch die Bars und Kneipen zu ziehen, das fand sie schick. Sie träume dann davon, selbst ein reicher Tourist zu sein und genauso zu leben, wie die Menschen um sie herum.

Sie wusste zwar nicht genau, wie die Touristen in ihrer Heimat zu Hause lebten, aber nach ihrer Vorstellung müsste es allen besonders gut gehen. Die Hotelgäste wären immer so sorglos und immer hätten sie von allem genug. Das wolle sie auch irgendwann einmal so haben, davon träumte sie.

Nach der langen Autofahrt wusste Themistoklis alles über seine Reisebegleitung. Und wie sie da so schwatzend und begeistert neben ihm saß, ihm mit ihren Geschichten die Reisezeit verkürzte und mit ihrer lustigen Art die Stimmung auflockerte, fand er sie Kilometer für Kilometer immer charmanter. Seine Laune besserte sich von Stunde zu Stunde und er fing an, sich auf die bevorstehenden Tage mit ihr zu freuen.

Jetzt sah er wieder das fröhliche und unkomplizierte Mädchen vor sich, das er vor fast zwei Jahren kennengelernt hatte. Genau diese Eigenschaften waren es, die er zu Beginn ihrer Freundschaft so faszinierend fand.

Als sie ihm dann auch noch vor Dankbarkeit freudestrahlend um den Hals gefallen war und so direkt neben ihm im Zimmer stand, fing er an sie nett zu finden.

Das Wetter war um diese Jahreszeit nicht mehr so warm und angenehm. Oft verdeckten die Wolken die Sonne den ganzen Tag und einmal fiel sogar stundenlang ein leichter Regen. Dafür war der Urlaub in diesem besonderen Hotel ein Schnäppchen gewesen, das sich sogar Themistoklis leisten konnte.

Sie machten viele gemeinsame Spaziergänge, probierten einige Restaurants aus und hingen gemeinsam im Spa-Bereich ihres Hotels ab, wo sie sich mit Massagen und duftenden Ölen verwöhnen ließen. Auch ein Kino besuchten sie und jeden Abend tranken sie in einer der vielen Bars bei auflockernder Musik ihre Longdrinks.

Bereits beim ersten Mal, als sie sich nach mehreren Drinks in dem gemeinsamen Hotelbett wiederfanden, kuschelte sich Angeliki so nah an ihren Freund, dass er keinen Zweifel daran haben konnte, was sie von ihm wollte. Themistoklis' Körper reagierte sofort auf ihre Berührungen und er ging gerne auf dieses Spiel mit der Liebe ein. Er machte schon in der ersten Nacht begeistert mit, genauso wie die folgenden Nächte und alle Nächte dieses kurzen Urlaubs in denen Angeliki sich ihm anbot. Oft schliefen sie erst in den frühen Morgenstunden matt und zufrieden nebeneinander ein.

Mit einem Mal war Themistoklis froh, diesen Urlaub nicht alleine verbringen zu müssen. Er war ganz sicher, dass er sich diese entspannte Zeit verdient hatte. Angeliki gab sich alle Mühe ihm zu gefallen und ihn bei Laune zu halten. Eigentlich konnte es für ihn nicht besser laufen.

Die Erinnerungen an Julie fingen an zu verblassen. Seine Sehnsucht nach einer Welt, in die das deutsche Mädchen passen würde, wich der Realität, wie er sie täglich vor Augen hatte.

Er gewöhnte sich an die unbeschwerte und draufgängerische Art Angelikis, genoss ihre Fröhlichkeit und ihre Leichtigkeit und es gefiel ihm, dass es mit ihr niemals langweilig wurde und sie nie ein Geheimnis daraus machte, was sie gerade von ihm wollte. Vor seinen Augen wurde sie täglich hübscher und nach ein paar Tagen fand er sogar, dass ihre Nase außerordentlich gut in das schmale Gesicht passte.

Den Chat mit Julie hatte er schon vor der Abfahrt in Athen eingestellt, weil es kaum noch Möglichkeiten gab, unbemerkt mit ihr in Kontakt zu treten. Angeliki entkam nichts und außerdem war die Verbindung ins Netz unterwegs miserabel. Wenn er wieder zu Hause in Athen wäre, würde er sich mit einer Mail bei Julie für die ausgebliebenen Nachrichten freundschaftlich entschuldigen.

Doch auch die Zeit dieses Urlaubs war irgendwann vorbei. Nach einer kurzen Woche, die ihm lang wie drei vorkam, stand das Ende dieser eigenartig unbeschwerten Tage und damit die unvermeidbare Trennung von Angeliki vor der Tür.

Schon beim letzten gemeinsamen Frühstück ließ sie ihre Schultern hängen.

"Muss zurück zu Efthimios in kleines Zimmer. So schön war hier und jetzt ist vorbei", sie machte ein ganz unglückliches Gesicht. "Ich wirklich traurig. Warum kann ich nicht zu dir?"

Themistoklis tat es auch leid, dass er ihr nichts versprechen konnte, aber zu sich mit nach Hause nehmen, das ging nun einmal wirklich nicht. Er wohnte nicht alleine und seine Mutter hätte sicher kein Verständnis, wenn er seine Urlaubsliebe bei sich im Zimmer schlafen ließe.

"Du musst das verstehen", entschuldigte er sich, "ich bin noch ganz am Anfang meiner Lebensplanung. Ich wohne immer noch zu Hause. Ich kann dich nicht mit zu mir nehmen." Und er wollte das auch nicht so schnell, aber das behielt er besser erst einmal für sich. "Wir können uns doch immer wieder mal sehen oder nicht?"

"Arbeiten, arbeiten immer arbeiten und ich kann nie Geld genug haben", schimpfte sie, "wir beide können genug haben, nimm mich mit und ich werde zeigen, wie geht."

174

"Ich sagte schon, das geht jetzt noch nicht", wehrte sich Themistoklis erneut. Wenn sie so schimpfte, wusste er nicht so recht, ob er sie in seine Arme schließen sollte, um sie zu trösten oder lieber nur ihre Hand halten, bis sie sich wieder beruhigt hätte.

"Ich will aber mit dir sein", sie machte eine ausschweifende Armbewegung, "oder das war alles umsonst? Ganze Woche Lüge?" Angeliki war jetzt richtig sauer und ihr sonst so fröhliches Gesicht bekam eine leichte Zornesröte.

Themistoklis wollte seine Hand auf die ihre legen aber sie wehrte ihn ab. Eine ganze Weile schimpfte sie noch vor sich hin. Sie war nicht zu beruhigen. Sie fühle sich ausgenutzt, warf sie ihm sogar vor.

Themistoklis' Entschuldigung, dass schließlich sie es war, die unbedingt mitkommen wollte, fand sie sehr beleidigend.

"Wir müssen Kofferpacken", damit war Themistoklis endgültig mit diesem unerfreulichen Frühstück fertig. Dass dieser schöne Urlaub so enden musste?

Auf der gesamten Rückfahrt war Angeliki im Auto still neben ihm gesessen, verlor kaum ein Wort und ließ nichts mehr von der aufgeregten erwartungsvollen Stimmung spüren, die sie noch bei der Hinfahrt im Wagen versprüht hatte. Die Fahrt dauerte diesmal ewig und die Kilometer, die sie noch vor sich hatten, wollten und wollten nicht weniger werden.

Endlich zurück, setzte Themistoklis seine Freundin bei Efthimios ab, der die beiden sofort mit lockeren Anmachsprüchen empfing.

"Hey, Themistoklis, wann kommst du wieder?", wollte er wissen. "Du musst deine Kleine zum Jahreswechsel aufmuntern, du weißt schon!" Dann machte er eine dieser eindeutig peinlichen Handbewegungen.

Themistoklis und Angeliki sahen sich ertappt an und obwohl sie den gemeinsamen Urlaub entsprechend genossen hatten, fanden sie jetzt beide Efthimios' Hinweis geschmacklos und überflüssig.

In Anwesenheit des Freundes und weil Angeliki noch traurig war, verabschiedeten sie sich dann auch nur ganz schnell voneinander, ohne sich noch irgendetwas zu versprechen.

"Wir sehen uns!", sagte Themistoklis beim Abschied zu ihr und sie drückte ihm noch schnell einen Kuss in seinen Bart.

Im Rückspiegel sah Themistoklis wie Efthimios Angelikis Koffer ins Haus trug. Vielleicht könnte man sich an den Wochenenden sehen, wenn er Zeit hätte und sie nicht arbeiten musste. Schließlich wohnten sie ja doch ein gutes Stück auseinander.

Während der Fahrt nach Hause dachte Themistoklis noch eine ganze Weile an Angeliki und den gemeinsamen Urlaub und dass er vermutlich jetzt doch so etwas wie eine Beziehung mit ihr hatte. Und das, obwohl er sich nicht binden wollte und schon gar nicht an Angeliki.

Doch nach diesem Urlaub war es schwer, diese Freundschaft als weniger zu verstehen. Vor allem sie hatte diesen Urlaub als Beginn einer festen Beziehung mit ihm gesehen, das war nach ihrem letzten Gespräch beim Frühstück ziemlich klar. Je mehr er darüber grübelte, umso weniger wusste er, ob es tatsächlich Liebe war was sie beide verband, denn sie fehlte im eigenartigerweise, trotz allem was war, nicht.

Für die Fahrt nach Hause zu seiner Mutter brauchte Themistoklis noch gut über eine Stunde. Auch die Fahrt ins Zentrum zog sich wegen der vielen Ampeln und der Verkehrsdichte zusätzlich in die Länge. Wie immer der totale Stau rund um den Syntagma-Platz. Aber es war ihm ganz recht, alleine im Auto sitzen zu können und die Gedanken fließen zu lassen. Die Musik aus dem Radio entspannte ihn.

Kurz vor Athen hatte er noch einmal angehalten, um seine Blase zu erleichtern und das Auto vollzutanken, aber auch, um den Empfang auf seinem Smartphone zu überprüfen. Er sah, dass gleich mehrere Meldungen von Julie auf seine Antwort warteten. Das würde er dann in Ruhe von zu Hause aus erledigen, sobald er angekommen wäre.

Auch die Anfrage von der Olivenfabrik würde er zuhause beantworten. Es war ihm wichtig, seiner Mutter und Großmutter in den Wintermonaten finanziell unter die Arme zu greifen, wenn er schon bei ihnen wohnte und sich bekochen ließ.

Und obwohl der Urlaub mit Angeliki ein schöner Urlaub gewesen war, dachte er jetzt nach allem schmerzfreier daran zurück als er erwartet hätte. Seine Pläne für die nächsten Tage und Wochen waren bereits in den Vordergrund gerückt.

Themistoklis' Mutter und Großmutter freuten sich sehr, ihren Jungen wieder zu sehen. Die Mutter konnte gar nicht aufhören, ihn mit Fragen zu bombardieren und die Großmutter hatte extra einen großen Kuchen für ihn gebacken. Themistoklis war ohne Zweifel der Mittelpunkt in dieser kleinen Familie, daran hatte sich in all den Sommern, die er schon nicht mehr zu Hause wohnte, nichts geändert.

Zu Hause war alles wie immer.

Nicht einmal die Bilder an der Wand waren andere. Sie hingen schon seit er denken konnte immer an derselben Stelle. Das Sofa wurde mit derselben wollenen Decke vor Verschmutzungen geschützt und dieselbe Wachstuchdecke schmückte den kleinen Tisch auf dem schmalen Balkon. Die Markisen waren selbst im Herbst weit nach unten gezogen und drosselten die ohnehin schon schwächer werdenden Sonnenstrahlen, sobald sie in die enge Straße schienen.

Er hatte so viel gesehen und so viel erlebt und in dieser Wohnung an diesem Ort war die Zeit stehen geblieben.

Nachdem er seine Sachen in sein Zimmer gebracht und geduscht hatte, warf er sich erst einmal auf sein Bett und kontrollierte noch einmal die Meldungen auf seinem Smartphone.

Julie wartete scheinbar jetzt noch dringlicher auf ein Lebenszeichen von ihm und so schrieb er ihr diesmal in einer längeren Mail einen ganzen Bericht über all die letzten Tage.

Wo er war und was er dort gemacht hatte, schrieb er ihr. Efthimios und vor allem Angeliki erwähnte er dabei nicht. Er wollte über Angeliki keine Fragen beantworten müssen. Er entschied, dass zu viele Details Julie nur verunsichern würden.

So schrieb er ihr nur von einem Freund, den er für mehrere Tage besucht hätte, schrieb von der langen Autofahrt und von seinem Urlaub in Bulgarien. Über seine rechten Freunde in Griechenland schrieb er ihr nichts, das war sicher kein Thema für eine kleine Deutsche, die gerade ihren Schulabschluss zu bewältigen hatte.

Über seine Arbeit in der Olivenfabrik dagegen, konnte er ihr wieder berichten und über seine Mutter und die Großmutter auch, denn das würde sie verstehen.

Kapitel 30

Winter

Die Tage vor Weihnachten und vor allem um Weihnachten herum waren für Themistoklis das grausamste Psychospiel, das er sich vorstellen konnte. Seine Mutter und seine Großmutter standen dauernd in der Küche buken, kochten und spülten und aus dem Fernsehgerät tönte in regelmäßigen Abständen "Last Christmas" und "Rudolph the Red Nosed Reindeer". Sein Gefühl, dass er der einzige war, der die Familie zur Familie machte, weil alles nur seinetwegen getan wurde, machte es ihm zu Hause nicht leichter. Seine Mutter schmolz dahin, wenn sie sich bei den gemeinsamen Essen in Erinnerungen verlor. Sie war rührselig und sentimental, alles Eigenschaften die er seiner Mutter wohl zugestand, die er aber nicht sonderlich an ihr mochte.

Oft hielt er es dann zu Hause nicht mehr aus. Dann musste er raus aus dieser eintönigen Gleichförmigkeit. Dann ging er ins Fitnessstudio, boxte gegen Sandsäcke und powerte sich mit Gewichten aus. Er hasste Weihnachten und das ganze Drumherum. Er dachte an seinen Vater und dass es in dieser Zeit häufig Streit in der Familie gegeben hatte. Vermutlich hatte der Vater die Familie verlassen, weil es ihm ähnlich ging. Keine Perspektive und keine Möglichkeit, sich eine Perspektive zu verschaffen.

Trostlos waren die Winter. Nicht heiß und nicht kalt waren sie, meistens vernebelte ein grauer Schleier die

Sonne über Athen und hin und wieder goss es sogar in Strömen. Dann flossen richtige Sturzbäche die Straßen entlang und schon nach einem kurzen Fußmarsch waren Schuhe und Kleidung pitschnass.

Die Arbeit in der Olivenfabrik war körperlich schwer, monoton und uninteressant. Es gab viele Körbe zu schleppen, weil die Ölpressen dauernd nachgefüllt werden mussten. Endlos gab es Flaschen zu verpacken und Pakete auf Lieferwagen zu stapeln. Die meisten jungen Männer, die zusammen mit Themistoklis diese Arbeit verrichteten, waren nicht aus Griechenland. Sie kamen aus den umliegenden Ländern und waren froh, ein paar Euro verdienen zu können. Themistoklis tat nicht mehr, als unbedingt notwendig war, denn schließlich war das nicht sein Leben, sondern sein Überleben.

Angeliki hatte er seit dem Urlaub nicht wieder getroffen. Sie arbeitete, genau wie er, die ganze Woche und oft sogar an den Wochenenden.

Mit Julie schrieb er sich immer seltener, trotzdem nannte er sie in den Chats weiterhin Sweety, denn so hatte er sie in Erinnerung und sie hatte angefangen ihn Honey zu nennen, was er zwar nett fand, aber seiner Meinung nach nicht auf ihn zutraf. Nur noch alle paar Wochen gab er ihr jetzt einen kleinen Situationsbericht, weil sie nicht aufhörte, sich bei ihm zu melden und er wollte ihr auch nicht den Schulabschluss verderben, indem er sie jetzt plötzlich hängen ließ.

Im letzten Sommer hätte er sie gerne näher kennengelernt. Doch was wäre daraus geworden? Sein Zuhause war nicht einmal für ihn selbst zu ertragen und ein anderes würde er sich so bald nicht leisten können. Eine eigenständige Zukunft war weder vorstellbar, noch irgendwie in Sichtweite. Von einer eigenen Familie ganz zu schweigen.

Das kleine Zimmer in der elterlichen Wohnung und die alten abgenutzten Möbel engten ihn so sehr ein, dass es ihn fast wahnsinnig machte. Er verzehrte sich geradezu nach dem Sommer, nach seiner Arbeit auf der Ferieninsel, nach seiner Verantwortung als Hotelmanager und nach dem Wind, der unablässig über das kleine Eiland blies.

Die Arbeit im Hotel war sein Leben, das war es, wofür sich seine Anstrengung lohnte. Nur das versprach in absehbarer Zeit eine sichere Zukunft. Das Hotel wäre renoviert und luxuriös eingerichtet, wenn er im Frühjahr zurück kam und darauf war er schon sehr gespannt. Von der armseligen Enge in Athen hatte er erst einmal genug und er verstand jetzt immer mehr, warum Efthimios schon mal handgreiflich nach einer Lösung für das Land suchte.

Kapitel 31

Efthimios' Kurs

"Unser Kampf hat sich schon gelohnt", freute sich Efthimios am Telefon. "Die Sympathien für uns Nationalisten waren noch nie so groß, wie zur Zeit!"

"Einige eurer Funktionäre leugnen den Holocaust, hast du das gewusst?", fragte Themistoklis, weil er das kurz zuvor im Fernsehen gehört hatte.

"Ich weiß, ich seh das nicht als Problem. Es gibt immer ein paar die über die Stränge schlagen, aber frag lieber, was es Gutes über uns zu erzählen gibt", lachte der Freund. "An solch übler Nachrede kannst du unseren Verein nicht festmachen. Das sind Kleinigkeiten. Je tiefer Griechenland in der Krise steckt, umso höher steigt unsere Organisation im Kurs."

Dass trotz Hetzreden, nächtlicher Fackelmärsche, Essensausgaben nur für Griechen und Jagden auf dunkelhäutige Ausländer die Organisation immer beliebter wurde, war für Efthimios der Beweis, dass die Nationalisten auf dem richtigen Weg waren, wie sie ihr Land zu verteidigen dachten und dass er dabei an der richtigen Stelle kämpfte. Hin und wieder saß einer der sogenannten "Führer" von "Goldenes Griechenland" zwar im Gefängnis, aber auch das störte Efthimios nicht weiter.

"Du weißt ja, Themistoklis, jede Partei hat ihre Leichen im Keller. Manchmal erreicht man nur etwas, wenn man Scherben hinterlässt", erklärte Efthimios selbstbewusst.

Themistoklis hatte Achtung vor so viel Leidenschaft und Energie. Auch wenn Efthimios laut und gewöhnlich war, ehrgeizig war er, das musste man ihm lassen. Und offensichtlich war er auf einem guten Weg den Menschen im Land zu helfen, obwohl Themistoklis die gewaltsamen Auseinandersetzungen dieser Aktivisten immer noch ablehnte. Ob ein Rechtsruck das Land aus der Krise bringen würde, war nicht sicher. Themistoklis nahm sich vor, die Nachrichten künftig noch genauer zu verfolgen.

Efthimios' Partei würde er aber sicher nicht beitreten, dafür war er zu unpolitisch und außerdem hatte er andere Pläne, seiner ganz persönlichen Krise zu entkommen. Ob er der Partei bei den nächsten Wahlen seine Stimme geben würde, wusste er noch nicht. Seine Mutter und seine Großmutter dagegen waren sich sicher, dass sie mit der nächsten Wahl ein Zeichen gegen die Verarmung im Lande setzen mussten.

"Ich bin arbeitslos geworden", Efthimios zündete sich am Telefon hörbar eine Zigarette an. "Mein Chef hat Wind bekommen von meiner politischen Arbeit und mich kurzerhand vor die Tür gesetzt."

"Versteh ich", sagte Themistoklis. "'Goldenes Griechenland' ist nicht jedermanns Sache. In meinem Job könnte ich mir so eine Einstellung auch nicht leisten."

"Ich weiß, aber irgendwo musst du anfangen Stellung zu beziehen. Ich werde jedenfalls die Zeit nützen und mich noch weiter reinhängen. Schade, dass du nicht mitmachst. Leute wie dich könnten wir hier gut gebrauchen."

"Ich glaube das wünscht du dir nicht!", lachte Themistoklis und sah sich schon türmen, wenn es zu Handgreiflichkeiten kommen würde. Er sah sich nicht als Held an der Front.

Efthimios pfiff durch die Zähne: "Ich sag dir, wenn du erst mittendrin steckst, hast du keine Wahl mehr!"

Und dann machte er Themistoklis auf ein Video im Internet aufmerksam, in dem sich einer seiner Freunde zu Wort meldete und über die Situation in Griechenland lamentierte. Sie schauten es sich gleichzeitig an und Efthimios bestand darauf, dass Themistoklis seine Stimme der Organisation geben sollte, indem er wenigstens diesem Video seine Stimme gab, das würde ihn schon nicht umbringen, sagte er.

Angeliki hatte ebenfalls mehrmals angerufen und jedes Mal musste er ihr das Versprechen geben, dass er auf keinem Fall im Frühjahr ohne sie nach Santorini abreisen würde. Sie hatte ihn noch nicht aufgegeben, obwohl er sich von ihr seit dem Urlaub wieder mehr und mehr zurückgezogen hatte.

"Du fehlen mir", sagte sie öfter.

"Ja, ich weiß", sagte er dann nur, aber nichts davon, dass sie ihm auch fehlen würde.

"Es wird alles gut, wenn Sommer kommt", sagte sie. "Sommer ist besser für uns. Tage sind warm und viel Leben ist auf der Insel. Du wirst sehen", lachte sie, "dann ist wieder gut für uns!".

185

Zuhause im Wohnzimmer lief das Fernsehgerät wie immer im Hintergrund.

"Und wieder einmal erstarkt 'Goldenes Griechenland' im Zuge wachsender ethnischer Spannungen. Derzeit lässt sich beispielhaft verfolgen, wie ethnische Spannungen im Verlauf von Wirtschaftskrisen eskalieren können. 'Goldenes Griechenland' ist in Europa einzigartig. Sie ist eine größere organisierte Bewegung, die sich auf die einheimische Bevölkerung stützt und als militanter Akteur auf Probleme im Zusammenhang mit nichteuropäischer, meist illegaler Zuwanderung, reagiert. Ohne auf diese Probleme näher einzugehen zeigen wir heute das Vorgehen von 'Goldenes Griechenland' an einem Beispiel."

Jetzt hielt die Reporterin einem älteren Mann das Mikrophon hin, um ihn sprechen zu lassen.

"Vor zwei, drei Jahren haben wir den Kampf aufgenommen, um den Platz vor der Kirche von Fremden zu befreien, ihn zurückzuerobern", erzählt er, "kräftige junge Männer sind uns zu Hilfe geeilt. Sie sind einfach dazu gekommen und wir haben Seite an Seite gegen das Pack gekämpft, und dann sind die Jungs wieder abgezogen. Sie haben keine Gegenleistung gefordert, kein Lob, keine Anerkennung. Nichts", erinnert sich der Erzähler und wirkt gerührt.

"Und wer waren diese Jungs?", möchte die Reporterin wissen.

"Na, 'Goldenes Griechenland' war das", strahlt der Mann.

"Der Erfolg von 'Goldenes Griechenland', das noch vor einiger Zeit eine vernachlässigbare Rolle spielte, wird insbesondere durch das Zögern des Staates bei der Bekämpfung illegaler

Zuwanderung und ihrer Folgen begünstigt. Teilweise scheint die frustrierte Polizei das Vorgehen der Aktivisten sogar zu dulden oder sogar aktiv zu unterstützen. Die allgemeine Entwicklung in Griechenland folgt dem üblichen Muster der Entwicklung multi-ethnischer Gesellschaften in Krisenzeiten, in denen es regelmäßig zu ethnischer Polarisierung bis hin zum Bürgerkrieg kommt, weil Interessen- und Verteilungskonflikte zwischen den Gruppen nicht mehr durch Wohlstand überdeckt werden können und diese in Folge dessen zunehmen. Die Menschen ziehen sich auf ihre eigene Gemeinschaft zurück und Identitätsfragen treten in den Vordergrund. Eine Zunahme ethnischer Spannungen ist in ganz Europa zu beobachten und einige Beobachter gehen sogar davon aus, dass sich diese Entwicklung in den nächsten Jahren noch verstärken wird. Im ganzen Land werden größere Bürgerunruhen befürchtet."

Themistoklis hörte aufmerksam zu und musste dabei sofort wieder an Efthimios denken, der ganz sicher bei allen Einsätzen seines Vereins dabei sein würde.

Jedes Mal, wenn er mit seinem Freund telefonierte, kämpfte dieser gerade irgendwo um das Wohl seiner Landsleute. Wenn es sein musste, verprügelte er auch schon mal den einen oder anderen, von dem er annahm, dass er sich illegal im Land aufhielt und sich auf Kosten Griechenlands nährte oder krumme Geschäfte machte. Irgendwann würden alle aufwachen, sagte Efthimios immer, dann würden sie alle erkennen, wer sich wirklich für das Wohl der Griechen einsetzt.

Kapitel 32

Vorfrühling

Themistoklis fing an den Chat mit Julie immer mehr als Nebensache zu betrachten. Er wartete nicht mehr so dringend auf eine Nachricht von ihr. Sie war so unschuldig im Vergleich zu Angeliki und in seiner Erinnerung wurde sie immer jünger. Er wusste jetzt gar nicht mehr wieso er jemals etwas anderes als aufmerksame Höflichkeit für sie empfinden konnte.

Sie war ein deutsches Püppchen, irgendwo weit weg von ihm, und genau wie alle anderen dieser gutbürgerlichen deutschen Püppchen, war sie vielleicht viel zu anspruchsvoll. Er wollte nicht jede Anfrage sofort beantworten und er könnte den Chat einfach schleifen lassen, fand er.

Sowieso hatte er in Angeliki ein unkompliziertes, schlichtes Mädchen gefunden, das ganz ohne Herzschmerzen für ihn jederzeit greifbar war. Angeliki war sofort für ihn da wenn er sie brauchte und er fand, dass ihm das zur Zeit genügte.

Im Februar reiste Themistoklis mit Efthimios zum Karneval nach Patras. Sie hatten vor, ein paar Tage mit Freunden durch die Straßen zu ziehen und mit ihnen abzuhängen. Es fanden sich schnell ein paar Gleichgesinnte mit denen sie gemeinsam durch die Lokale ziehen konnten.

Hie und da liefen ein paar heiße Flirts mit gutausse-henden Mädchen, die keinen Zweifel daran ließen, dass sie sich amüsieren wollten und die nicht nach einem klei-nen Abenteuer sofort auf Heirat drängten.

Ein paar Tage war Ausnahmezustand.

Kostümierte Tänzer und Tänzerinnen zogen durch die Straßen, die Lokale waren überfüllt und Alkohol und Zi-garetten gab es in Mengen. Das Wetter war schon sehr frühlingshaft und die flüchtigen Momente blieben span-nend. Das Leben auf der Straße mit Freunden, die augen-blicklich die besten der Welt waren, schoben die Wirt-schaftskrise und die eigenen Zukunftsängste weit weg.

Drei Tage im Dauereinsatz und Themistoklis war sich selbst fremd geworden. Er dachte weder an Julie noch an Angeliki, die bangende Mutter war weit weg und es gab niemanden, der ihn forderte oder ermahnte, der Ansprü-che an ihn stellte und ihn daran hindern konnte, das zu tun, was er gerade tun wollte.

Wieder zu Hause schlief er eine Nacht und einen gan-zen Tag durch und stand nur auf, wenn ihn die Blase drückte oder um sich ein Glas Wasser zu holen, weil ihm der Mund trocken war. Seine Mutter und seine Großmut-ter machten sich große Sorgen um ihn. Immer wieder re-deten sie wohlwollend auf ihn ein. Themistoklis versuchte ihnen in der kleinen Wohnung, so gut es ging, aus dem Weg zu gehen. In vier Wochen würde er sowieso zurück auf die Insel fahren und bis dahin wären seine Ausfälle längst wieder vergessen.

Julie hatte ihm per Mail etwas zugeschickt und bat ihn, es an sein Hotel weiterzuleiten. Er hatte die Mail nur überflogen und noch keine Lust gehabt die Anhänge zu öffnen. Er würde das abarbeiten, wenn er wieder im Hotel war. Schließlich betraf das ausschließlich seine Arbeit im Vulcano Sunset.

Ein paar Tage musste er noch in der Olivenfabrik mit anpacken. Diese Zeit würde er noch durchstehen und anschließend konnte er endlich zurück in sein Hotel und damit wieder in sein wahres Leben eintauchen und an seiner Wunschzukunft arbeiten.

Am Tag seiner Abreise nach Santorini erinnerte ihn sein Smartphone daran, dass Julie ihren achtzehnten Geburtstag hatte. Weil er ohnehin früh aufstehen musste schickte er Julie höflich, wie sich das gehörte, gleich am frühesten Morgen genau die Wünsche, die ein Mädchen in ihrem Alter erwartete:

"Alles Gute zu deinem 18. Geburtstag, liebe Julie!
Ich wünsche dir tolle Drinks und eine dicke Torte!
Lass dich heute groß feiern!
Viele Küsse und eine heiße Umarmung!
Dein Themistoklis"

Dem Text folgte eine lange Reihe kleiner Symbole, weil ihm das Tippen auf die Symbole leichter fiel, als das Arbeiten an einem Text.

Er nahm noch ein kleines frühes Frühstück zu sich, verabschiedete sich von seiner Mutter und Großmutter und dann verließ er das Haus, um endlich nach Piräus zu fahren, wo er sich wieder mit Angeliki treffen wollte. Auch diese Reise nach Santorini würde er mit ihr gemeinsam antreten. Schließlich hatte sie ihm dieses Versprechen schon mehrmals abgerungen.

Die Sommersaison konnte beginnen.

Kapitel 33

Julie

Schon zu Weihnachten hatte Julies Mutter ungeduldig ihren zweiten Urlaub auf Santorini gebucht. Zu diesem Zeitpunkt war noch gar nicht klar gewesen, ob das Hotel überhaupt fertig umgebaut sein würde und die Mutter wusste auch nicht, ob sie eine entsprechende Zimmerangabe machen müsste oder nicht. Alle hatten sie ihr bei der Buchung über die Schulter gesehen, aber es war nichts zu finden, was auf die Notwendigkeit einer genauen Zimmerangabe hinwies. Alle Zimmer hatten den gleichen Preis.

Julie war sich sicher, dass ihre Mutter da wieder einmal einen Schnellschuss losgelassen hatte. Aber wegen der Erfahrung im letzten Jahr, dass Santorini bereits im Frühjahr sämtlich ausgebucht war, war ihre Eile verständlich. Sie wollte unbedingt wieder ins Vulcano Sunset, zu Themistoklis und Adelphia, da wollte sie keine Kompromisse eingehen.

Julie war ein wenig traurig, dass ihre Eltern diesmal ohne sie fliegen würden, aber wegen der dringenden Arbeiten des Vaters konnte der Urlaub nicht verschoben werden. Julie selbst steckte noch voll in ihren Abschlussprüfungen, doch über ein Chatprogramm wollte sie mit ihren Eltern in ständigem Kontakt bleiben. Erst nach Abschluss ihrer Prüfungen würde sie dann selbst nach Santorini fliegen. Auch dieser Urlaub war bereits gebucht und darauf freute sich Julie riesig.

Vielleicht war es auch ganz gut, dachte sie, dass ihre Eltern schon einmal vorsondierten, wie das mit Themistoklis jetzt war.

Julie war zwar immer mit ihm in Kontakt geblieben, aber seine Nachrichten waren seltener geworden und lange nicht mehr so ausführlich und so herzlich wie zu Beginn ihrer Freundschaft. In der letzten Zeit ließ er oft tagelang nichts von sich hören und er meldete sich oft nicht einmal zurück, wenn sie ihn direkt nach etwas fragte.

Julie hatte sich bei ihm ernsthaft für ein Praktikum im Vulcano Sunset beworben und Themistoklis alle notwendigen Unterlagen dazu per Email geschickt. Er selbst hatte ihr versichert, dass ein Praktikum für sie jederzeit möglich wäre, er müsse nur mit seinem Chef darüber sprechen, sagte er, denn sie würden immer Leute brauchen. Er würde sich freuen, mit ihr zusammen zu arbeiten, hatte er noch gesagt, es wäre alles kein Problem. Doch weil er zu diesem Thema nichts mehr von sich hören ließ, ob er die Unterlagen erhalten hatte oder nicht, gab sie ihren Eltern noch zusätzliche Bewerbungsunterlagen in Papierform mit, damit sie diese im Hotel noch vorlegen konnten, sollten die digitalen Unterlagen nicht mehr aufzufinden sein.

Außerdem hatte Julie ihre Fotomontagen, die sie im Herbst für Themistoklis angefertigt hatte, ausdrucken lassen. Das Bild von sich und Themistoklis auf dem Oktoberfest steckte sie in einen Bilderrahmen aus Naturholz. Auf dem breiten Rahmen war eine alte Weltkarte aufgemalt und Julie war überzeugt davon, dass dieser Rahmen fabelhaft in das Hotel-Ambiente passen würde. Ihr guter Geschmack wurde schließlich immer wieder von den unterschiedlichsten Menschen um sie herum gelobt.

Exakt und mit viel Liebe hatte sie ihr Geschenk verpackt. Wegen des Geschenkpapiers war sie extra in die Innenstadt gefahren und hatte es in einer schicken Papeteria besorgt, um nur ja nicht die gewöhnliche Meterware des Drogeriemarktes verwenden zu müssen, die ihre Mutter massenhaft im Keller lagerte und die sowieso meistens nur mit Weihnachtsmotiven bedruckt war.

Alle Bilder, auch die Originalbilder von sich und Themistoklis, die ihre Mutter letztes Jahr kurz vor der Heimreise noch geknipst hatte, steckte sie in einen Briefumschlag, der ebenso zu dem Päckchen kam. Einen kleinen

Brief, an Themistoklis persönlich, schrieb sie noch und dann gab sie alles ihrer Mutter, damit sie es im Reisekoffer sicher unterbringen konnte. Ihre Eltern würden das Geschenk mitnehmen und es Themistoklis übergeben. Sie freute sich schon darauf, wie er reagieren würde.

Kurz vor der Abreise ihrer Eltern, an Julies achtzehnten Geburtstag, meldete sich Themistoklis doch glatt als allererster Gratulant bereits mitten in der Nacht mit einem ganz persönlichen Geburtstagsgruß. Julie fand, dass das ein gutes Zeichen war. Dass er diesen Tag nicht vergessen hatte, wo er ihr doch schon lange vorher andeutungsweise immer wieder schrieb, was sie alles miteinander unternehmen könnten, wenn sie erst einmal volljährig wäre. Wenn sie an all seine Albernheiten zurück dachte, war sie sich wieder ganz sicher, dass er sie noch gern hatte. Und außerdem nannte er sie immer noch Sweety, was für Julie von einer ganz besonderen Wichtigkeit war.

Spätestens wenn sie in vier Wochen selbst auf Santorini wäre, könnte sie ihren Aufenthalt dort organisieren und die restlichen Formalitäten klären, die sie für ihr Praktikum im Hotel brauchte.

Als sich die Eltern dann an der Türe verabschiedeten, machte es Julie doch trauriger als sie gedacht hatte und nur weil ihre Mutter ihr felsenfest versprach, sich von überallher sofort zu melden und stets auf Nachrichten von ihr zu warten, konnte Julie mit dieser Stimmung ganz gut fertig werden.

Die Eltern würden ja nur eine gute Woche weg sein und die Zeit würde sie es alleine gut aushalten, sie war nur traurig darüber, dass sie nicht mitfliegen konnte. Zu gerne wäre sie dabei gewesen. Doch die Neugier, was es über Themistoklis zu berichten gab, machte die Reise ihrer Eltern fast so spannend, als könnte sie selbst dabei sein.

Sie wünschte ihnen noch eine gute Reise und freute sich auf die ersten Meldungen aus Griechenland.

Kapitel 34

Katerina

Unter uns lag eine geschlossene Wolkendecke, die sich zwar über der Ägäis gelichtet hatte, die sich aber erst kurz vor der Landung gänzlich auflöste. Erst im Anflug auf die Insel Santorini hatten wir freie Sicht. Die Tragfläche unserer Maschine schwebte wieder dicht am Profitis Elias vorbei. Aber jetzt kannten wir den Anblick schon, staunten etwas weniger und haben uns dafür umso mehr auf die bevorstehende Landung gefreut. Die Übernahme des Mietwagens am Flughafen in Thira klappte völlig problemlos. Irgendwie fühlten wir uns fast, als wären wir zu Hause angekommen.

Wir fuhren sofort zum Einkaufen und haben uns genau wie beim letzten Mal gleich mit zwei Sixpack Mineralwasser versorgt, wovon wir eine Packung im Auto lassen würden, um unterwegs und am Strand immer gut versorgt zu sein. Dann machten wir uns gleich auf den Weg zum Vulcano Sunset.

Ich war wirklich sehr aufgeregt Themistoklis und Adelphia und den Blick über die Caldera wieder zu sehen.

Kapitel 35

Themistoklis

Die Renovierung des Hotels über den Winter war so gut wie abgeschlossen. Natürlich gab es einige Nachbesserungen zu beauftragen. Besonders heikel waren Probleme mit Sanitär- oder Elektroinstallationen, dann mussten die Handwerker schnell kommen, bevor sich Gäste beschwerten oder ein Unglück passieren konnte. Ungeschützte Stromkabel oder halbangeschraubte Wandlampen waren absolut undenkbar. Aber bis zur Hauptsaison hatte Themistoklis noch Zeit, die Schwachstellen nachbessern zu lassen. Er hatte alles fest im Griff. Gerade war er mit zwei Elektrikern im Gespräch, als ein dunkles Auto auf das Hotelgelände fuhr.

Als Leo ausstieg, erkannte ihn Themistoklis sofort.

Schon auf seiner Anmeldeliste hatte er gesehen, dass Leo und Katerina heute kommen würden. Themistoklis hatte sich auf die bekannten Gesichter aus Deutschland gefreut. Dass Julie nicht angemeldet war, enttäuschte ihn ein wenig, aber vielleicht war es auch besser so.

Sofort steuerte er auf die beiden zu

Leo und Katerina waren genauso freundlich wie im Vorjahr, aber irgendwie schien sich über den Winter eine gewisse Distanz aufgebaut zu haben. Es kam ihm vor, als würde ihn Katerina ganz besonders von oben bis unten mustern. Er fühlte sich unsicher, weil er nicht wusste, ob die Veränderung an ihm oder an ihr lag.

Doch dann wischte er den Gedanken schnell wieder beiseite, schließlich konnten die beiden nicht wissen, was er im vergangenen Winter alles erlebt hatte und wie in den Kreisen um Efthimios' über Deutsche gesprochen wurde. Sie wussten nichts von seinen Ausfällen im Karneval und nichts von Angeliki. Für Leo und Katerina war er immer noch der selbe Hotelmanager wie im Vorjahr.

Ein klein wenig plagte ihn das schlechtes Gewissen wegen des schleifenden Kontakts zu Julie, der inzwischen ganz eingeschlafen war und auch deswegen, weil er nicht wusste, ob Leo und Katerina von seinen zweideutigen Anmachversuchen im letztjährigem Chat mit Julie etwas mitbekommen hatten.

Themistoklis reichte ihnen die Hand zur Begrüßung.

Sein Lächeln und ein paar freundliche Worte und sofort entspannte sich Katerinas musternder Blick und sie sprudelte auch gleich drauflos: "Ich habe ein Geschenk von Julie für dich dabei!"

"Oh", mehr konnte er dazu gar nicht sagen, denn damit hatte er nicht gerechnet. Eine kurze Weile war er platt bis er entschied seiner Aufgabe als Hotelmanager weiter nachzugehen, denn das gab ihm die Sicherheit zurück, die er brauchte.

"Kommt doch erst in mein Büro", rettete er sich mit einer einladenden Handbewegung aus dieser Situation und ging den beiden voraus in seine neue Rezeption. Er ließ sie an seinem Schreibtisch Platz nehmen.

Leo lobte gleich das neue Ambiente. Seine anerkennenden Blicke machten Themistoklis sehr stolz.

Die Aufnahme war diesmal enorm schnell erledigt, weil der Aufenthalt schon vor Monaten bezahlt wurde und er ihre Pässe nicht mehr kontrollieren brauchte. Irgendwie gab es nicht viel zu sagen und so stand er gleich wieder auf, um die Koffer aus dem Auto zu holen und sie auf das Zimmer der beiden zu bringen.

Als Themistoklis Anstalten machte, die Koffer gleich aus dem Auto zu heben, sagte Katerina ganz überzeugt: "Leo macht das schon!"

Themistoklis wollte sich nicht aufdrängen und sich nicht als Muskelprotz vor dem untrainierten Gast aufspielen. Aber nachdem er Leo eine Weile bei seinen Bemühungen um die schweren Koffer zugesehen hatte, griff er dann doch beherzt ein.

"Ich weiß", lachte er, "dein Mann ist sehr stark, aber ich mach das hier schon!"

Dann packte er einen riesigen Koffer mit seiner linken Hand und einen mit der rechten und trug sie, ohne dass es bei ihm nach Anstrengung ausgesehen hätte, die Treppen hinunter in das Zimmer, das für die beiden reserviert war. Das Fitnessstudio im Winter hatte sich für ihn gelohnt, wenngleich er mehr aus Frust, als aus Notwendigkeit trainiert hatte.

Das Zimmer zeigte er den beiden genauso vorschriftsmäßig wie er es bei allen seinen Gästen tat. Hier der Schrank, dort der Tisch, die kleine Küche da, dann der Fernseher und eine alte Standuhr erklärte er noch ganz besonders ausführlich, um vom Rest des alten Zimmers abzulenken.

Er fühlte sich plötzlich sehr unwohl, weil er Leo und Katerina eines der alten abgelegenen Zimmer geben musste, die noch nicht einmal frisch gestrichen waren. Eigentlich sollte diese Etage einmal die Küche des Hotels werden. Aber die Renovierung war noch nicht bis zu den unteren Räumen durchgeführt. Alles sofort umzubauen hätte noch viel länger gedauert und so hatte Nicolesku beschlossen, die unteren Suiten in dieser Saison noch zum Vorjahrespreis zu vergeben. In der Anmeldung vom Dezember war dann auch nur ein Standardraum gebucht und da konnte Themistoklis bedauerlicher Weise nichts mehr daran ändern. Aber ein Blick in Katerinas Gesicht sprach Bände. Sie hatte sich auf ein neues Zimmer gefreut und war jetzt sichtbar enttäuscht. Sie schien auf eine Erklärung von ihm zu warten.

"Mit einem Aufpreis könnte ich ein neues Zimmer anbieten", schlug er ihr besänftigend vor und hoffte gleichzeitig, dass sie den Vorschlag ablehnen würden, weil das wieder Schwierigkeiten bei den Folgebuchungen der anderen Gäste geben würde. Für diesen Sommer waren die neuen Suiten des Vulcano Sunset bereits so gut wie ausgebucht.

"Nein, ist schon gut so", winkte Leo ab und setzte damit einer nachfolgenden Zimmerschieberei ein Ende.

Das Geschenk von Julie stand noch aus. Themistoklis war jetzt echt neugierig und als das Thema rund um das Zimmer geklärt war, wusste er nicht, wie er das Geschenk noch einmal ansprechen sollte ohne aufdringlich zu wirken.

Er nahm sich vor, das Zimmer nicht eher zu verlassen, bevor er das Geschenk in seinen Händen hielt. Er hoffte, dass Katerina von selbst wieder darauf zurückkommen würde und er nicht danach fragen musste.

Noch stand sie ganz verunsichert in diesem alten Zimmer herum und konnte scheinbar gar nicht fassen, dass es nicht renoviert war. Um ihr etwas auf die Sprünge zu helfen, stellte er sich direkt neben ihren großen Koffer und hoffte, sie würde ihn seinetwegen auf der Stelle öffnen.

Vermutlich machte er einen sehr ungeduldigen Eindruck auf sie, denn jetzt fiel Katerina das Geschenk auch wieder ein.

"Ja, richtig, das Geschenk von Julie!", sagte sie und etwas zögerlich öffnete sie tatsächlich den Koffer.

Themistoklis sah, wie ordentlich die Kleidung darin zusammengelegt und wie behutsam das Paket in ein Badetuch gewickelt war, offensichtlich etwas sehr Zerbrechliches. Der Augenblick, indem sie ihm das Päckchen übergab, war fast so feierlich wie an Weihnachten.

Das Geschenkpapier sah aus wie eine Weltkarte und zusätzlich zierte eine bunte Schleife das Paket.

Er erinnerte sich gleich daran, dass er Julie einmal geschrieben hatte, er wolle irgendwann auf Weltreise gehen. Irgendwann würde er sich diesen Wunsch erfüllen und sie bot sich an, mit ihm zu kommen. Vermutlich war das der Auslöser für Julie das Geschenk so einzigartig einzupacken.

Er war so neugierig auf den Inhalt, dass er auf der Stelle anfing das Papier zu entfernen. Er konnte sich gar nicht vorstellen, was Julie ihm schenken wollte.

Zuerst kam ein kleines Briefchen zum Vorschein, rosa und nach Himbeeren duftend, ganz so, wie es sich für eine Prinzessin gehörte. Als er dann endlich den Bilderrahmen mit der Fotomontage von sich und Julie in Händen hielt, merkte er wie ihm die Röte ins Gesicht stieg.

Jetzt, wo er das Bild eingerahmt direkt vor sich hatte, sah die Montage noch verblüffender und echter aus als auf seinem Computer. Als wäre es ein wahrhaftiges Foto von ihm und Julie auf dem Oktoberfest!

Als wären sie tatsächlich dort gewesen! Sie beide.

Und wie nett sie aussah, das hatte er doch tatsächlich ganz vergessen. Er hatte sich die Bilder auf dem Laptop nicht mehr angesehen, seit er mit Efthimios von Café zu Café gezogen war und Angeliki ihm nicht mehr von der Seite wich.

"Ja", was sollte er jetzt sagen? "Julie ist eine Künstlerin! Ich habe ihr schon oft gesagt, dass sie Kunst studieren muss. Sie hat so viele gute Einfälle und sie kann so geschickt mit dem Computer umgehen. Sie macht das wirklich perfekt. Einfach erstaunlich!"

Dann war da noch ein Kuvert mit anderen Bildern, die er zwar ebenso kannte, die ihn aber jetzt, so echt in der Hand, doch wieder verblüfften. Julie hatte ihm die Bilder alle ausgedruckt. Die Originalfotos, die Katerina letztes Jahr von ihm und Julie auf dem Hotelgelände machte und dazu die Fotomontagen, die Julie nach seinen Wünschen und ihren Vorstellungen verändert hatte.

Themistoklis war beeindruckt, wie familiär sie ihn behandelten. Als wäre keine Zeit zwischen ihrem Urlaub letztes Jahr und dem jetzt vergangen, als wäre gar kein langer Winter dazwischen gewesen.

Unwillkürlich musste er an Adelphia denken, die ihn damals angefahren hatte, als er ihr dummerweise Julies Bilder auf seinem Laptop gezeigt hatte. Adelphia hatte unrecht, das wusste er jetzt, denn Julie hatte damit nichts getan, was ihm schaden konnte. Im Gegenteil, sie hatte ihm mit den Bildern eine große Freude gemacht und nichts davon war irgendwo im Internet aufgetaucht. Nur hier in seinen Händen waren die Bilder gelandet.

Er überlegte, ob er Julies Brief sofort lesen oder ob er ihn besser mitnehmen sollte. Eine Zeitlang drehte er ihn unschlüssig in seinen Händen hin und her. Er war so neugierig, dass es kaum auszuhalten war. Dann beschloss er das Zimmer doch lieber zu verlassen und den Brief erst draußen alleine und in Ruhe zu lesen. Er bedankte sich höflich bei Leo und Katerina für Julies Geschenk und beeilte sich das Zimmer zu verlassen. Aber schon im Gehen öffnete er den Brief und auf dem Weg in sein Zimmer las er:

"Lieber Themistoklis,
ich möchte dir gerne unsere Fotos vom letzten Jahr
schenken und die Fotomontagen, die du bereits kennst.
Ich hoffe der Bilderrahmen gefällt dir! Ich fand, er würde
gut in das Ambiente deines neuen Hotels passen.
Die Bilder lassen sich leicht tauschen. Damit kannst du
den Rahmen immer mit dem Bild aufstellen, das dir gera-
de am besten gefällt. Ich habe mich für das Bild auf dem
Oktoberfest entschieden, weil ich mir gewünscht hätte,
dass wir dort zusammen gewesen wären.
In vier Wochen werde ich mit meiner Mutter nach Santo-
rini kommen. Das wird dann meine Abiturreise sein. Ich

hoffe, ich werde meine Prüfungen bis dahin alle gut hinter mich gebracht haben.

Wir werden zwar in einem Hotel in Perissa wohnen, weil alles andere ausgebucht war, aber ich hoffe, dass wir uns trotzdem hin und wieder sehen können.

Viele Grüße und Küsse, dein Sweety"

Er war ein wenig über Julies Sachlichkeit erstaunt, aber es war ihm auch klar, dass er selbst den Rückzug angetreten hatte. Er selbst hatte den Chat zugunsten seiner Freunde und seines Durchhängers mehr oder weniger einschlafen lassen. Kein Wunder also, dass Julie so zurückhaltend geworden war. So zurückhaltend, wie ganz zu Beginn ihrer Freundschaft.

Die Wendung im letzten Winter war auch für ihn überraschend gekommen. Dass Efthimios über sein Interesse an dem deutschen Mädchen so gelästert hatte, war nicht gut gewesen und doch hatte er nichts dagegen getan. Er hatte nur den Kontakt mit Julie in Efthimios Gegenwart vermieden.

Er erinnerte sich an die Jungs, mit denen er in den Cafés herumhing, an ihre nationalen Kampfparolen und wie sie sich hin und wieder über lockere Mädchen austauschten, sich mit ihren Abenteuern brüsteten. Nein, das wäre kein Gesprächsthema für Julie gewesen. Aber Themistoklis war ehrlich genug sich einzugestehen, dass er diese Etappe mit seinen griechischen Freunden auch genossen hatte. Der Winter war eben eine andere Jahreszeit. Und trotz aller miserablen Umstände war es gut, sich auch mal hängen lassen zu können.

Dass Julie in vier Wochen nicht bei ihm wohnen würde, enttäuschte ihn. Es hätte ihn gefreut, wenn er sie hier auf dem Gelände immer vor Augen gehabt hätte, so wie im letzten Jahr. Aber wegen seiner Arbeit und auch wegen Adelphias abweisender Haltung gegenüber Julie, war es vielleicht besser wenn sie woanders wohnte. Dann war sie nicht sein Gast und er nicht ihr Dienstleister. Er musste sich eingestehen, dass diese Sachlage durchaus ihre Vorzüge haben könnte.

Als er später Leo und Katerina zu ihrem Auto gehen sah, bedankte er sich noch einmal und als Katerina ihm sagte, dass sie in vier Wochen mit Julie nach Santorini kommen würde, da wusste er das längst.

Dann tauchte er wieder in seine Arbeit ein und als am Abend noch Nicolesku im Hotelgelände aufkreuzte, war vorhersehbar, dass der Arbeitstag wieder bis in die Nacht hinein dauern würde.

"Übermorgen kommt eine Fotografin. Sie macht die Aufnahmen für unsere Internetpräsentation", informierte ihn der Chef. "Sorg dafür, dass das Büro aufgeräumt ist und besorg noch Blumen für den Tisch in der Rezeption. Eine Innenarchitektin habe ich auch bestellt. Sie soll noch ein paar Dekorationsartikel aufstellen, damit das ganze behaglich wirkt. Ein paar Kerzenständer und so Zeug, du weißt schon."

Nicolesku trug wieder seinen olivgrün gemusterten Militär-Overall und sah damit immer noch nicht so aus, wie man sich einen Hotel-Chef vorstellte. Wenn das Ambiente jetzt noch edler werden würde, müsste sich Nicolesku auch mal im weißen Hemd zeigen, dachte Themistoklis. Dass die Gäste den Chef aufmerksam musterten wenn er auf dem Hotelgelände herumstand, war ihm schon mehrmals aufgefallen. Vermutlich hielten sie ihn für einen eigenartigen Eindringling und schlossen sofort ihre Wertgegenstände in den Zimmertresor. Irgendwann würde er ihm das sagen müssen.

Schon öfter hatte Themistoklis darüber nachgedacht, ob Nicolesku überhaupt ein eigenes Privatleben hatte oder ob er nur mit seinen Hotels verheiratet war. Themistoklis selbst jedenfalls ging es bereits so. Den ganzen Sommer über würde er wieder kaum Zeit für sich haben. Und irgendwann würde er nicht mehr wissen, ob er im Winter mit seinen Freunden oder im Sommer mit seinem Hotel ganz er selbst war und welche Jahreszeit sein wirkliches Leben wiederspiegelte.

Leo und Katerina hatte er tagsüber mehrmals vom Auto zum Zimmer oder vom Zimmer zum Auto gehen sehen und jedes Mal winkten sie ihm freundlich zu. Nach dem zweiten oder dritten Mal fing er an, sich Julie dazu zu wünschen.

Der Abend war kalt und windig und kein Hotelgast wollte nach Sonnenuntergang noch irgendwo im Außenbereich sitzen bleiben. Nachdem Themistoklis trotzdem seine Laternen um den Pool herum aufgestellt hatte, stand er nur mit seinem neuen Koch, der jetzt anstelle von Adelphia fest angestellt war, alleine hinter dem Tresen in der kleinen Küche der Poolbar. Wenigstens war es in dem Häuschen ein wenig wärmer als draußen auf der Terrasse.

Der Koch erklärte ihm ein paar Ideen für kleinere Zwischenmahlzeiten, die er den Gästen anbieten könnte. Nicolesku würde das freuen, denn er dachte bereits mehrmals laut darüber nach, ob sie künftig auch warme Speisen anbieten könnten. Er fand, das könnte ein gutes Zusatzgeschäft werden.

Kapitel 36

Katerina, erster Urlaubstag

Themistoklis erkannte uns sofort wieder, er erinnerte sich gleich an unser beider Namen und freute sich uns zu sehen.

Über den Winter war er breitschultriger geworden und im ersten Augenblick vermisste ich seinen jugendlichen Charme.

Er wirkte auf mich älter, viel erwachsener, als ich ihn in Erinnerung hatte. Sein Gesicht war dunkler als im Vorjahr und nur sein Bart und sein Haarschnitt sahen noch genauso aus wie letztes Jahr. Ich musste ihn eine ganze Weile ansehen, bis ich in ihm den fröhlichen Jungen vom letzten Sommer wiedererkannt habe.

Aber als er uns dann wieder so freundlich anlachte, konnte ich nicht mehr an mich halten und als wäre keine Zeit vergangen, platzte ich sofort mit der Nachricht heraus, dass wir ein Geschenk von Julie für ihn dabei hätten. Er schaute so verdutzt drein, dass ich sofort dachte es wäre ein Fehler gewesen, ihn so zu überrumpeln.

Ursprünglich hatte ich doch vorgehabt mit dieser Nachricht so lange zu warten, bis sich eine gute Gelegenheit ergeben würde und bis ich sicher sein konnte, ob ihm das nach so langer Zeit überhaupt noch recht war.

Doch gesagt ist gesagt, jetzt konnte ich auch nicht mehr zurück.

Das Geschenk wäre im Koffer, sagte ich entschuldigend, weil ich den Eindruck hatte ich müsste es gleich hervorholen.

Dann führte uns Themistoklis erst einmal in sein neues Büro.

Diesmal ging bei der Anmeldung alles so schnell, so schnell, dass ich nicht einmal Zeit hatte meinen Begrüßungslikör auszutrinken, den Themistoklis uns hingestellt hatte.

Außerdem konnte ich in der Eile gar nicht den Umfang der über den Winter vorgenommenen Renovierungsarbeiten erfassen. Alles war so neu, alles roch so neu, alles sah so anders aus. Ich konnte auf die Schnelle nur die veränderten Farben und das moderne Ambiente wahrnehmen.

Nicht einmal ein paar private Worte konnten wir miteinander wechseln, weil Themistoklis so eilig wieder hinter seinem

Schreibtisch hervorgekommen war, um dann auch gleich die Koffer in unser Zimmer zu tragen.

Der Eingang unseres Zimmers lag nicht auf der Vorderseite des Gebäudes, sondern eine lange Treppe tiefer auf der Calderaseite und wirkte deswegen sehr abgelegen. Wegen der überdachten Galerie davor und der Westlage blieb es den ganzen Vormittag sehr schattig und kühl. Der höher gelegene Pool war von hier aus gar nicht zu sehen. Einzig der Blick über das Meer war diesmal atemberaubend.

Das Zimmer sah nicht renoviert aus, es war genauso alt, wie das Zimmer im Vorjahr, nur viel kleiner, weil das Sofa für die dritte Person fehlte.

Für ein besseres Zimmer müssten wir etwas draufzahlen, erklärte uns Themistoklis und entschuldigte sich sofort dafür. Wir verzichteten darauf, weil wir nur ein paar Tage bleiben wollten und die meiste Zeit sowieso unterwegs sein würden. Aber ich ärgerte mich trotzdem, weil ich ganz sicher war eine renovierte Suite zu bekommen.

Genau wie letztes Jahr erklärte uns Themistoklis die Einrichtung sehr genau, als wäre das alles für uns neu und er legte dabei viel Gewicht in seine Stimme, dass man denken könnte, dieses alte Zimmer sei etwas ganz Besonderes und er hätte es extra für uns aufgehoben.

Trotz der Enttäuschung in unseren Gesichtern vergaß er das Geschenk von Julie aber dann auch nicht.

Ich wollte den Koffer nicht in seiner Gegenwart öffnen, aber Themistoklis blieb solange neben meinem Koffer stehen, bis ich keine andere Wahl mehr hatte, als ihn gleich zu öffnen.

209

Natürlich lag meine Unterwäsche obenauf und ich musste das Handtuch in dem ich das Päckchen bruchsicher verstaut hatte unter meinem Stäbchenbüstenhalter hervorkramen. Irgendwie peinlich war das schon, aber ihn schien meine Wäsche nicht zu interessieren. Erwartungsvoll stand er da, bis ich das Päckchen endlich ausgegraben hatte und als ich es ihm überreichte bemerkte er sofort, wie hübsch es eingepackt war.

Ich glaube, er freute sich wirklich.

Das Päckchen öffnete er sofort, nur Julies Brief nahm er verschlossen mit. Wahrscheinlich wollte er ihn in Ruhe lesen.

Den Bilderrahmen und das Bild fand er ganz großartig. Auch die anderen Bilder sah er sich alle der Reihe nach an und dann bedankte er sich höflich. Er sagte noch, dass Julie mal eine ganz große Künstlerin werden würde. Das könnte er schon jetzt mit Sicherheit sagen.

Kurze Zeit später trafen wir ihn draußen in der Anlage und da wusste er bereits, dass Julie und ich in wenigen Wochen noch einmal auf die Insel kommen würden. Da hatte er also nicht viel Zeit verloren, Julies Brief zu lesen.

Leo und ich fuhren dann nach Perissa, um am Strand spazieren zu gehen. In diesem Urlaub brauchten wir nicht so zu hetzen, den Wagen hatten wir bis zu unserem Abflug gemietet und viele Plätze kannten wir bereits.

Jetzt Anfang Mai waren am Strand noch kaum Liegen aufgestellt und das Wetter hätte auch besser sein können. Nur der schwarze Vulkansand erinnerte noch an unsere schönen Strandtage vom letzten Jahr. In einer Taverne in Perissa aßen wir zu Abend und später zum Sonnenuntergang saßen wir auf der Poolterrasse des Vulcano Sunset. Leider war es im Freien überall sehr kalt und extrem windig.

Jedenfalls freute es mich, dass Themistoklis Julies Geschenk gefallen hatte und ich wollte es ihr gleich berichten, damit sie sich keine Sorgen machte. Ich wollte ihr sagen, dass Themistoklis so freundlich war wie im Vorjahr und wenn er ihr nicht mehr geschrieben hätte, dann nur deswegen, weil er wirklich viel beschäftigt war.

Ich sah ihn ständig mit Handwerkern und Hotelangestellten gestikulierend und telefonierend hin und her rennen. Doch jedes Mal wenn wir uns begegneten, begrüßte er Leo und mich ganz besonders liebenswürdig.

Kapitel 37

Themistoklis

Am nächsten Morgen waren Leo und Katerina auf der Poolterrasse die einzigen Gäste zum Frühstück. Dieser Mai war kalt und es fegte immer noch ein scharfer Wind über die Caldera.

Themistoklis staunte über die Robustheit seiner Gäste. Allerdings das musste er zugeben, war es auf der Galerie vor ihrem Zimmer auch nicht wärmer zum Frühstücken.

Als er die beiden da im Wind sitzen sah, plagte ihn das schlechte Gewissen. Er hätte ihnen einen Zimmer-Upgrade geben müssen, schließlich waren sie so etwas wie seine Stammgäste und er mochte sie. Er entschuldigte sich vor sich selbst damit, dass es mit der Umbuchung Ärger gegeben hätte und dass er sich den nicht leisten wollte. Selbst für Leo und Katerina konnte er da kein Risiko eingehen.

"Wir wollten nochmal mit dir über Julies Bewerbung hier im Vulcano Sunset sprechen, Themistoklis, wann hast du Zeit?", fragte ihn Leo, als er ihm das Frühstück servierte.

Themistoklis fiel schlagartig Julies Email mit den vielen Anhängen wieder ein. Er hatte sie blöderweise immer noch nicht geöffnet. Irgendwie war nie Zeit und wenn er Zeit hatte, dachte er nicht daran.

"Später am Vormittag habe ich Zeit. Wir können in meinem Büro darüber reden", vertröstete er Leo auf die Schnelle und verschaffte sich damit einen notwendigen Vorsprung, um sich noch einmal mit den Details zu befassen.

Themistoklis war das Thema unangenehm, weil er viel versprochen und nichts davon gehalten hatte. Julie war es wohl wirklich ernst mit einem Job gewesen, wie konnte ihm das so gleichgültig sein?

Der Winter und der eilige Start hier im Hotel waren schuld. Da war Julies Bewerbung total auf der Strecke geblieben.

Gleich nach seinem Frühstücksdienst setzte sich Themistoklis an den Computer. Die Email fand er schnell und als er die Anhänge öffnete, war ihm auch sofort klar, was er versäumt hatte. Lebenslauf und Motivationsschreiben, Ausbildungsnachweis und Zeugnisse, perfekte Application Documents, wie man das nannte, hatte Julie ihm geschickt. Sie hatte an alles gedacht.

Dass ihr in Griechenland aber nur gute Beziehungen weiter helfen konnten, viel mehr als diese ganzen Unterlagen, war ihr sicher nicht klar gewesen. Aber er musste zugeben, dass ihre einzige gute Beziehung, nämlich er selbst, versagt hatte.

Sofort rief er Nicolesku an, um mit ihm über Julie zu sprechen, vielleicht ging ja noch etwas für diesen Sommer. Wenn nicht hier, dann möglicherweise in einem anderen Hotel.

"Das Mädchen hätten wir gut gebrauchen können", meinte Nicolesku, "sie spricht viele Sprachen und ist sicher für die Gäste ein Gewinn, aber dieses Jahr sind wir schon gut besetzt. Sie hätte sich eher bewerben müssen. Vielleicht können wir sie nächstes Jahr einsetzen, wenn jemand abspringt."

Themistoklis war schon vorher klar, dass sein Chef das sagen würde, aber besser er hatte noch mit ihm gesprochen, bevor Leo das vielleicht tun würde. Dann wäre es peinlich gewesen, sollte Nicolesku von der Bewerbung überhaupt nichts wissen.

Gerade hatte Themistoklis den Telefonhörer aufgelegt, als auch schon Leo und Katerina in sein Büro kamen. Jetzt konnte er sie direkt mit Nicoleskus Antwort konfrontieren ohne sich selbst dabei noch schlechter zu fühlen.

"Ich habe mit meinem Chef darüber gesprochen", konnte er jetzt ehrlicherweise zugeben, "aber für dieses Jahr sind wir voll besetzt, das tut mir leid."

Er neigte entschuldigend seinen Kopf zur Seite wie er es immer tat, wenn er besonders gefällig sein wollte und setzte einen bedauerlichen Gesichtsausdruck auf. Und dabei musste er sich nicht einmal verstellen, weil er in diesem Augenblick seine Nachlässigkeit wirklich ehrlich bedauerte.

Und weil er immer noch ein schlechtes Gewissen hatte und niemanden verletzen wollte, folgten seiner Entschuldigung schon gleich wieder neue Versprechen, wo er doch eigentlich wissen musste, dass er die höchstwahrscheinlich auch nicht würde erfüllen können.

"Ich habe noch verschiedene Verbindungen auf der Insel zu anderen Hotels. Ich frage mal nach, vielleicht gibt es dort im Sommer noch eine Möglichkeit für Julie", grübelte Themistoklis und Leo nickte verständnisvoll.

Jetzt war das Thema erst einmal vom Tisch. Später würde ihm vielleicht etwas Neues einfallen. Und um die Spannung abzubauen lachte er und machte Witze über seine Mafia-Connection die er auf der Insel hätte.

Themistoklis war zu sich selbst ehrlich genug, um sich einzugestehen, dass es sowieso besser war, wenn Julie nicht hier im Hotel arbeitete. Er dachte unwillkürlich an Efthimios. Das reiche deutsche Mädchen, würde der sagen, die braucht die Arbeit doch gar nicht, die soll sich zu Hause langweilen. Es genügen uns schon die vielen Illegalen hier. Schau dich um, in ganz Griechenland spricht man bereits mehr Englisch als Griechisch, weil überall nur noch Ausländer arbeiten und wir Griechen können zusehen, wie die unsere Löhne drücken.

Themistoklis war immer noch voll von den Parolen seines Freundes. Dafür war er zu lange mit ihm unterwegs gewesen. Auch Nicolesku dachte immer wieder über Aushilfen aus Osteuropa nach. Sie waren billig und für jede Arbeit zu haben. Themistoklis verstand Efthimios deswegen gut und obwohl er sich selbst eigentlich als nicht nationalistisch einstufte, musste er seinem Freund in dieser Sache recht geben.

Dass ihm Efthimios' Sprüche jetzt im Zusammenhang mit Julies Anstellung wieder einfielen zeigte ihm, dass dessen Ideen in seinem Kopf bereits Wirkung zeigten. Nie mehr würde er über das Thema Fremdarbeiter gleichgültig denken können.

Die unterlassene Hilfestellung für Julie tat ihm trotzdem leid.

Am Nachmittag traf er sich mit Angeliki in seiner Lieblingstaverne zum Mittagessen. Sie hatte wieder einmal keine Ruhe gegeben und er hatte sich prompt bereit erklärt, sich mit ihr zu treffen. Besser er gab ihr hin und wieder nach und hatte danach eine Weile Ruhe.

Weil ihm die Geschichte mit Julies Bewerbung immer noch im Kopf surrte, erwähnte er Angeliki gegenüber sein schlechtes Gewissen. Er hoffte darauf, dass ihn das beruhigen würde oder sonst wie erleichtern könnte, dass sie ihm sagen würde, alles wäre nicht so schlimm oder etwas Ähnliches in dieser Richtung.

Aber sein Geständnis war ein Fehler, denn Angeliki verstand ihn in dieser Sache schon überhaupt nicht.

"Warum du machst dir Gedanken über diese Deutsche?", schimpfte sie mit ihm. "Ich bin da und du bist da, wir brauchen sie nicht! In ganz Griechenland brauchen wir sie nicht. Sie kann in Deutschland bleiben. Was willst du von ihr?" Angeliki war sichtlich sauer.

Zornig stocherte sie in ihrem Clubsandwich herum. "Du rufen mich nie an, immer ich rufe dich an. Und dann du hast keine Zeit", legte sie beleidigt nach. "Und jetzt denkst du auch noch über dieses Mädchen, was du willst von ihr?"

Themistoklis überlegte noch, ob er sich in seiner kurzen Mittagspause auf einen Streit mit ihr einlassen sollte oder Erklärungen abliefern musste oder ob er sich besser zurückzog, aber da kam schon der nächste Vorwurf.

"Und die Eltern von Mädchen? Was sie machen und was kann ich machen? Mir helfen keine Mama und kein Papa, ich muss alleine arbeiten und mein Leben tun. Themistoklis, wenn du mich verlassen, bin ich ganz alleine."

Da war es also wieder das Gefühl der Verantwortung ihr gegenüber. Angeliki hatte es geschafft, ihn wieder in die Pflicht zu nehmen. Er war zu feige und er war nicht gemein genug, sie einfach abzuservieren und mit ihr Schluss zu machen. Sie würde immer an ihm kleben und ihn nicht mehr loslassen. Sie nutzte seine Unfähigkeit sich deutlich zu äußern schamlos aus und er konnte nichts dagegen tun.

Warum hatte er sich überhaupt wieder mit ihr getroffen? Warum hatte er nur seinen Urlaub mit ihr verbracht? Sie war lediglich Teil seiner Winterdepression. Ihr von Julie zu erzählen war ganz sicher ein Fehler und jetzt hier immer noch mit ihr zu sitzen, war schon der nächste.

"Ist schon gut, sagte er versöhnlich", und winkte, um die Rechnung zu begleichen. Das Gespräch war nicht gut gelaufen und als sie sich trennten hatten sie beide keine gute Laune.

Bis zum Abend verkroch sich Themistoklis in seinem Büro. Der Koch übernahm die Geschäfte an der Poolbar und kümmerte sich um die wenigen Gäste.

Erst spät ging Themistoklis nach draußen, um ein wenig mit seinem Koch zu plaudern. Sie waren gerade im Gespräch, als Katerina am Tresen erschien und ihre Frühstücks-Bestellung abgab.

"Ich glaube ich habe meine Sonnenbrille hier vergessen", sagte sie und fing an danach zu suchen.

Themistoklis sah die Brille gleich liegen und reichte sie ihr.

Plötzlich hatte er Lust die Gunst der Stunde zu nützen, um mit Katerina noch einmal über Julie zu sprechen.

Katerina hatte vergessen ihren Namen auf die Frühstücksbestellung zu schreiben und obwohl der Eintrag für ihn wegen der vorhandenen Zimmernummer gar nicht notwendig war, hielt er sie trotzdem damit auf. Umständlich ließ er sich von ihr ihren Namen buchstabieren und schrieb in lateinischen Buchstaben mit.

Er wusste nicht so recht womit er beginnen sollte und weil der Koch besonders neugierig mithörte, wollte er dann doch lieber nichts Persönliches zu ihr sagen. So kam kein richtiges Gespräch zustande und Katerina verabschiedete sich mit einem gut eingeübten "Kalinichta" von der Poolbar.

Als sie sich zum Gehen wandte zog es ihn hinterher.

Wenn, dann müsste das Gespräch jetzt sein, denn jetzt war der Zeitpunkt sie alleine zu haben, ehe es später keine Gelegenheit mehr dazu geben würde.

Klein, aber erstaunlich dynamisch stöckelte sie vor ihm her und Themistoklis musste sich beeilen, um sie einzuholen.

"Kalispera, Katerina, hast du mein neues Büro schon gesehen?", hielt er sie auf, als er mit ihr auf gleicher Höhe war.

Sie drehte sich überrascht zu ihm hin und schaute ihn freundlich an. Das erleichterte ihm sein Anliegen.

"Nein, habe ich nicht", sagte sie, "bei der Anmeldung ging diesmal alles so schnell."

"Richtig", entschuldigte er sich, weil er sich erinnerte, dass sie in der kurzen Zeit nicht einmal ihren Begrüßungslikör angefasst hatte.

Themistoklis ging ihr voraus und hielt ihr die Türe auf, dann bat er sie in den warmen, gemütlich renovierten großen Raum einzutreten, der Empfangshalle und Büro zugleich war. Sauber war es geworden, aufgeräumt und edel sah alles aus. Themistoklis war stolz auf sein Hotel. Den Toilettenverschlag mit den dünnen provisorischen Wänden hinter seinem Schreibtisch gab es nicht mehr, da war jetzt eine richtige Wand eingezogen und die neuen Toiletten waren nur von außen zugänglich.

Alles war modern, hell und geschmackvoll eingerichtet.

Stolz zeigte er ihr seinen neuen Schreibtisch, die stilvoll integrierte Vitrine an der Wand, die Lampen, die freundlich gepolsterten Sitzgelegenheiten und die farblich abgesetzten Fliesen an ein paar Wänden.

Im Raum stand ein großer, schwerer Wurzelholztisch mit einem riesigen bunten Blumenstrauß in der Mitte.

"Wir haben morgen ein Fotoshooting für die neue Internetpräsentation, deswegen die Blumen auf dem Tisch", erklärte er, um irgendwie anzufangen. Und dann platzte er mit dem heraus, was er wirklich auf dem Herzen hatte.

"Das ist mein Geschäft", sagt er. "Ich bin Hotelmanager aus Leidenschaft. Das ist es, was ich immer tun wollte und auch immer tun werde. Es tut mir leid, dass ich Julie nicht mehr geschrieben habe, aber meine Arbeit ist mein

Leben. Ich habe so viel zu tun und wenn ich im Sommer hier bin habe ich keine Zeit für Privates. Ich hoffe wirklich du verstehst das und Julie auch."

Es war offensichtlich, dass er Katerina mit seinem unvorhergesehenen Geständnis überrascht hatte. Sie schaute etwas hilflos drein. Oder hatte sie vielleicht wieder einmal die Sprache nicht richtig verstanden?

Er hatte doch extra sein bestes Englisch hervorgeholt und sehr deutlich gesprochen. Sie überlegte eine ganze Weile und dann sagte sie zögernd, dass sie ihn verstehen würde.

Es sah ganz danach aus, als wollte sie noch etwas dazu sagen, aber sie musste lange nach passenden Worten suchen und dann brach sie ihre Sätze immer wieder in der Mitte ab. Wie schade!

Anscheinend hatte sie immer noch nicht richtig Englisch gelernt. Das war unerfreulich und brachte sie beide nicht weiter.

So gerne hätte er dieses Vieraugengespräch ausgedehnt. Sich einmal über alles auszusprechen und sich dafür zu entschuldigen, dass er Julie Hoffnungen gemacht hatte, die er nicht erfüllen konnte. Selbst wenn er mehr gewollt hätte, würde er Julie nichts geben können. Aber die Zeit für Erklärungen war nicht, weil plötzlich Leo in der offenen Tür stand. Themistoklis brachte seine Gefühle sofort wieder unter Kontrolle und lenkte das Thema auf das neue Inventar und die Wände.

Er zeigte Leo ebenfalls sein neues Büro, die Möbel, die Vitrine mit den edlen Schmuckstücken und er sprach wieder über seine Arbeit im Hotel. Dabei versuchte er so sachlich wie möglich zu bleiben. Er erzählte noch einmal, dass morgen die gesamte Hotelanlage für die Internetpräsentation fotografiert werden würde und dass deswegen alles so aufgeräumt aussehe und dass der riesige Blumenstrauß auf dem Tisch ein Teil der Innendekoration war.

Das ganz persönliche Interesse zwischen ihm und den beiden Menschen in seinem Büro war schlagartig wieder spürbar. Themistoklis hätte nicht sagen können warum das so war. Aber das, was da zwischen ihm und dieser Familie war passte nicht zu seiner Veränderung die er im vergangenen Winter mit Efthimios und dessen Freunde durchgemacht hatte.

Themistoklis war zurück, zurück im letzten Sommer, zurück in seiner ersten Saison als Hotelmanager und zurück bei seinen Sommergefühlen des letzten Jahres.

Die Gegenwart seiner Gäste, die er letztes Jahr so gern gesehen hatte und mit denen er so viel lachen konnte, schienen der Schlüssel für diesen Sinneswandel zu sein.

Sie waren seine Freunde geblieben und es war leichter ohne viel zu reden einfach alles in Fluss zu halten und dort wieder anzuknüpfen, wo es letztes Jahr aufgehört hatte.

"Im Sommer habe ich kaum Zeit für mein Privatleben", sagte er noch einmal, um sich pauschal zu rechtfertigen, "im Winter ist das besser."

Leo sagte, er würde das seiner Tochter ausrichten und Themistoklis dachte, dass das eine gute Idee sein könnte.

Sie sprachen noch eine ganze Weile miteinander, erzählten sich von kleinen Begebenheiten, lachten viel und Themistoklis vergaß weshalb er tagsüber mit einem schlechten Gewissen herumgelaufen war.

Später in seinem Zimmer sah er den Bilderrahmen von Julie auf seiner Wäschekommode liegen. Das zusammengelegte Geschenkpapier lag noch darunter. Er hatte das Foto nicht ausgewechselt, aber den Rahmen auch noch nicht aufgestellt. Unweigerlich musste er an Angeliki denken, was sie sagen würde, wenn sie die Bilder sähe. Er nahm den Rahmen in die Hand und schaute eine ganze Weile auf das Bild. Jetzt dachte er dabei an Julie und wie leidenschaftlich sie an den Bildern gearbeitet haben musste. Er fühlte sich geschmeichelt und geliebt und eigenartig mit ihr verbunden.

Er erinnerte sich, mit welcher Freude er auf Julies Kontaktanfrage gewartet hatte als sie nach ihrem Urlaub abgereist war. Mit wieviel Spannung er jedes Mal auf ihre Antworten zu seinen Kommentaren gewartet und sich dann gefreut hatte, wenn sie auf seine Anmachversuche eingegangen war.

Wie er hinter dem Tresen stand und auf das Vibrieren seines Phones in der Seitentasche seiner Buggy-Hose wartete, wenn sie sich abends zum Chat bei ihm meldete. Bis zu seinem Besuch bei Efthimios hatte er sich mit Julie täglich ausgetauscht. Und mit größeren Abständen sogar noch über Weihnachten hinweg.

Er bekam Sehnsucht nach dem Gefühl das Julie im letzten Sommer in ihm ausgelöst hatte und zugleich hatte er Sorge, dass er dieses Gefühl mit der gleichen Intensität nie wieder bei jemand anderen spüren könnte.

Er brauchte Julie dazu, er war verliebt!

Er war verliebt in die Illusion vom miteinander leben, wie er es für erstrebenswert hielt und Julie verkörperte diese Illusion wie keine andere. Ein Leben ohne Existenzkampf und ohne Geldsorgen, ein Leben mit der Sicherheit eines funktionierenden Elternhauses, ein Leben mit gegenseitiger Liebe und Achtung.

Mit dem Gedanken, er wäre bereits Teil dieses Lebens, schlief er in dieser Nacht zufrieden ein.

Kapitel 38

Katerina, zweiter Urlaubstag

Wir frühstückten trotz des kalten und trüben Wetters auf der Terrasse am Pool. Ich tat mir direkt selbst leid, aber vor unserem Zimmer zur Westseite hin war es morgens noch viel kälter als oben am Pool und im Zimmer mochte ich überhaupt nicht essen.

Ich beneidete die Gäste mit den windgeschützten Eingängen zur Ostseite hin. Sie konnten schon morgens draußen sitzen und die wenigen Sonnenstrahlen im Windschatten genießen. Irgendwie hatte ich von diesem Urlaub mehr erwartet.

Nach dem Frühstück sagte uns Themistoklis, dass es für Julie leider keine Möglichkeit gäbe in diesem Sommer im Vulcano Sunset zu arbeiten. Er hätte mit seinem Chef gesprochen und für diese Saison wären sie personell ausreichend besetzt. Er hätte aber vielleicht eine andere Möglichkeit und er würde versuchen seine Verbindungen spielen zu lassen. Julie solle auf alle Fälle zu ihm kommen, wenn sie da wäre, sagte er.

Dann fuhren wir nach Akrotiri und spazierten durch den kleinen Ort am südlichen Ende der Insel. Überall blühten jetzt im Mai Kakteen und bunte Blumen. Wir schauten uns die ausgegrabene historische Stadt an und wanderten an der Red Beach auf und ab. Liegt ja alles direkt beieinander.

Mittags saßen wir kurz zu einem Drink an der Poolbar unseres Hotels, weil es dort freies W-Lan gab und weil ich Julie versprochen hatte, mich regelmäßig bei ihr zu melden. Wir sind auf ihre Prüfungserfolge genauso neugierig wie sie auf unsere Eindrücke von der Insel und vor allem von Themistoklis.

Ein kalter Wind wehte überall den ganzen Tag und wir waren froh, dass wir uns zwischendurch im beheizten Auto aufwärmen konnten. So fuhren wir fast den ganzen Tag spazieren und machten nur kurze Stopps an interessanten Orten. Auf diese Weise lernten wir die Insel auch kennen, wenn auch nicht von ihrer angenehmsten Seite.

In Kamari erlebten wir einen Spießrutenlauf durch die von Restaurant an Restaurant gesäumte Strandpromenade. Vorbei an den vielen griechischen Türstehern von denen jeder seine Taverne als die beste lobte. Jeder versuchte uns freundlich und gestikulierend einzuladen, damit wir gerade in seiner Taverne essen sollten.

Als wir uns dann endlich für ein Restaurant entschieden hatten, ging plötzlich alles sehr flott: Bestellen, essen, zahlen! So schnell und unpersönlich wurden wir noch nie abgefertigt und das obwohl sämtliche Restaurants um diese Jahreszeit noch gar nicht gut besucht waren.

Als wir das Lokal verließen, war der sachdienliche Grieche am Eingang, der uns zuvor voller Begeisterung in sein Lokal gelotst hatte, das doch das beste in Kamari sein sollte, gerade wieder redegewandt und gestikulierend dabei, weitere Gäste für seine Bude zu gewinnen.

Wir fuhren dann noch in die kleine Hauptstadt Fira um den Sonnenuntergang zu bestaunen, was wegen des sehr schnellen Essens noch gut in den Tag passte.

Später bestellten wir uns an der Poolbar im Vulcano Sunset noch etwas zu trinken. Aber abends war es noch kälter als tagsüber und zu guter Letzt kippte mir ein kräftiger Windstoß auch noch meinen Rotwein über die weiße Hose.

Es war wirklich mehr als ungemütlich und Themistoklis war auch nicht da, um uns aufzuheitern. Vom sommerlichen Charme des Vorjahres war absolut nichts mehr zu spüren. So unangenehm in Rotwein gebadet, haben Leo und ich uns dann schnell in unser Zimmer verzogen.

Doch dann musste ich noch einmal zurück an die Poolbar, weil ich meine Sonnenbrille vergessen hatte und weil ich unsere Frühstücksbestellung noch abgeben musste.

Erst jetzt hing Themistoklis arbeitslos am Tresen herum. Er fand meine Brille sofort und weil ich vergessen hatte meinen Namen auf der Frühstücksbestellung einzutragen, versuchte er das in lateinischen Buchstaben umständlich nachzuholen.

Ich war schon auf dem Rückweg als mich Themistoklis ansprach, ob ich sein Büro schon gesehen hätte. Das fand ich sehr nett von ihm, weil ich es in der Tat noch nicht richtig gesehen hatte. Er lud mich ein in seine Rezeption zu kommen und dann zeigte er mir die neuen Möbel, die Wandverkleidungen und deutete auf die versetzten Wände. Er erzählte mir von einem Fotoshooting das bald stattfinden sollte wegen der neuen Homepage des Hotels.

Und dann fing er ganz unvermittelt an mich darüber aufzuklären, dass er seinen Job als Hotelmanager sehr ernst nehmen würde und dass die Aufgabe dieses Hotel zu leiten sein ganzes Leben wäre, seine Zukunft, und dass es ihm leid täte, dass er Julie nicht mehr geschrieben hätte.

Ich war über diese Wendung so erstaunt, dass ich gar nicht wusste, was ich auf die Schnelle sagen sollte.

Sollte ich sagen, dass ich das längst wusste? Oder dass ich ihn nicht daran hindern wollte? Ich nicht und Julie auch nicht. Im Gegenteil, Julie wollte doch sogar mitarbeiten und ihm bei seiner Aufgabe helfen!

Aber mein Englisch war zu schlecht und ich konnte nichts Passenderes antworten als nur, dass ich ihn verstehen würde.

Zum Glück kam Leo und das Gespräch entwickelte sich et-
was besser. Nach ein wenig Smalltalk schwenkte Themistoklis
aber dann noch einmal um und erklärte uns beiden, dass er im
Winter mehr Zeit hätte, als in den Sommermonaten. Leo und
ich waren uns beide nicht sicher, was genau er uns damit sagen
wollte, aber wir versprachen ihm, dass wir das Julie ganz sicher
übermitteln würden.

Wenigstens war es in der Rezeption warm und gemütlich
und so plauderten wir noch eine ganze Weile entspannt mitei-
nander. In der warmen hellen Umgebung war ganz allmählich
die vertraute unbeschwerte Fröhlichkeit des letzten Sommers
wieder spürbar.

Kapitel 39

Themistoklis

Am nächsten Morgen war Themistoklis nicht richtig
ausgeschlafen. Müde schleppte er sich erst einmal unter
die Dusche. Das warme Wasser aus der neuen übergroßen
Regenbrause hüllte seinen Körper von oben bis unten ein.
Als er gähnen musste hielt er sein Gesicht nach oben und
prompt verschluckte er sich an ein paar Wassertröpfchen.
Der nachfolgende Hustenanfall weckte ihn schlagartig
und er dachte, dass es echt dumm wäre, unter der Dusche

ertrinken zu müssen und wie blöd erst, wenn sie ihn so finden würden.

So schlagartig aufgeweckt, war er dann auch schnell mit seiner Morgentoilette fertig. Sein Arbeitstag konnte beginnen.

Als Katerina auf die Terrasse kam, stand er gerade am Tresen und wartete auf das nächste Frühstück, das er austragen würde. Er begrüßte sie mit seinem freundlichsten "Kalimera" und sie erwiderte ihm "Kalispera".

"Dein Griechisch ist sehr gut!", lachte er ihr freundlich zu. Immerhin bemühte sie sich in der Landessprache zu antworten.

"Ja", freute sich Katerina und dann fiel ihr vermutlich schlagartig ein, dass sie sich in der Tageszeit geirrt und ihm einen guten Abend gewünscht hatte und sie lachte laut, als sie sagte: "Oh, das war falsch! Themistoklis, Themistoklis, du machst Witze mit mir!"

Sie war wirklich zu komisch und die Vorstellung, mit ihr befreundet zu sein, machte ihm gute Laune.

Als Leo und Katerina später den Kofferraum ihres Mietwagens vollpackten, steuerte Themistoklis geradewegs auf sie zu. Ein wenig reden wollte er noch mit ihnen. Sie irgendwie aufhalten und Kontakt haben. Was die beiden vorhatten und was sie so den ganzen Tag machen würden, das interessierte ihn. Touristentipps für Santorini brauchten sie von ihm nicht mehr. Sie hatten vermutlich schon viele Sehenswürdigkeiten in Augenschein genommen und vor allem die, die den Touristen auf dieser kleinen Insel üblicherweise angeboten wurden.

Tango Bar und Koo-Club für abends hatte er ihnen im letzten Jahr schon einmal angeboten, aber an Nachtbars schienen sie kein Interesse zu haben, obwohl es Julie dort höchstwahrscheinlich sehr gut gefallen hätte. Katerina schwärmte eher für Cafébars und Strandtavernen.

Wenn sie statt auszugehen abends lieber an seiner Bar sitzen würden, war es ihm auch recht.

Meistens gingen sie vor Mitternacht in ihr Zimmer und waren morgens beim Frühstück die ersten. Und immer kamen sie zuverlässig exakt zu der Zeit, die sie tags zuvor auf ihrer Frühstücksbestellung angegeben hatten. Themistoklis vermutete, dass das richtig deutsch sein musste.

Er kannte jedenfalls keinen Griechen, der im Urlaub nicht bis in die frühen Morgenstunden hinein aufblieb und dem es einfallen würde vor dem Mittag aufzustehen wenn es nicht sein musste. Ganz zu schweigen davon, dass die angegebene Frühstückszeit sowieso nur ein grober Richtwert war.

Leo und Katerina hatten ihre Pläne für den Tag schon gemacht und so schwatzten sie nur belangloses Zeug miteinander, aber das Gespräch nahm trotzdem kein Ende.

Themistoklis hätte die beiden gerne nach viel privateren Dingen gefragt. Zum Beispiel hätte ihn interessiert womit Leo sein Geld verdiente und vor allem wie viel jeden Monat oder wie viel im ganzen Jahr. Offensichtlich hatten sie genug Geld, um mehrmals im Jahr in Urlaub zu fliegen und sich dabei noch so ein Hotel wie das Vulcano Sunset zu leisten. Themistoklis kannte die Preise und er wusste auch die Preise, die anderswo auf Santorini bezahlt werden mussten.

Einen kurzen Moment lang stellte er sich Leo als seinen Schwiegervater vor, aber dann schien ihm Leo viel zu jung dafür. Sie lagen, wenn überhaupt, zwanzig Jahre auseinander und das war für seine Vorstellung nicht gerade ein väterliches Verhältnis. Sein eigener Vater war inzwischen im Rentenalter. Überhaupt waren Vater und Sohn Verhältnisse für Themistoklis ein heikles Thema. Er konnte sich diese Beziehung nicht mehr vorstellen seit sein Vater weg war, aber es gefiel ihm, in Leo einen väterlichen Freund zu sehen.

Warum überhaupt empfand man für manche Menschen so viel Sympathie während einem andere total egal waren? Es musste das selbe Prinzip dahinter stecken wie das bei der Musik der Fall ist. Manche Melodie gefällt spontan, manches Lied wird unser Lieblingslied und wir können es den ganzen Tag immer wieder hören, während andere Tonfolgen nur auf einen niederplätschern wie nichtssagende Hintergrundgeräusche oder schlimmer, sogar als Lärmbelästigung empfunden wird.

Nach einer sehr langen Weile verabschiedeten sie sich dann doch voneinander und Themistoklis nahm seine Arbeit wieder auf. Den ganzen Tag hatte er gute Laune, weil er wusste, am Abend würden die beiden wieder zu ihm nach Hause kommen.

Am Vormittag rief Angeliki dreimal bei ihm an und dreimal musste er sie abweisen. Das dritte Mal war er bereits so genervt, dass er sie wegen ihrer Anrufe energisch rüffelte. Er hatte zu tun und er wollte nicht ständig unterbrochen werden. Außerdem wollte er nicht pausenlos ihre Vorwürfe hören, dass er sich keine Zeit für sie nahm und sie ihn gar nicht mehr zu Gesicht bekommen würde. Es war, als müsste er sich bei ihr für seine Arbeit rechtfertigen.

Es war ein Fehler gewesen Angeliki von Julie zu erzählen, aber das konnte er jetzt nicht mehr rückgängig machen. Dass Angeliki nun über das Mädchen urteilte, obwohl sie es gar nicht kannte, ärgerte ihn. Er vermutete sogar, dass sie sich mit Adelphia über Julie austauschen könnte und dass sie mehr über ihn und Julie erfahren würde, als ihm recht war. Wer wusste schon, was sich Frauen alles erzählen, wenn sie sich in einer Sache einig sind.

Im Gegensatz zu der Zeit bei Efthimios und in Bulgarien, war ihm Angeliki jetzt zu anstrengend und zu fordernd geworden. Künftig würde er ihr nur dann nachgeben, wenn es gar nicht mehr anders ging und er sich überhaupt nicht mehr herausreden konnte. Er erinnerte sich nicht daran, dass er jemals Sehnsucht nach ihrer Gegenwart gehabt hätte. Es war merkwürdig, aber er fühlte sich, trotz allem was im Urlaub war, nicht sonderlich mit ihr verbunden.

Abends kam Nicolesku, der das Fotoshooting für die Seite im Internet selbst begleiten wollte. Er hatte eine Innenarchitektin im Schlepptau, die sich um die Ausgestaltung der Vitrinen kümmern, ein paar Bilder an die Wand hängen musste und sonstige Kleinigkeiten richtete, die hinterher auf dem Foto gut aussehen mussten. Sie war es auch, die auf den riesigen Blumenstrauß in der Mitte des Empfangs bestanden hatte.

Ihr Sinn für Ästhetik war wirklich bewundernswert. Keine Kleinigkeit ließ sie aus und farblich und stilistisch harmonierte alles miteinander, was für ein ganz besonderes Ambiente sorgte. Hinterher konnte man nicht einmal sagen was sich verändert hatte und warum jetzt alles viel besser aussah, aber es sah besser aus.

Nachdem die Sonne untergegangen war, war es wieder sehr kühl geworden. Themistoklis wäre gerne in sein Büro gegangen, um sich aufzuwärmen und dem Fotografen bei seiner Arbeit zuzusehen, doch der hatte das Büro unvermutet von innen abgeschlossen, um nicht gestört zu werden.

Er stand gerade noch vor der verschlossenen Tür seines Büros, als Leo und Katerina von ihrem Ausflug zurück kamen.

"Ich bin ausgesperrt, ich habe Zwangsurlaub", teilte er ihnen sofort mit einem fröhlichen Augenzwinkern mit.

"Ach, das ist mir noch nie passiert", Leo lachte, "das wünschte ich mir auch manchmal, dass ich nicht in mein Büro dürfte und trotzdem bezahlt werde."

Und schon blieben sie wieder beieinander hängen, hatten sich wieder eine ganze Menge zu erzählen und Themistoklis vergaß darüber, wie fröstelig es ihm mit dem kurzärmeligen Hemd und der Dreiviertelhose eigentlich gerade noch gewesen war. Katerina war dann die erste, die plötzlich wieder von der Kälte anfing. Sie wollte auf ihr Zimmer gehen und sie war besorgt um ihn, dass er sich erkälten könnte. Er fand das sehr mütterlich, aber hätte sie nicht davon angefangen, würde er die Kälte vergessen haben. Jetzt kroch sie ihm wieder unter das Hemd, doch er versicherte ihr mannhaft, dass es ihm vom ständigen Hin- und Herlaufen immer noch ganz heiß wäre, obwohl er in Wahrheit seine Finger kaum noch bewegen konnte.

Er hielt sein Telefon umklammert und vermutete, dass es bereits an seiner Hand festgefroren war. Aber abbrechen wollte er die Unterhaltung auch nicht, denn wenn sie jetzt gehen würden, wäre der Abend gelaufen.

Doch dann beendete die Kälte die Unterhaltung im Freien trotzdem, weil Katerina schon die Zähne klapperten und Themistoklis bedauerte einmal mehr, dass es noch keinen Windschutz an der Bar gab. Denn dann wären sie sicher nicht vor dem Büro stehengeblieben und hätten mit ihm noch bis in die Nacht hinein an der Bar geplaudert und sie hätten auch etwas getrunken und die Stimmung wäre noch lange gut gewesen.

Aufgelockert mit ein wenig Alkohol hätten sie ihm vielleicht sogar noch viel Persönlicheres über sich und ihr Leben in Deutschland erzählt.

Sie wünschten sich noch eine gute Nacht und Themistoklis machte sich auf den Weg hinter die Poolbar, wo der Koch längst auf ihn wartete. Beide mussten sich die ganze Nacht über in Bereitschaft halten, weil bis Mitternacht ein Zimmerservice zum Hotel gehörte. Doch der restliche Abend bis in die Nacht hinein verlief ruhig. Niemand verlangte nach einer Mahlzeit und schon gar nicht nach einem kühlen Drink aus der Bar.

Kurz nach Mitternacht löschte Themistoklis die Laternen um den Pool herum und kurz darauf ging er selbst in sein Bett, rollte sich unter die wärmende Decke und schlief vor Müdigkeit sofort ein.

Sein letzter Gedanke galt der Vorstellung einmal nach Deutschland zu fliegen, um Julie und ihre Eltern zu besuchen. Er hatte bereits seine ganz feste Vorstellung davon, wie die drei dort lebten.

Kapitel 40

Katerina, dritter Urlaubstag

Schon am frühen Morgen begrüßte ich Themistoklis fälschlicherweise mit einem "Kalispera", was so viel wie guten Abend heißt, und er meinte schelmisch, mein Griechisch wäre schon ganz gut. Ein Witzvogel war er immer noch und er schaffte es wieder, mich zum Lachen zu bringen.

Themistoklis verwickelte uns noch in ein langes Gespräch, bevor wir zu unserem Tagesausflug aufbrachen. Wenigstens war er zuverlässig wie im Vorjahr, wenn uns schon das Wetter so im Stich ließ.

Dann fuhren wir hinauf zum höchsten Punkt des Profitis Elias, dem einzigen Berg, und genossen den wunderschönen Ausblick über die gesamte Insel. Mehrere große Reisebusse quälten sich herauf und wir waren froh, dass wir bereits weiter unten geparkt hatten. Mit den riesigen Bussen wäre es auf den obersten Parkplätzen ganz schön eng geworden.

In Pyrgos, einem malerischen Bergdorf etwa auf halber Höhe zum Gipfel, entdeckten wir das Café Franco. Wir mussten vielen Wegweisern folgen und viele Gassen nach links und rechts abbiegen, bis wir es endlich, mehr oder weniger zufällig, um viele Ecken herum und einige Treppen höher gefunden hatten. Die Stube am unteren Eingang kam uns dann ziemlich klein und eng vor, dafür, dass so viele Hinweise dieses Café anpriesen.

Doch dann führte uns der Besitzer noch ein paar steile Treppen höher auf eine Dachterrasse. Gemütliche Korbsessel und ein herrliches Inselpanorama tat sich vor uns auf und zu diesem atemberaubenden Ambiente erklang erhebende Musik aus mehreren Lautsprechern. Nicht laut, sondern gerade so, dass es unmittelbar dazu gehörte.

Vollkommen war es dort.

Leo und ich tranken unseren Griechischen Kaffee und fühlten uns eigenartig mit der Insel verbunden. Alles schien hier leichter zu sein. Der tägliche Trott zu Hause, mit all seinen Verpflichtungen und Notwendigkeiten einer überreglementierten Zivilisation, war hier so weit weg von uns, dass wir auf der Stelle beschließen wollten, irgendwann einmal hierher zu ziehen, um genau hier gemeinsam alt zu werden.

Ich hätte ewig so sitzen bleiben mögen.

Hier war es so anders als zu Hause, wo ich am Tisch nicht stillsitzen kann. Kaum ist der letzte Bissen im Mund verschwunden, treibt es mich den Tisch abzuräumen und die Küche zu säubern. Ich bin unruhig und ich halte das seltsame Schweigen am Tisch, das sich jetzt viel zu oft zwischen uns breit macht, weil jeder in seine eigenen Gedanken versunken ist, nicht gut aus. Es macht mich unruhig, dass mein Leben schwindet ohne mir noch einmal etwas Besonderes zu bieten. Zu Hause wandert der Blick von Wand zu Wand, vom Schrank zum Tisch. Ich kenne alles, was da steht, hängt oder liegt.

Ich weiß um das fortschreitende Altern und ich kann es nicht aufhalten. Julie wird erwachsen und wird mit all ihrer Lebensfreude und Neugier eines Tages ganz eigene Wege gehen, genau wie ich selbst eigene Wege gegangen bin und genau wie alle Kinder, wird sie ihr Elternhaus einmal verlassen.

Doch auch im Alter bleibt die Neugier auf Neues und der Wunsch nach Erleben. Manchmal denke ich, dass ich etwas verlieren könnte was ich noch gar nicht gefunden habe. Steigert sich der Lebenswille im gleichen Maße, je weniger Leben uns zur Verfügung steht? Im Alltag macht mich dieser Gedanke oft trübsinnig. Doch dort, hoch oben mit dem Blick über die Ägäis, war das auf merkwürdige Weise anders.

Es machte mir nichts aus, nur dort zu sitzen und über die Insel auf das Meer zu schauen. Über die Weinfelder, die weißen Häuser Firas, Imeroviglis und dem entfernten Oia rechts und Akrotiri links von mir, alles war eingerahmt vom unendlich scheinenden dunkelblauen Meer. Der Blick eckte nirgendwo an und entspannte meine Augen und mein Gemüt auf seltsame Weise.

Unser Lebensstandard ist in all den vergangenen Jahren gestiegen, doch wir sind damit nicht freier geworden. Unsere Verpflichtungen und die Eintönigkeit des Alltags ersticken uns fast. Alles was wir täglich tun, ist einzig auf dasselbe Ziel ausgerichtet: Zu erhalten, was man sich geschaffen hat!

Und obwohl der Blick auf das Meer ebenso fortgesetzt derselbe bleibt, ist seine Wirkung eine vollkommene Abwechslung.

Wir erinnerten uns zurück an den letzten Sommer hier auf der Insel, an all die langen und lustigen Abende, an Themistoklis' heiteren Humor, erinnerten uns daran, dass wir so gutgelaunt und lebendig waren, wie lange vorher nicht mehr.

Wie haben die Insel und er es nur geschafft uns beide so lebendig werden zu lassen? Was hat uns so sehnsüchtig hierher zurück gezogen? Was ist das für ein Zauber, der uns hier so anders empfinden lässt?

Themistoklis, der fürsorgliche, gewitzte, freundliche junge Mann, der es schaffte, uns innerhalb einer Woche so viel Herzlichkeit entgegenzubringen, wie wir es sonst in einem ganzen Jahr nicht erleben.

Und dann spielten Leo und ich mit der Vision, dass wir unser Leben noch einmal gänzlich ändern könnten, etwas ganz Neues beginnen, ausbrechen aus dem Gewohnten, aus der Gleichförmigkeit, die uns so blind und so taub gemacht hat. Hier, an diesem Punkt der Erde, schien es möglich zu sein. Hier konnten wir wieder träumen, hier könnte unsere Zukunft sein!

Schon das Reden darüber reichte, um diesen Augenblick heiter zu stimmen.

Nach einer langen Pause brachen wir sehr erholt und gutgelaunt wieder auf und fuhren nach Imerovigli, wo wir die Steilküste entlang wanderten. Die weißen Häuser mit ihren Terrassen fließen hier so ineinander, dass sie über den abfallenden Felswänden wie Zuckerguss kleben. Wir staunten darüber genauso wie letztes Jahr.

Sogar das Hotel, in dem wir im Vorjahr unsere erste Nacht verbrachten, fanden wir wieder. Nur das Speiselokal in dem wir die erste typisch griechische Moussaka gegessen hatten, sah jetzt verlassen aus. Das Gebäude war über den Winter fast zerfallen. Vielleicht ein erstes Zeichen von Wirtschaftskrise auf der Insel?

Wir bestellten unsere Moussaka und den griechischen Salat dann ein Stück weiter in einer anderen Taverne. Ich fing an, die

Lokale nach dem griechischen Auberginenauflauf zu bewerten. Wie sieht das Gericht aus, wie schmeckt es und was kostet es?

Erst spät kamen wir wieder ins Vulcano Sunset zurück. Wir trafen Themistoklis vor seinem Office und hatten mit ihm noch ein langes Gespräch über die Insel, die politische Lage und die Leute und so weiter. Die Kälte trieb uns dann auseinander. Themistoklis trug über seinem nackten Bauch lediglich ein weites Shirt und schon sein Anblick ließ mich zittern. Tapfer versicherte er jedoch, dass ihm ganz warm wäre.

Ich fand diesen jungen Mann immer erstaunlicher. Mit welchem Charme und wie nimmermüde er seine Aufgaben erledigte. Wie entspannt er dabei war und wie heiter, egal, in welcher Situation er steckte. Obwohl ich noch gerne in seiner Nähe geblieben wäre, war mir einfach zu kalt und ich musste zurück ins Hotelzimmer, um mich aufzuwärmen.

Zum Abschied sagte ich diesmal ganz richtig: "Kalinichta, Themistoklis!"

Kapitel 41

Themistoklis

Am nächsten Morgen frühstückten wir zum ersten Mal in dieser Saison mehrere Gäste auf der Poolterrasse. Themistoklis war jetzt ganz in seinem Element und ließ sich mit nichts von seiner Arbeit ablenken. Geschäftsmäßig, aber immer mit einem freundlichen Lächeln, trug er ein Frühstück nach dem anderen aus. Höflich beantwortete er die Fragen seiner Gäste und machte dazu seine kleinen überlegten Scherze.

Wurde er länger am Tisch aufgehalten, blieb er kerzengerade in respektvollen Abstand stehen, stellte seine Beine ordentlich nebeneinander und ließ seine Hände hinter seinem Rücken verschwinden, genauso, wie es ihm Adelphia zu Beginn seiner Hotelkarriere in dem fünf Sterne Hotel beigebracht hatte. Dass er in dieser Haltung wie ein gelernter Oberkellner aussah machte ihm gar nichts aus, denn er wollte alles so perfekt wie möglich machen.

"Was kannst du uns für heute empfehlen?", fragte Leo, als Themistoklis vor ihm den Tisch eindeckte.

"Vlichada", fiel Themistoklis auf die Schnelle ein. Gerade zuvor hatten ihm ein paar Gäste begeistert davon erzählt. "In Vlichada ist der schönste Hafen der Insel. Auch der Strand ist dort sehr schön. Da gibt es hohe Wände aus Bimsstein." Und um seiner Empfehlung Nachdruck zu verleihen, fügte er hinzu: "Wenn ich mal so richtig relaxen möchte, gehe ich selbst dorthin." Das stimmte auch. Ein paar Mal war er in seiner Mittagspause dort gewesen und er fand den Strand wilder und exotischer als den in Perissa. Nur sein Big-Sandwich gab es dort nicht, was ihn dann doch immer wieder in seine Taverne nach Perissa trieb.

Am Strand von Vlichada gab es überhaupt nur eine einzige winzige Taverne, aber genau wegen dieser tavernenlosen Idylle liebten die meisten Touristen diesen Strand ganz besonders.

"Weiter oben am Hafen gibt es auch ein Fischlokal, in dem frischer Fisch serviert wird, gar nicht teuer. Mit Freunden waren wir letztes Jahr häufiger dort. Wirklich empfehlenswert. Frischer Fisch, vom Besitzer selbst gefangen!" Themistoklis war sich sicher, dass es Leo und Katerina dort gefallen könnte.

Er als Grieche wurde in dem Lokal immer sehr gut bedient. Das Essen war schmackhaft und üppig und der Wirt stellte viele Dinge einfach auf Kosten des Hauses mit auf den Tisch. Er freute sich, dass ihm das für die beiden noch eingefallen war.

"Themistoklis, in unserem alten Zimmer ist kein Föhn", wechselte Katerina das Thema und das "alte Zimmer" betonte sie dabei ganz besonders.

"Ja, das kann sein, ich werde das sofort erledigen", Themistoklis war verlegen, weil sie das "alte Zimmer" so hervorgehoben hatte. Vermutlich wollte sie so noch einmal ihre Enttäuschung kundtun. Aber vielleicht war er in diesem Punkt auch nur empfindlich und sie hatte das gar nicht so gemeint.

"Aber sonst ist alles in Ordnung?", fragte er vorsichtshalber nach.

"Ja, sonst ist alles in Ordnung", versicherte sie ihm.

Themistoklis war erleichtert. Es war ein Glück, dass die beiden keine höheren Ansprüche stellten. Er konnte sich nicht vorstellen, wie man für ein paar Tage Urlaub so wahnsinnig viel Geld ausgeben konnte, um dann nicht einmal auf den versprochenen Luxus zu bestehen. Sie waren so untypische Gäste, dass er es gar nicht fassen konnte.

Man bräuchte einen guten Anwalt, wenn es zum Streit käme, hatte Efthimios gesagt, denn die Deutschen bestünden immer auf ihrem Recht. Meistens verlangten sie ihr Geld zurück, wenn irgendeine Kleinigkeit nicht passte. Themistoklis überlegte ernsthaft, woher sein Freund diese Information hatte.

Später machte er sich sofort auf den Weg in die Gerätekammer, wo einige überzählige Accessoires auf ihren Einsatz warteten, wenn mal etwas kaputt gehen würde. Er schnappte sich einen Föhn aus der Reserve und brachte ihn in Katerinas Zimmer, wo das Zimmermädchen gerade beim Saubermachen war.

Katerina hatte Kekse in einer flachen Schale auf der kleinen Küchenzeile abgelegt, die ihren feinen Duft verströmten und auch im Badezimmer roch es angenehm nach frischer Olivenseife und nach einem Parfüm mit einer leichten Vanillenote. All diese Düfte vermischten sich mit dem Geruch der alten polierten Holzmöbel, was Themistoklis schlagartig in seine Kindheit zurück versetzte.

Die Zeit, als seine Großmutter noch auf dem Land lebte und er dort seine Ferien verbringen durfte, als die Welt um ihn herum noch überschaubar und beruhigend einfach gewesen war. Er blieb eine ganze Weile bewegungslos mitten im Zimmer stehen und sah auf die Putzhilfe, ohne zu bemerken, was sie im Einzelnen tat. Seine Kindheit mit den heißen Sommern und den schmutzigen Fußsohlen war plötzlich da. War damals wirklich alles einfacher oder war man nur bescheidener? Vermögend war seine Großmutter nie gewesen, aber zu essen und zu trinken gab es immer genug. Niemand hätte wegen der Einfachheit der Lebensumstände von einer Krise gesprochen. Es war, wie es war. Arm hatte er sich in seiner Familie nie gefühlt, doch jetzt, wo er vergleichen konnte, mit dem was er hier auf Santorini sah, wankte er.

Gerade als er anfangen wollte, sich wegen seiner Mittellosigkeit selbst leid zu tun, fielen ihm die gute Laune seines Vaters und das lustige Wesen seiner Mutter aus dieser Zeit wieder ein und wie sorglos und unbekümmert er sich damals fühlte. Wie konnte er das vergessen?

Damals waren die Fremden mit riesigen Rucksäcken auf dem Rücken nach Griechenland gekommen, auf der Suche nach einem Stück Strand, wo sie einen ganzen Sommer lang bleiben konnten. Sie schlugen orangefarbene Zelte auf und sie waren sehr freundlich zu ihm, wenn er in ihre Nähe kam. Seine Großmutter sagte, es wären Deutsche und man müsse jetzt keine Angst mehr vor ihnen haben. Sie hausten viel länger in ihren Zelten, als die Touristen heute in den Hotels blieben.

Um das Haus seiner Großmutter gab es zwei kleine Tavernen und in beiden waren jeden Abend sämtliche Stühle um die wenigen Tische herum besetzt. Essen und Trinken in geselliger Runde war Tag für Tag der krönende Abschluss nach Sonnenuntergang.

"Hier muss ich noch wischen", unterbrach das Mädchen Themistoklis' Tagträume und sie wartete geduldig, bis er ein paar Schritte zur Seite trat.

Da war er wieder zurück in seinem Hotel. Er legte den Föhn in die oberste Schublade der alten Kommode, die an der Wand neben dem Bett stand, und hoffte, dass Katerina ihn dort finden würde. Als er aus dem Zimmer zurück ins Freie trat, war es ihm, als wäre er von einem bedeutsamen Ausflug zurückgekehrt.

Den Nachmittag verbrachte Themistoklis alleine am Strand bei seiner Lieblingstaverne in Perissa. Er war froh, dass er dort in Ruhe essen konnte. Das kühlere Wetter der Vorsaison erlaubte ihm sogar einen kleinen erholsamen Schlaf im Liegestuhl. Sein privates Telefon klingelte zwar öfter, aber er hatte den Ton sehr leise gestellt und so konnte er das Geräusch problemlos in seine Träume einbauen. Er wusste, wer da brummte und er hatte keine Lust mit ihr zu sprechen.

Später kam Nicolesku ins Hotel und beschäftigte Themistoklis mit seinen Plänen. Einen Kleinbus wollte er jetzt anschaffen und Themistoklis sollte ihm bei der Suche nach einem passenden Transporter helfen. Nicht zu groß sollte er sein, bis zu zehn Sitzplätze sollte er haben und der Preis musste stimmen. Sie durchforsteten im Internet alle Angebote die sie finden konnten.

Themistoklis wäre auch gerne an der Bar gewesen, aber dafür hatte er jetzt seinen Koch. Wenn man für alles seine Leute hatte, war das nicht immer ein Vorteil, stellte er fest. Die Arbeit hinter dem Tresen bedeutete Kontakt zu den Gästen, abtauchen in ihre Ferienwelt und Gesellschaft haben. Dagegen konnte die Arbeit am Schreibtisch richtig einsam sein.

Es wurde spät bis sich Nicolesku endlich verabschiedete und Themistoklis seinen Koch an der Bar besuchen konnte.

"Nicht viel los heute", begrüßte ihn dieser.

"Niemand hier? Keine Getränke bis jetzt?" Themistoklis war nicht so überrascht, wie sich seine Frage anhörte. Das Wetter war einfach noch kein Sommerwetter. Bei dieser Kälte war es wenig verwunderlich, dass die Gäste lieber in ihre Zimmer abtauchten, anstatt den Blick von hier auf die Caldera zu richten.

Dann hörte er doch noch eine vertraute Stimme: "Wir brauchen dringend einen Ouzo zum Aufwärmen, Themistoklis." Katerina sagte das schon, noch bevor sie und Leo sich an den Tresen setzten.

Es freute ihn, dass sich seine zwei Stammgäste trotz aller Kälte doch noch an seine Bar trauten. Er schob sofort seinen Koch zur Seite und bereitete ganz persönlich die

Drinks seiner einzigen Gäste zu. Das war die Aufgabe, die er jetzt brauchte.

Während Katerina auf ihren Drink wartete, warf sie hin und wieder einem misstrauischen Blick zu Nicolesku hinüber, der da immer noch auf dem halbdunklen Gelände herumstand. Themistoklis fand in diesem Augenblick auch, dass sein Chef einen ungünstigen Eindruck auf sie machen musste. Der große dunkle Mann wirkte wie ein Fremder, der gerade überlegte, ob er hier am richtigen Ort zur richtigen Zeit wäre.

"Das ist mein Chef", beruhigte Themistoklis sie mit einem Kopfnicken in Richtung der dunklen Gestalt und stellte ihr den Ouzo auf den Tresen.

"Ach so", sagte Katerina," sieht gar nicht so aus."

"Hat er heute seinen Kampfanzug an?", lachte Leo.

Themistoklis sah sich seinen Chef noch einmal genauer an. Dann musste er über Leos treffende Bemerkung lachen und er erzählte ihm kurzerhand die ganze Geschichte über das Hotel und nicht ohne Stolz erwähnte er immer wieder, dass er künftig hier noch eine große Rolle übernehmen würde. Die Geschichte des Vulcano Sunset war auch seine Geschichte.

Themistoklis blühte bei dem Gedanken an die glanzvolle Zukunft seines Hotels mehr und mehr auf, wurde immer redseliger. Es tat gut, dass Leo so interessiert an allem war, dass er nach den Umbauten fragte, sich nach der Entwicklung des Hotels erkundigte und dass er ihm so viel Glück für seine Arbeit wünschte. Themistoklis'

Zukunft war unzertrennlich mit der Zukunft des Vulcano Sunset verbunden und Leos Meinung bestätigte ihm, dass er damit auf dem richtigen Weg war.

Nur Katerina schaute an diesem Abend etwas unzufrieden und melancholisch drein und Themistoklis vermutete, sie würde nicht alles richtig verstehen oder sie hätte Probleme mit der Kälte. Es war das erste Mal, dass er einen Gast nicht zufrieden stellen konnte, was ihm sehr leid tat. Gerade weil sie es war.

Als die beiden gegangen waren und Themistoklis kurz nach Mitternacht die Laternen um den Pool löschte, stand plötzlich Angeliki auf dem Hotelgelände.

Kapitel 42

Katerina, vierter Urlaubstag

Am Vormittag waren wir in Oia, dem teuersten Touristenort der Insel. Wir spazierten zusammen mit vielen Kreuzfahrern durch die malerischen Gassen und tranken im alten Hafen, der Bucht von Ammoudi, unseren Griechischen Kaffee. Wir saßen so nah am Meer, dass das hochklatschende Wasser fast unsere Füße berühren konnte.

Ich dachte, das wäre ein guter Platz, den ich in ein paar Wochen unbedingt Julie zeigen müsste. Überhaupt fand ich es gut, mit Leo die Insel noch einmal abzufahren, um dann mit meiner Tochter den Urlaub ortskundig genießen zu können. Ich würde mir alle Straßen und Sehenswürdigkeiten gut einprägen.

Aus einer Bäckerei in Oia roch es irrsinnig gut nach frisch-gebackenem Kuchen. Wir kauften uns etwas Gebäck für mittags, das wir dann vor unserem Zimmer auf der Galerie essen wollten. Ich konnte mich kaum entscheiden, was ich nehmen sollte, so lecker sah alles aus und so appetitlich lachten mich die kleinen selbstgemachten Kuchen und Kekse an.

In unserer kleinen Küche kochte ich dann für Leo und mich Kaffee und weil endlich das Wetter mitspielte, fand ich unser Zimmer gar nicht mehr so übel. Abgelegen war es zwar immer noch, aber dafür waren wir auf der Galerie mit dem Blick über die Caldera bei Kaffee und Kuchen dann auch ganz unter uns.

Weil uns am Morgen Themistoklis Vlichada Beach und ein Fischessen in einer ganz bestimmten Taverne empfohlen hatte, sind wir am Nachmittag dorthin gefahren.

In Vlichada war das Meer blauer und stürmischer als am schwarzen Strand von Perissa. Bizarre Bimssteinwände türmen sich dort auf und begrenzen den weißen Sandstrand auf eigentümliche Weise. Das war wirklich ein guter Tipp von unserem Hotelmanager.

Leo und ich saßen ziemlich alleine auf unserem mitgebrachten Strandtuch. Nur drei Männerpärchen unterschiedlichen Alters spazierten am Strand auf und ab. Ich hatte mir vorgenommen, Themistoklis danach zu fragen, ob er wüsste, dass dieser Strand ein Geheimtipp für spezielle Männerfreundschaften wäre. Später habe ich diese Frage aber wieder vergessen.

Leo und ich hatten ein gutes Gespräch über meinen nächsten Urlaub mit Julie. Leo sagte, Julie müsse sich gedulden und Themistoklis vielleicht im Winter in seiner Heimatstadt besuchen, weil er dann wirklich Zeit für sie hätte. Er schätzte Themistoklis sehr verantwortungsbewusst und fleißig ein, weil Themistoklis in all den Gesprächen mit uns nie einen Zweifel daran ließ, wie wichtig ihm seine Arbeit wäre. Leo meinte auch, dass Themistoklis jetzt noch keinen Platz in seinem Herzen hätte oder ihn sich absichtlich verschließen würde, um sich nicht selbst im Weg zu stehen. Das war alles sehr einleuchtend.

Dann aßen wir in der empfohlenen Fischtaverne im Hafen von Vlichada zu Abend. Außer uns war nur eine Gruppe Griechen um einem großen Tisch herum versammelt. Wir vermuteten, dass sie mit ihrer Yacht aus Athen hierhergekommen sein könnten und jetzt unten im Hafen angelegt hätten, um hier zu essen. Was reiche Athener halt üblicherweise so am Wochenende tun.

Ihr Tisch war vollgestellt mit den unterschiedlichsten Happen und Gerichten und ein lautes griechisches Durcheinander begleitete ihre gemeinsame Mahlzeit. Immer wieder kam der Kellner schwatzend vorbei und stellte noch zusätzlich Platten und Schalen auf den Tisch, der sich fast bog, so überladen war er. Die Freude auf unser Essen wurde immer größer.

Wir bestellten dann auch Fisch, weil der hier fangfrisch sein sollte und besonders schmackhaft zubereitet würde.

Aber uns wurde das Essen kantinemäßig serviert. Auf meinem Teller lag eine fetttriefende, labbrige Panade in der kaum etwas von einem Fisch zu finden war. Bei Leo sah das auch nicht viel besser aus. Obwohl er etwas ganz Anderes bestellt hatte, sahen sich beide Gerichte ziemlich ähnlich. Die einzige Besonderheit an unserem Essen war am Ende der Preis. Das war unser teuerstes Abendessen auf der ganzen Insel und wir waren froh, überhaupt so viel Geld dabei zu haben.

Später las ich im Fremdenführer, dass Touristen in dieser Ecke sehr aufpassen müssten, denn überteuerte Speisen wären hier keine Seltenheit. Vielleicht sollte man den Fremdenführer immer vorher lesen.

Zum Sonnenuntergang hielten wir auf einer Aussichtsplattform am Straßenrand an. Doch wegen des kräftigen Windes blieben wir gleich im Auto sitzen. Langsam nervte mich tierisch, dass man abends so nirgendwo draußen sitzen bleiben konnte. Es war einfach überall noch viel zu kalt.

Ich vermisste die sommerlich warmen Abende an der Poolbar und die fröhlichen Gespräche mit Themistoklis bis in die Nacht hinein. Auch weil jetzt hinter dem Tresen ein zusätzlicher Koch stand, war Themistoklis kaum noch selbst an der Bar anzutreffen und von Adelphia fehlte bisher sowieso jede Spur.

Aufgrund dessen und der Kälte zogen wir uns dann früh in unser Zimmer zurück. Doch in diesen einsamen vier Wänden beschlich mich wieder das Gefühl, das Leben würde draußen an mir vorbeiziehen und ich wäre wieder nicht mit dabei. Ich wollte meine kostbaren wenigen Urlaubstage nicht in einem alten Zimmer verbringen. Ich wollte mein wunderbares Urlaubsgefühl vom letzten Jahr wieder haben.

Ich fing an herumzunörgeln, bis Leo dann am späten Abend, trotz der Kälte, noch mit mir zur Poolbar aufgebrochen ist.

Zum Glück war Themistoklis da und obwohl ich ihm sagte, ich wolle mich mit einem Ouzo aufwärmen, servierte er das Getränk mit Eiswürfel. Meine Hände klebten fast an diesem kalten Glas fest und ich schlotterte auf meinem Barhocker vor Kälte. Warum war es in Griechenland so kalt? Es war doch schon Mai!

Alles war diesmal so anders und fast jeden Abend stand so ein komischer Mann auf dem Hotelgelände herum. Themistoklis klärte uns zwar darüber auf, dass es sich um den Besitzer des Hotels handeln würde, aber das machte ihn nicht weniger merkwürdig. Dann erzählte uns Themistoklis voller Stolz, was dieser Mann, der Nicolesku hieß, mit dem Vulcano Sunset noch alles geplant hätte und was sich alles noch verändern würde.

Ein Restaurant sollte neben dem Hauptgebäude entstehen, die Poollandschaft würde vergrößert werden, die Bar sollte erweitert und eine zusätzlich Küche im Untergeschoß eingebaut werden und so ging es weiter und weiter.

Leo und ich hörten gespannt zu und ich wurde ganz traurig, dass das idyllische Boutique-Hotel in absehbarer Zeit nicht nur zu teuer für uns sein könnte, sondern bestimmt auch seinen ganz speziellen Charme verlieren würde. Dieser Gedanke machte mich sehr traurig. Da half mir auch Leos Spruch nicht weiter, dass das einzig Stabile im Leben die Veränderung wäre.

Kapitel 43

Themistoklis

Es war acht Uhr am Morgen, als Themistoklis ein Frühstück für sich und Angeliki zubereitete. Sie hatte ihre Unsicherheit nicht mehr ausgehalten und war sehr spät in der Nacht noch aufgebrochen, um mit dem Bus zum Vulcano Sunset zu fahren. Den restlichen Weg von der Busstation zum Hotel hatte sie dann zu Fuß zurückgelegt, weswegen sie ganz unbemerkt auf das Gelände kommen konnte und dann ganz plötzlich vor ihm gestanden hatte.

"Warum du gehst nicht an dein Telefon? Ich ruf dich so oft an und du machst nur weg!", schimpfte sie ihn aus, noch bevor sie ihn begrüßt hatte.

"Ich arbeite hier, kannst du das nicht verstehen? Ich habe Gäste und eine Menge andere Aufgaben. Wenn ich mit Gästen beschäftigt bin, kann ich das Telefongespräch nicht annehmen", verteidigte er sich. "Und wer bringt dich jetzt wieder nach Hause?", wollte er wissen. "Ich bin zu müde, ich wollte gerade schlafen gehen."

"Ich bleibe über die Nacht. Habe in meinem Hotel gesagt, dass ich morgen später bin." Angeliki war trotzig.

"Schön, dass ich das jetzt auch weiß", Themistoklis reagierte gereizt.

Aber wenn er sie nicht selbst zurück fahren wollte, blieb ihm nichts anderes übrig, als sie diese Nacht bei sich schlafen zu lassen. Der letzte Bus war weg, ein Taxi würde sie sich nicht leisten können und er würde sie ganz sicher nicht mehr nach Hause fahren.

Er war viel zu müde, um sich sofort eine weitere Lösung für dieses Problem auszudenken.

"Okay, bleib, wenn du willst, aber ich gehe jetzt ins Bett. Mir reicht es für heute." Und damit machte er sich auf den Weg in sein Zimmer.

Angeliki lief ihm nach, wollte seine Hand nehmen, um sein Interesse an ihr zu wecken. Aber er schüttelte sie ab und zeigte ihr deutlich, dass es im Augenblick sinnlos war, ihn festhalten zu wollen. Das kränkte sie noch mehr und sie fing an zu trotzen. Sobald sie in seinem Zimmer war, setzte sie sich demonstrativ auf sein Bett, schlug die Beine und die Arme übereinander und schaute ihn herausfordernd an.

"Warum du gehst mir aus dem Weg?",wollte sie wissen.

Themistoklis konnte gerade noch rechtzeitig den Bilderrahmen von Julie in seine Wäscheschublade versenken, bevor Angeliki ihn gesehen hätte. Sich jetzt dafür auch noch etwas ausdenken zu müssen, wäre zu viel gewesen.

"Hör zu", sagte er, "ich bin ehrlich müde. Was ich jetzt überhaupt nicht brauche ist Stress mit einer eifersüchtigen Freundin. Du kannst hier schlafen und ich mach dir morgen früh ein vier Sterne Frühstück. Du kannst die Nacht hier bleiben, aber rutsch jetzt zur Seite, weil ich schlafen muss."

Das mit dem Frühstück könnte sie versöhnen und nur versöhnt wäre sie bereit, sich in aller Frühe wieder so unauffällig zu entfernen, wie sie gekommen war.

Als ihn am nächsten Morgen der Wecker seines Smartphones weckte, lag Angeliki ganz schmal an die Wand gedrückt neben ihm. Themistoklis war es sehr unangenehm, dass sie seinetwegen so einen Wirbel veranstaltete. Inzwischen zweifelte er sogar daran, dass Angeliki ihn wirklich liebte. Vielleicht wollte sie nur von ihm geliebt werden? Vielleicht wollte sie überhaupt nur von jemanden geliebt werden? Leicht hatte sie es in ihrem Leben bisher nicht gehabt, aber wenn sie ihn wirklich liebte würde sie ihm das Leben so schwer machen? Ihm so nachlaufen und sich so aufdrängen?

Ganz leise und vorsichtig zog er sich an, dann schlich er lautlos, ohne zu duschen, aus dem Zimmer.

An diesem kalten Morgen frühstückten die meisten Gäste lieber nicht unter freiem Himmel, was für Themistoklis mehr Rennen und mehr Zeit bedeutete als sonst. Treppauf, treppab, das vollgestellte Tablett auf dem Unterarm, so schnell wie möglich wollte er seine Arbeit tun und unter allem Laufen hoffte er, dass Angeliki nach dem Frühstück sein Zimmer so schnell und vor allem so ungesehen wie möglich, wieder verlassen würde. Zum Glück hatte der Koch nichts mitbekommen, denn auf die spöttischen Bemerkungen von ihm, konnte er gut verzichten. Nur das zusätzliche Frühstück musste er ihm irgendwie erklären, was aber kein Problem war, denn schließlich war er selbst der Boss und schaffte an, wenn Nicolesku nicht hier war.

Leo und Katerina saßen als einzige an der Caldera bei ihrem Frühstück und als er das übervolle Tablett für Angeliki nach unten trug wo sein Zimmer war, glaubte er, Katerina würde genau wissen, warum er das tat.

Angeliki war aber bereits verschwunden, als er mit dem Tablett ankam. Anscheinend hatte es ihr zu lange gedauert, schließlich musste sie mit dem öffentlichen Bus in ihr Hotel zurück. Auch wenn sie erst später anfangen würde, lange Auszeiten von ihrer Arbeit konnte sie sich nicht erlauben. Besonders am Vormittag war ihre Hilfe gefragt.

Themistoklis stellte das Tablett trotzdem auf dem kleinen Tisch in der Zimmermitte ab, er würde sich später selbst darüber hermachen.

Viel Zeit blieb ihm dazu aber nicht, denn Nicolesku kam diesmal schon früh auf das Hotelgelände und war den ganzen Vormittag hinter ihm her. Er verfolgte Themistoklis wie ein Schatten überall hin und ließ sich nicht abschütteln. Da blieb wenig Zeit für Extras.

Mittags saßen Leo und Katerina an der Poolbar. Sie hatten einen Griechischen Kaffee vor sich und Katerina spielte dauernd mit ihrem Smartphone herum. Überhaupt fiel ihm auf, dass sie das in diesem Urlaub ständig machte. Das kannte er gar nicht an ihr. Er nahm an, dass es mit Julie zu tun hatte, die alleine zu Hause war und in ihren

Prüfungen steckte. Katerina war eine Vollzeitmutter, die sicher genauestens über alles informiert werden wollte.

Dass Julie kilometerweit entfernt, gerade in diesem Augenblick in einem Chat mit Katerina steckte, praktisch mit ihrer Mutter bei einem Kaffee am Tresen saß, verlieh ihm das selbe Gefühl wie damals, als er mit Julie am Tresen die griechischen Buchstaben übte und ihre Gegenwart ihn tüchtig durcheinander gebracht hatte.

Plötzlich steuerte Katerina aufgeregt mit ausgestrecktem Arm und ihrem Smartphone in der Hand auf ihn zu: "Hi Themistoklis, Julie ist am Apparat und möchte gerne mit dir sprechen!"

Noch ehe er etwas sagen konnte drückte sie ihm das flache schwarze Gerät auch schon in die Hand. Instinktiv floh er damit bis ans andere Ende der Terrasse, um ungestört reden zu können.

Erst wusste er gar nicht was er Julie sagen sollte. So bedankte er sich für den Bilderrahmen und fragte dann, wie die Prüfungsarbeiten liefen. Er entschuldigte sich bei ihr für den abgebrochenen Chat zum Frühling hin und weil sie wenig erwiderte verlor er sich noch in ein paar belanglose Äußerungen zum Wetter auf der Insel. Nur dass er sich freute ihre Stimme zu hören, das fiel ihm in der Eile nicht ein.

Sie machte ihm das Gespräch auch nicht leicht, weil sie kaum etwas erwiderte und so verabschiedete er sich schneller als notwendig, um Katerina das Telefon zurückzugeben. Er wusste nicht, ob sie für die Verbindung nach

Deutschland etwas zahlen musste und wieviel. Vielleicht zählte ja jede Minute.

Hinterher war er nervös und aufgewühlt. Er fand das Telefonat mit Julie zwar schön aber nutzlos. Vor allem traf es ihn völlig unvorbereitet. Julies Stimme klang nett, aber im Augenblick wusste er nicht, welche Absicht dahinter steckte, ihm das Gespräch zu vermitteln. Es hatte ihn, den routinierten Manager, kurz aus der Fassung gebracht.

Katerina machte hinterher nicht den Eindruck, als ob er sich mit dem Telefonat hätte beeilen müssen. Im Gegenteil, sie war überaus neugierig, ob es ihn gefreut hätte, fragte nach, was Julie gesagt hat und ob alles in Ordnung wäre. Ja, gefreut hatte es ihn und in Ordnung wäre auch alles, aber dann wechselte er schnell das Thema, weil es ihm peinlich war über Julie zu sprechen. Viel lieber erzählte er von seiner rosigen Zukunft im Hotel. Mehrere Angestellte seien noch geplant und er freue sich schon, nur noch Chef des Ganzen zu sein.

"Abspülen muss ich jetzt schon nicht mehr selbst", lachte er und nickte zum Koch in der kleinen Küche hinüber.

Der Tag war trotz aller Aufregungen auf dem besten Weg, ein guter Tag zu werden. Den Nachmittag könnte er sogar wieder einmal ungestört mit einem Big-Sandwich bei seiner Taverne am Strand verbringen.

Doch die Wende kam unerwartet.

Als er sich am frühen Nachmittag auf den Weg machen wollte, ließ ihn sein Auto im Stich. Ein paar Mal ließ

Themistoklis vergeblich den Anlasser orgeln bis ihm klar war, dass die Batterie leer sein musste. Vermutlich hatte er vergessen das Licht auszuschalten und dieses Modell verfügte weder über ein Warnsignal noch über eine automatische Lichtabschaltung. Das ärgerte ihn, weil er jetzt den Nachmittag damit verbringen musste, jemanden zu finden, der ihm aus der Patsche half.

Adelphia fiel ihm ein, er wusste, dass sie ein Startkabel in ihrem Auto liegen hatte.

"Ich habe wenig Zeit heute. Du meldest dich auch nur bei mir, wenn du was brauchst", sie klang wenig erfreut über seinen Anruf.

"Tut mir leid", schon wieder musste er sich bei jemanden dafür entschuldigen, dass er ständig in seiner Arbeit steckte, obwohl sie mit ihrem Vorwurf ein wenig Recht hatte. "Ich brauche aber deine Starthilfe, also kommst du?"

"Okay, ich komme, aber ich kann erst später am Abend. Wir haben hier im Hotel auch viel zu tun. Bleib wo du bist." Und dann fiel ihr ein, dass er das sowieso musste und sie fing lauthals zu lachen an.

"Schon klar", jetzt musste auch Themistoklis lachen und er war froh, dass seine alte Freundin ihren Humor wieder gefunden hatte und ihn nicht im Stich ließ.

Es war schon dunkel, als Adelphia im Hotelgelände vorfuhr. Themistoklis erkannte ihren Wagen sofort und eilte ihr entgegen. Der Koch kam auch aus seiner Küche herüber, er wollte mithelfen, weil er ein wenig von Autos verstand. Er hatte schon öfter einmal Batterien aneinander gestöpselt und wusste, wo die richtigen Anschlüsse zu finden waren. Gemeinsam mit Adelphia versuchte der Koch in der Dunkelheit unter den geöffneten Motorhauben die Kabel an die richtige Stelle zu klipsen.

Katerina und Leo saßen an der Caldera und tranken Wein. Themistoklis fiel ein, dass Katerina Adelphia in diesem Urlaub noch gar nicht gesehen hatte und weil sie manchmal nach ihr fragte, würde sie Adelphia vielleicht gerne begrüßen wollen. Sie hatten sich doch im letzten Urlaub so gut verstanden.

Er lief an Katerinas Tisch und meldete, dass Adelphia hier wäre. Wie erwartet freute sich Katerina über diese Nachricht sehr und sprang sofort auf, lief sogleich hinter ihm her, um die gemeinsame Freundin zu begrüßen.

"Hallo Adelphia, schön dich zu sehen!", begrüßte Katerina sie und hielt Adelphia die Hand hin.

"Hallo!" Adelphia fasste nur kurz an die ihr dargebotene Hand ohne Blickkontakt aufzunehmen. "Ist Julie auch hier?", fragte sie ganz nebenbei und schien an der Antwort gar kein echtes Interesse zu haben.

"Nein, leider nicht. Sie muss ihre Abschlussprüfungen machen. Leo und ich sind diesmal alleine in Urlaub."

"Ach so, okay." Und dann wandte sich Adelphia ohne weiteren Kommentar wieder dem Koch zu, der verlegen mit den Klemmen an der Batterie herum fingerte und aus allem herausgehalten werden wollte.

Katerina stand ein wenig unschlüssig herum, sie schien enttäuscht zu sein, dass die Wiedersehensfreude so einseitig ausgefallen war und sie machte sich schnell wieder auf den Weg zurück. Themistoklis sah ihr noch nach und dann war er augenblicklich verärgert und enttäuscht von Adelphias Auftritt.

"Ein wenig netter könntest du zu meinen Gästen schon sein", maßregelte er sie.

"Und? Fängt das jetzt schon wieder an?", fauchte Adelphia, "du wirst auch nicht klüger, was? Du tust, als wäre das deine Familie. Sie ist es nicht und sie wird es nie sein. Wann willst du das endlich mal begreifen? Die Urlauber sind alle gleich! Sie geben vor deine Freunde zu sein und kaum heben sie ab in die Heimat, bist du ihnen aus dem Sinn. Sie sind nur hier, um sich zu erholen und du bist ihr Dienstleister. Vergessen?"

Themistoklis war ernüchtert über diese überflüssige Aufklärung. An Adelphias Einstellung gegenüber dieser Familie hatte sich nichts geändert. Und sie legte sogar noch nach: "Du wirst schon noch merken, was du an denen hast! Denk nicht, dass jede Freundlichkeit immer gleich lebenslange Bruderschaft bedeutet."

"Der Motor läuft jetzt wieder", unterbrach der Koch vorsichtig den Streit. "Der Wagen sollte jetzt gefahren werden, um die Batterie aufzuladen."

"Ja, fahr mal um die Insel", wies ihn Themistoklis an und zu Adelphia sagte er: "Ich hoffe du kannst irgendwann mal zulassen, dass ich meine eigenen Vorstellungen vom Leben habe. Das ist vielleicht nicht meine Familie, aber du bist auch nicht mein Kindermädchen!"

Adelphia stieg beleidigt in ihr Auto, schlug die Tür kräftiger zu als es notwendig war und fuhr hinter dem Koch her aus dem Gelände.

Themistoklis ging zurück, um sich bei Katerina für den unfreundlichen Auftritt von Adelphia zu entschuldigen.

Doch Leo grinste ihn schon von weitem an und meldete: "Wenn das keine Absicht ist, dann hat der Koch soeben dein Auto gestohlen, Themistoklis!"

Das war das Stichwort. Themistoklis konnte sofort wieder lachen und hatte unverzüglich vergessen, warum er eigentlich an den Tisch gekommen war. Er erzählte Leo die Geschichte mit seinem alten Auto und schon war die Unterhaltung in vollem Gange. Außenstehende hätten denken können, hier träfen sich alte Freunde zu einem Stelldichein.

Jetzt freute sich Themistoklis auch wieder richtig darauf, dass in vier Wochen Julie hier sein würde. Es war ihm plötzlich nicht mehr klar, weswegen er den Kontakt mit ihr überhaupt abgebrochen hatte, denn genau in diesem Augenblick fehlte sie ihm. Er konnte sich nicht erinnern, jemals irgendwen so vermisst zu haben.

Adelphias Weisheiten konnten ihm gestohlen bleiben.

Kapitel 44

Katerina, fünfter Urlaubstag

Am Morgen beobachtete ich, wie Themistoklis ein vollbeladenes Tablett zu den Personalräumen nach unten trug. Ob das für ihn und den Koch war? Müssen sich die beiden ein Zimmer teilen und bekommen sie das gleiche Frühstück wie die Gäste?

Der Wind wehte immer noch sehr kalt vom Meer herauf und deswegen verbrachten wir den Vormittag ausnahmsweise in unserem Zimmer. Ich duschte ausgiebig und wusch mir die Haare. Das war möglich, weil uns Themistoklis inzwischen einen Föhn vorbei gebracht hatte.

Ich war immer noch enttäuscht, wegen unseres alten und abgelegenen Zimmers. Adelphia wies mich im sozialen Netzwerk noch extra darauf hin, wie erstaunt ich sein werde, weil jetzt alles so schön geworden ist.

Von wegen!

Leo war das einerlei. Er saß auf dem Bett und las seine Emails und Nachrichten. Wenn es nur einen freien und stabilen Internetzugang gab, dann war ihm jedes Zimmer recht. Ich vermutete er könnte mit einem stabilem Netzzugang auch in einem Iglu auf dem Nordpol hausen.

Später fuhren wir trotz des schlechten Wetters noch nach Akrotiri, weil Urlaub im Zimmer für mich absolut keine Alternative ist. Hin und wieder liefen uns ein paar gelangweilte Hunde über den Weg und ein Gockel krähte. Das war wenigstens richtig idyllisch.

Von Akrotiri aus konnten wir frontal auf die Steilküste sehen, auf der unser Hotel stand und mit meinem neuen Teleobjektiv konnte ich sogar das Vulcano Sunset erkennen. Warum nahmen wir eigentlich nie ein Fernglas mit in Urlaub?

Wir fuhren zurück ins Hotel, um bei einem Griechischen Kaffee mit Julie zu chatten. Ich musste Julie einen genauen Bericht abliefern, was ich hier gerade sehen konnte und was genau gerade hier los war. Ich konnte ihre Sehnsucht gut nachempfinden. Gerade als ich ihr noch schreiben wollte, dass Themistoklis' Chef wie ein Schatten hinter ihm herzog, klingelte mein Telefon.

Es war Julie, sie wollte lieber reden, schreiben ginge ihr zu langsam, sagte sie, sie wolle jetzt und gleich viel mehr wissen. Eine Weile unterhielt ich mich mit ihr, als Themistoklis, ausnahmsweise mal ganz alleine, auf mich zukam. Ich drückte ihm das Telefon spontan in die Hand und sagte ihm, dass Julie dran wäre und ob er ein paar Worte mit ihr sprechen wolle.

Erst sah er mich ziemlich verdutzt an, hat dann aber das Telefon doch an sich genommen und floh damit bis ans andere Ende der Terrasse.

Nachdem er das Gespräch beendet hatte, standen wir noch eine ganze Weile zusammen und er erzählte uns von einem Haus, das er nächstes Jahr bekommen sollte, in dem er dann wohnen würde und da war er wieder ganz der fröhliche, zuversichtliche Junge. Er strahlte über das ganzes Gesicht, als er uns seine Zukunft in den rosigsten Farben schilderte.

Später nahmen Leo und ich in dem Hotel, das ich für den Urlaub mit Julie gebucht hatte, noch einen Drink. Das Hotel war hübsch und machte einen guten Eindruck. Ich freute mich schon sehr auf den nächsten Urlaub hier. Ich fand es besser, mit Julie nicht im Vulcano Sunset zu wohnen, wenn sie sich als Praktikantin dort bewerben wollte.

Abends war es zum ersten Mal windstill und Leo und ich konnten sogar draußen an der Caldera sitzen und einen Wein trinken, als Themistoklis auf uns zukam und uns mitteilte, dass Adelphia hier wäre und ob ich sie begrüßen wolle. Ja, das wollte ich gerne, ich hatte sie ja in diesem Urlaub noch gar nicht gesehen!

Sofort eilte ich mit ihm zum Parkplatz. Unterwegs sagte ich ihm stolz, dass Adelphia seit letztem Jahr meine Netzwerk-Freundin wäre und Themistoklis sagte fröhlich, sie wäre seine Freundin schon seit über fünf Jahren.

Doch Adelphia benahm sich mir gegenüber sehr zurückhaltend. Es kam mir so vor, als wäre die Wiedersehensfreude gänzlich auf meiner Seite. Sie wollte lediglich von mir wissen, ob Julie auch hier wäre. Ich sagte ihr, dass Julie ihren Schulabschluss hinter sich bringen müsste und deswegen zu Hause geblieben wäre. Daraufhin ließ sie mich kommentarlos stehen.

Ich fühlte mich da zwischen den jungen Leuten, die alle irgendwie beschäftigt waren und mich überhaupt nicht zur Kenntnis nehmen wollten, so überflüssig, dass ich sofort umkehrte und zurück an meinen Tisch ging.

Im Nachhinein hielt ich es für dumm, überhaupt mit Themistoklis mitgegangen zu sein. Wieso machte ich so etwas? Es hätte gereicht, Adelphia von mir schön grüßen zu lassen.

Ich mochte mich nicht wie eine aufdringliche Göre abwimmeln lassen, schließlich war ich zahlender Gast in diesem Hotel.

Wer sagte noch letztens, dass die Griechen alle so gastfreundlich wären? Also auf alle Griechen trifft das nicht zu.

Doch dann kam Themistoklis an unseren Tisch und wir hatten trotz Adelphias unfreundlichem Gastspiel noch einen sehr netten Abend.

Wenigstens er scheint uns noch zu mögen.

Kapitel 45

Themistoklis

Trotz des guten Endes am Vortag hatte Themistoklis nicht gut geschlafen und war am Morgen entsprechend schlecht gelaunt.

Vermutlich hatte Adelphia einfach keine Ahnung, wie sich echte Freundschaft anfühlte. Er wusste nicht, warum sie sich so anstellte wenn es um Julie ging. Wenn er Adelphia nicht besser kennen würde, hätte er darauf wetten mögen, dass sie eifersüchtig war. Nur warum?

Dass es an diesem Morgen regnete, verbesserte seine Laune auch nicht, denn heute würde er allen Gästen das Frühstück aufs Zimmer bringen müssen. Das bedeutete wieder jede Menge zusätzliche Lauferei.

Katerina und Leos Frühstück war das erste, das der Koch abholbereit auf ein Tablett gerichtet hatte und schon bereitstand. Wenigstens arbeitete der Koch zuverlässig, da gab es nichts zu kritisieren. Auf Katerinas Frühstückswunsch war Poolterrasse angekreuzt. Er würde ihr telefonisch Bescheid sagen müssen, dass das an diesem Morgen nicht möglich war.

Er wählte die Nummer ihres Zimmertelefons und wartete, bis am anderen Ende abgehoben wurde.

"Guten Morgen", meldete er sich, "gut geschlafen? Hier ist Themistoklis. Es regnet heute, soll ich das Frühstück ins Zimmer bringen?"

"Ah Themistoklis!" Katerina war am anderen Ende der Leitung. "Was ist los? Ich weiß, wir sind etwas spät dran, aber wir kommen sofort hoch!"

Natürlich hatte sie nicht verstanden was er ihr sagen wollte. Ihr Englisch war einfach miserabel. Zudem war es ungewöhnlich ihre Stimme am Telefon zu hören ohne sie dabei zu sehen. Nur weil er eine Vorstellung von ihrer Person hatte, hatte er auch das passende Bild vor Augen, ansonsten würde er sie sich ganz anders vorgestellt haben.

"Frühstück Zimmer? Heute Regen!", wiederholte er in verkürzter Grammatik laut und deutlich, in der Hoffnung, dass sie das jetzt verstehen würde.

"Ja, ja! Wir kommen sofort hoch!", wiederholte sie ihrerseits und er vermutete, dass sie dachte, er dränge sie zum Frühstück, weil sie zu spät aufgestanden war. Sie war immer noch nicht in Griechenland angekommen.

Niemand würde sie hier zum Frühstück drängen, nicht einmal dann, wenn sie erst gegen Mittag aufkreuzte.

Warum holte sie Leo nicht ans Telefon, wenn sie nichts verstand. Jetzt musste er warten bis sie hoch kam, wohlwissend, dass sie den Weg umsonst machte.

Er wartete unter dem kurzen Vordach der Bar und kontrollierte noch einmal die Frühstückswünsche der anderen Gäste, um sich grob zu orientieren. Es gab eine Menge zu tun an diesem Morgen.

Obwohl ihn das ärgerte, dass Katerina nichts verstand, musste er über ihr sprachliches Unvermögen doch schmunzeln und schätzte, dass sie spätestens, wenn sie im Regen stand, seinen Anruf verstanden haben würde.

"Oh, Themistoklis!", kam sie ihm auch gleich entgegen, "jetzt verstehe ich erst, warum du angerufen hast: Es regnet!"

"Ja, es regnet!" Themistoklis hielt, wie um diesen Fakt zu beweisen, seine Handfläche unter den freien Himmel. "Soll ich das Frühstück im Zimmer servieren?", fragte er sie noch einmal ganz langsam und zwinkerte sie mitleidig an.

"Ich weiß nicht", Katerina reagierte irgendwie verunsichert. Vermutlich dachte sie an die ungemachten Betten und an das ganze persönliche Zeugs, das im Zimmer herumlag. Aber da hatte er schon ganz andere Dinge gesehen. Als Zimmerservice im Hotel musste man auf alles gefasst sein. Bis hin zu nackten Menschen, die gerade das

Badezimmer verlassen haben oder aus dem Bett gekrochen kommen.

"Dann essen wir auf der Galerie vor unserem Zimmer!" beschloss sie und Themistoklis hätte mit seinem Koch darauf wetten sollen.

"Kein Problem!" Und noch ehe er sein Tablett aufgenommen hatte, fragte sie ihn doch tatsächlich ernsthaft, ob sie ihm helfen könnte.

Das fehlte noch, er winkte schnell ab. Schleunigst schnappte er sich zwei Sets, setzte sich das vollbeladene Tablett auf den linken Unterarm und noch bevor Katerina irgendetwas anderes hätte sagen können, lief er auch schon los. Er war trotz des schweren Tabletts so schnell, dass sie ihm kaum folgen konnte.

Katerina wollte ihm doch tatsächlich beim Tragen helfen! Das empfand er als Übergriff in seine Kompetenzen und er würde das nie zulassen.

Er war ein perfekter Hotelmanager!

Fast fühlte er sich von ihrer mütterlichen Art genervt. Er mochte es nicht umsorgt zu werden, auch nicht von Katerina. Das erinnerte ihn zu sehr an seine eigene Mutter und an das ärmliche Leben zu Hause in der kleinen Wohnung. Das war das letzte, an das er jetzt erinnert werden wollte. Sein Leben war hier in diesem exklusiven Ambiente, fern ab von jeglicher Armut und er war hier der Herr im Haus. Seine Gäste halfen ihm nicht, sie forderten ihn!

Er stürmte mit dem Tablett die Treppen hinunter und lud alles auf dem kleinen Tischchen vor ihrem Zimmer ab. Leo kam inzwischen auch aus dem Zimmer und Themistoklis wünschte den beiden noch einen guten Appetit. Dann verschwand er so schnell wie möglich, um weiter seine Arbeit zu tun.

Auf dem Weg zurück wurde ihm klar, dass er Katerina diesmal wie seine eigene Mutter behandelt hatte, was ihm auf der Stelle leid tat. Er wollte sie nicht verletzen, auch seine Mutter nicht, aber er wollte auch nicht an die Umstände in denen sie lebte erinnert werden. Katerina raubte ihm mit dieser mütterlichen Art seine Illusion, dass sie und ihre Familie etwas Besonderes wären.

Sein Leben würde auch bald besser sein, er würde Erfolg haben und damit unabhängiger und sorgenfreier werden, trotz des wirtschaftlichen Grauens auf dem Festland.

Im Grunde war es nicht Katerina, die ihn ärgerte, sondern der Regen und die Kälte nervten ihn zusehends. All das luxuriöse Ambiente brachte bei diesem Mistwetter, das seit Tagen auf der Insel herrschte, nicht die Stimmung die er sich für sein Hotel wünschte. Die Gäste verkrochen sich entweder in ihren Zimmern oder sie fuhren in irgendeine Taverne. Der Pool blieb ungenutzt und den ganzen Tag über musste die Terrasse von dem feuchtem Sand befreit werden, den der Wind über die Insel blies und den der Nieselregen auf den Boden klebte.

Das Wetter wurde einfach nicht besser.

Den ganzen Vormittag arbeitete Themistoklis dann fast ausschließlich in seinem Büro. Er war aber nicht besonders fleißig, denn immer wieder dachte er über sich und die Menschen in seinem Umfeld nach. Ein paar Mal überlegte er sogar ernsthaft, ob er den Chat mit Julie wieder eröffnen sollte, um sich abzulenken und weil es heute gerade zu seiner Stimmung passte.

Sie würde sich bestimmt freuen, von ihm zu hören und er könnte sich den Frust von der Seele chatten. Dann ließ er es aber, weil er es besser fand sie erst zu sehen und ihr jetzt keine falschen Hoffnungen zu machen. Vielleicht würde sie nach der Wiederaufnahme des Chats von ihm eine bestimmte Regelmäßigkeit erwarten, doch die konnte er wegen seiner Arbeit nicht dauerhaft erfüllen. Erst einmal abwarten bis sie hier ist, dachte er. Außerdem verstand er sich mit Leo inzwischen so gut, dass er seine Tochter nicht mit Absicht enttäuschen wollte.

Irgendwie jedoch kreisten seine Gedanken jetzt ständig um Julie. Wenn er erst einmal gut verdienen würde, würde er sehr viel mehr Zeit für sein Privatleben haben und wenn sie dann noch Interesse an ihm hätte?

In ein paar Wochen musste er das alles persönlich mit ihr klären.

Abends blieb Themistoklis absichtlich in der kleinen Küche der Poolbar, obwohl er darin nichts zu tun hatte, aber die Gesellschaft an der Bar würde wenigstens seine Laune verbessern. Nur Leo und Katerina saßen am Tresen. Ihre Anwesenheit kam schon einem Familientreffen gleich, was ihm gut passte.

Mit Leo fand er immer irgendein Thema. Egal, ob es sich um Arbeit, ein wenig Politik oder menschliche Befindlichkeiten handelte, Themistoklis fand die Gespräche mit ihm jedes Mal interessant und bereichernd.

Katerina versuchte mehrmals Julie ins Gespräch zu bringen. Egal um was es ging. Ständig sagte sie, das könnte Julie auch oder das wüsste Julie jetzt, das würde Julie gefallen, das könnte Julie auch tun.

Themistoklis war nicht ganz klar warum sie das tat. Vielleicht war das Thema Saison-Job im Vulcano Sunset für sie immer noch nicht ganz vom Tisch. Jedes Mal, wenn sie Julie ins Gespräch gebracht hatte, sah er sie aufmerksam an, ob sie noch etwas Erklärendes dazu zu sagen hätte, aber sobald er seine ganze Aufmerksamkeit auf sie richtete, brach sie sofort ab und hinterließ den Eindruck, es wäre ihr unangenehm weiter zu sprechen.

Manchmal sah es fast so aus, als würde sie sich hinter Leos Rücken verstecken, dann saugte sie verlegen an ihrem Strohhalm, um von sich abzulenken. In ihr Gesicht zu sehen war an diesem Abend fast unmöglich.

Vielleicht hatten Katerinas Anspielungen doch mit der Bewerbung von Julie zu tun und sie wollte ihn noch einmal wissen lassen, dass es ein Fehler war, sie nicht zu nehmen. Komischerweise fielen ihm seine Mutter und seine Großmutter dazu ein, die ihn ständig damit löcherten endlich eine Familie zu gründen.

Nur Leo blieb entspannt, er war derselbe wie immer.

Seine Kommentare entkrampften die angespannte Atmosphäre die Katerina mit ihren Anspielungen hin und wieder hinterließ. Dieser Mann hätte mit seiner Gelassenheit durchaus ein Grieche sein können. Solche Gäste hatte Themistoklis gerne an seinem Tresen sitzen.

Bis in die Nacht hinein stand Themistoklis an der Bar bei seinen Gästen. Manchmal musste ihn der Koch sogar zur Seite schieben, weil er ihm im Weg stand. Doch solange niemand sonst etwas von ihm wollte, betrachtete Themistoklis diese Abende als Freizeit. Die Bestellungen der wenigen Gäste, die sich im Laufe des Abends noch an der Caldera niederließen, regelte der Koch im Alleingang. So machte Chef sein Spaß, so könnte das auch künftig laufen.

Nur beim Abkassieren war sich der Koch manchmal unsicher, dann war Themistoklis' Hilfe gefragt. Aber das würde der Smutje mit der Zeit auch noch in den Griff bekommen.

Die Stimmung wurde zu fortgeschrittener Stunde immer besser.

Themistoklis gefiel, dass an seiner Bar eine ganz andere Atmosphäre herrschte, als die erotisch aufgeheizte, die er aus den verschiedenen Nachtclubs kannte oder wie die politisch aufgepeitschte, die er mit seinen neuen Freunden in den verschiedensten Cafébars in Athen erlebt hatte. An seiner Bar blieb es heiter und unkompliziert.

Hier betrank sich niemand, niemand politisierte ernsthaft, es gab nichts Derbes, da war nichts, was am nächsten Morgen einen üblen Nachgeschmack hinterließ. Und es gab keine nationalen Vorbehalte, niemand redete hier schlecht über andere.

Obwohl Themistoklis an diesem Abend weder rauchte noch Alkohol trank, fehlte es ihm an nichts und als er um Mitternacht müde in sein Bett fiel, schlief er entspannt ein. Morgen früh würden ihn weder ein Brummschädel, noch ein schlechtes Gewissen quälen.

Das Schicksal meinte es gut mit ihm und die Neugier auf die kommenden Wochen, wenn Julie endlich hier sein würde, wuchs.

Kapitel 46

Katerina, sechster Urlaubstag

Ganz in der Früh rief Themistoklis schon in unserem Zimmer an. Blöderweise verstand ich überhaupt nicht was er von mir wollte. Erst als ich nach draußen kam, bemerkte ich, dass es an diesem Morgen nicht nur kalt, sondern auch noch nass war.

Themistoklis lief wie ein Wilder mit unserem Frühstück vor mir her, deckte uns den Tisch auf der Galerie vor unserem Zimmer und verabschiedete sich schneller als sonst.

Später fuhren Leo und ich zum Airport, um den Mietwagen für meinen Urlaub mit Julie zu buchen. Sehr viel konnte man bei diesem Mistwetter leider nicht tun.

Wir spazierten an der Monolithos Beach in der Nähe des Flughafens auf und ab. Hier lagen alle wichtigen Versorgungspunkte und das farblose Industriegebiet Santorinis. Nicht nur wegen des Wetters gefiel es uns dort nicht besonders gut. Entlang der Ostküste fuhren wir dann weiter. Doch nirgendwo machte es Spaß das Auto zu verlassen. Überall war es unangenehm nass und kalt. Was für ein Urlaub!

Zurück im Hotel war es in unserem Zimmer nicht viel gemütlicher als draußen. Eine Heizung fehlte und die Tür schloss nicht bis zum Boden, was im Sommer kein Problem wäre, aber bei diesen Temperaturen ein Fiasko war.

Wieder war der Internet-Anschluss das Highlight des Tages.

Auf einer Urlaubsplattform las ich die Kommentare Reisender über das Vulcano Sunset. Das Hotel wurde von allen Bewertern in den höchsten Tönen gelobt und alle lobten ganz besonders Themistoklis' Freundlichkeit und seine ganz persönliche Service-Bereitschaft. Seine Fürsorge und seine Herzlichkeit war allen Schreibern einen speziellen Hinweis wert.

Plötzlich kam mir der Verdacht, wir könnten Themistoklis' persönliche Art missverstanden haben. Wir waren gar nicht seine Freunde, sondern seine Gäste, genau wie alle anderen Gäste auch. Da war vermutlich gar kein Unterschied in seiner Fürsorge uns gegenüber und den anderen gegenüber.

Aber was war das dann mit Julie? Das konnte doch nicht sein Geschäftsinteresse gewesen sein, oder doch?

Ich löcherte Leo, wollte mit ihm darüber sprechen, aber er winkte nur ab, sagte, das wäre Julies und Themistoklis' Angelegenheit, das ginge nur die beiden etwas an. Nach diesem inhaltsreichen Austausch mit Leo war ich wieder einmal mehr der Überzeugung, dass Männer und Frauen total unterschiedlich tickten.

Abends aßen wir wieder in dem Hotel zu Abend, in das ich in ein paar Wochen mit Julie einziehen würde. Alles sah sehr ordentlich aus, fast ein wenig pompös kam es mir vor. Die Moussaka war ganz passabel und der Preis dafür war auch in Ordnung.

Später saßen wir dann doch wieder an der Poolbar im Vulcano Sunset. Themistoklis stand lässig an die Küchenzeile gelehnt und hat sich mit Leo unterhalten.

Ich bestellte bei dem Koch einen Fruchtcocktail aus frischem Obst und weil nicht alles aus dem Mixer in mein Glas passte, füllte er das Glas, nachdem ich es ausgetrunken hatte, noch einmal randvoll. Zwei Gläser zum Preis für eins, und ohne platzfüllende Eiswürfel, das fand ich sehr zuvorkommend. Und alles mit Zustimmung des Managers. Also sind wir doch spezielle Gäste?

Den ganzen Abend nahm ich Themistoklis ausgiebig unter die Lupe und befand, dass er nicht nur gut aussah, sondern auch sehr freundliche Augen hätte, dass er witzig und gebildet wäre, dass er wüsste, was er wollte und dass er dabei niemals selbstgefällig wirkte.

Seine dunkle-Stimme passte zu ihm und sein Humor war eine perfekte Mischung aus intelligenter Spitzfindigkeit mit persönlicher Note. Niemals war er verletzend und niemals war er bärbeißig oder streitsüchtig. Ich wunderte mich tatsächlich, dass er in seinem Alter noch keine Freundin haben sollte.

Dann überlegte ich, wie die Frau sein müsste, die zu ihm passen könnte. Entweder müsste sie unglaublich toll aussehen, raffiniert und erfahren sein oder sie müsste einfach nur sein Interesse wecken, egal, wie sie aussah. Er war vermutlich einer jener Männer, die sehr treu wären, wenn sie sich einmal entschieden hätten. Jedenfalls machte er bis jetzt nicht den Eindruck, er wäre ein nimmermüder Draufgänger.

Ich wusste, dass Julie in ihn verliebt war und ich konnte sie gut verstehen.

Ein paar Mal versuchte ich über Julie zu reden, um Themistoklis' Interesse an ihr auszuloten. Aber jedes Mal wenn ich ihren Namen erwähnte, warf er mir einen merkwürdigen Blick zu. Ertappt zog ich mich hinter Leos Rücken zurück und ließ die Männer alleine weiterreden.

Einen so eigenartigen Blick habe ich bei ihm noch nie gesehen. Ich schämte mich hinterher wie ein Teenager wegen meiner plumpen Beiträge. Zum Glück hatte Leo die Situation allzeit im Griff. Jetzt war es wieder gut, dass Männergespräche so ganz anders verliefen.

Kapitel 47

Themistoklis

Themistoklis hatte diesmal tief und fest durchgeschlafen. Der erste Blick nach draußen war sehr erfreulich, denn endlich war warmes, sonniges Wetter eingekehrt.

Nach dem Duschen entdeckte er bei einem Griff in die Wäscheschublade Julies Bilderrahmen wieder, den er wegen Angeliki dort versteckt hatte. Er sah sich die Fotomontage noch einmal genau an und musste dabei blöderweise an Angeliki und Efthimios denken. War es möglich, dass er zwei Leben lebte? Winterleben und Sommerleben im Wechsel der Jahreszeiten? Und wenn er zwei Leben hatte, welches davon war ihm wichtiger, welches wollte er wirklich?

Wie gerne würde er auf den Zug aufspringen, der hier gerade so langsam an ihm vorbei fuhr. Mit Julie könnte er vielleicht sein Sommerleben über den Winter hinweg retten. Aber war es möglich mit diesen Zug zu fahren oder tat sich hier nur gerade ein Fenster auf, das ihm einen Blick in die Welt Julies und Ihresgleichen erlaubte?

Es wurde immer deutlicher, dass er viel Geld verdienen müsste, um in seinen Entscheidungen endlich ganz frei zu sein. Nur ein finanziell unabhängiger Mann konnte seine Zukunft selbst gestalten.

Ein Blick auf die Uhr zeigte ihm, dass sein Arbeitstag längst begonnen hatte.

Leo und Katerina erzählten ihm nach dem Frühstück, dass sie nächstes Jahr hier im Hotel Leos Geburtstag feiern wollten und Themistoklis gefiel diese Vorstellung außerordentlich gut.

"Ich gebe für euch eine Mega-Pool-Party!", versprach er ohne darüber nachzudenken, wie er das genau arrangieren wollte. "Bis dann werden wir warmes Wasser im Pool haben und ihr könnt sogar nachts noch schwimmen gehen!", lachte er.

Er fand, dass das warme Poolwasser sein Hotel ziemlich aufwerten würde. Sein Hotel!

Und schon war er wieder bei seinem Geschäft.

Etwas später lockte der warme Vormittag Leo und Katerina an den Pool, wo sie sich gemütlich auf zwei Liegen niederließen. Weil Katerina ihre Liege in die Sonne drehte und ihm so direkt bei seiner Arbeit zusehen konnte, fühlte sich Themistoklis von ihr beobachtet. Aber auch die anderen Gäste hatten ihre Liegen in Richtung Sonne gedreht, so dass er nach einer Weile vergaß, sich kontrolliert zu fühlen. Vermutlich hielten sie alle unter ihren Sonnenbrillen die Augen sowieso geschlossen.

Zum Reinigen der Jacuzzis in den oberen Stockwerken hatte sich Themistoklis angewöhnt von außen über die Balkonbrüstungen zu steigen, damit er sich den langen Weg über die rückwärtigen Treppen und durch die Zimmer sparen konnte. Er hing gerade außerhalb der Mauerbrüstung im Obergeschoß, als er meinte Katerinas Blick zu spüren und als er zu ihr hinunter sah, bewegte sie

278

doch tatsächlich ihren ausgestreckten Zeigefinger so hin und her, dass kein Zweifel blieb, was sie damit meinte. Er grinste und fand, sie würde gut in eine griechische Familie passen und ausnahmsweise fand er ihre besorgte Art diesmal nicht nur mütterlich, sondern auch sehr sympathisch.

Mittags ging er noch einmal mit einem "Hallo" auf sie zu, als sie auf dem Weg zu ihrem Mietwagen war. Aber Katerina sagte nichts mehr über seine Turnübungen an der Außenwand, sie sagte nur, dass der Vormittag am Pool entspannend gewesen wäre und Themistoklis fand es bezeichnend, dass sie nie aneinander vorbei kamen, ohne sich über irgendetwas auszutauschen.

Den Nachmittag nahm er sich frei. Er entspannte sich an seinem Strand, bei seiner Taverne in Perissa. Er bestellte sich sein übliches Big-Sandwich, dazu eine Cola und verfiel in einen oberflächlichen Mittagsschlaf. Julie würde in vier Wochen hier sein und er dachte über den Begriff eines intakten Familienlebens nach. Eigentlich war er reif dafür und wenn er jemals heiraten sollte, dann müsste es so ein Mädchen wie Julie sein. Ein Mädchen das Verständnis für seine Arbeit hatte und das verliebt in ihn war. Ein Mädchen, das aus einer funktionierenden Familie kam, die ihn herzlich aufnahm und in der er sich wohlfühlte.

Von der Strandbar herüber tönte der Song: "Marry you" von Bruno Mars. "Eine wunderschöne Nacht, eine kleine Kapelle und wenn ich in deine Augen schaue, Baby, möchte ich dich sofort heiraten! Sag ja!"

Den Strandnachmittag genoss Themistoklis so sehr, dass er sich erst viel zu spät auf den Rückweg machte. Leo und Katerina warteten schon in seinem Büro auf ihn, sie wollten ihre Barrechnungen begleichen weil sie morgen abreisen mussten. Leo machte seine Scherze über die Rechnungen aus der Poolbar und Katerina steckte ihm ein wirklich großzügiges Trinkgeld zu. Alles wäre traurig gewesen, wenn er sich nicht darauf gefreut hätte, dass sie in vier Wochen mit Julie wieder kam.

Am Abend wurde es dann noch einmal richtig privat. Themistoklis ließ sich aus seiner Laune heraus sogar auf Gespräche über seine Familie ein. Er war selbst erstaunt, wie gerne er jetzt davon erzählte. Er schilderte fröhlich kleinere Familienbegebenheiten, die er längst vergessen glaubte, von Onkeln und Tanten, von Cousins und Cousinen. Nur die Sache mit seinem Vater klammerte er noch aus. Das brauchte niemand so genau zu wissen.

Leo kündigte an der Bar nochmals den Urlaub seiner Tochter an und weil der Koch sofort interessiert nach Julies Alter fragte, bemerkte Themistoklis zum ersten Mal, dass er so etwas wie Eifersucht verspüren konnte.

Den Koch ging Julies Alter gar nichts an.

Vor dem Schlafengehen stellte Themistoklis Julies Bilderrahmen so auf seine alte Kommode, dass er das Bild von seinem Bett aus gut sehen konnte. Endlich war es wieder Sommer!

Von seiner Winterdepression und von all dem was damit zusammenhing war nichts mehr spürbar.

Kapitel 48

Katerina, siebter Urlaubstag

Endlich schien die Sonne!

Schon am Morgen war es sommerlich warm. Keine Wolken mehr am Himmel, kein Wind! Santorini wie letztes Jahr im August.

Wir hatten ein nettes Gespräch mit einem Gast aus der Schweiz, der beneidenswerter Weise eines der renovierten Zimmer mit einem warmen Jacuzzi auf dem Balkon bekommen hatte. Wir kündigten auch gleich bei Themistoklis für nächstes Jahr unseren Besuch an. Dass er uns dann aber ganz sicher ein neues Zimmer geben müsste, sagten wir ihm. Themistoklis lachte und versprach uns eine Megaparty an der Poolbar und die ganze Nacht hindurch ein Bad im geheizten Pool.

Unseren letzten Vormittag konnten wir endlich auf der Terrasse in der Sonne verbringen. Meine Lieblingsmusik tönte auch wieder aus der Bar und mein ersehntes Santorini-Feeling stellte sich endlich ein.

Ich beobachtete die Aktivitäten auf dem Hotelgelände, welche Abläufe würde Julie miterleben, wenn sie hier arbeiten könnte?

Nur um den Ist-Zustand des Hotels und der Außenanlage zu erhalten, mussten nicht nur die Zimmer täglich gemacht, sondern auch die Poolterrasse jeden Tag geschruppt und gereinigt, der Poolboden gesaugt und die Außenmöbel abgewischt werden. Die Jacuzzis auf den Balkonen bedurften jetzt zusätzlich einer täglichen Säuberung, was offensichtlich wegen der Wasserhygiene Chefsache war.

Themistoklis turnte über die Balkone und ich konnte teilweise gar nicht hinsehen, wie waghalsig er da außen an der Brüstung klebte und von einem Balkon zum nächsten kletterte. Und weil das gefährlich aussah musste ich ihn von meiner Liege aus direkt mit dem ausgestreckten Zeigefinger ermahnen. Ob er meine Warnung sehen konnte?

Heute waren so viele Gäste auf dem Hotelgelände, dass ich mich nicht so fühlte als hätte gerade ich ein besonderes Verhältnis zu unserem Hotelmanager. Doch als wir am frühen Nachmittag wegfahren wollten kam uns Themistoklis dann doch wieder mit einem freundlichen "Hallo" entgegen und verwickelte uns in ein langes Gespräch. Daraufhin meinte sogar mein nüchterner Mann, dass Themistoklis zwar mit allen Gästen nett und zuvorkommend wäre, aber mit uns am meisten redete und lachte.

Warum war mir diese Einschätzung wieder einmal so wichtig?

Um die Endabrechnung zu begleichen fuhren wir am Nachmittag etwas früher ins Vulcano Sunset zurück, doch Themistoklis war nicht da. Der Koch sagte uns, sein Boss würde erst abends wieder hier sein. Anscheinend hatte unser Manager doch mehr Freizeit, als wir dachten.

Unser letzter gemeinsamer Abend am Tresen der kleinen Hotelbar verlief wieder sehr lustig. Themistoklis erklärte uns stolz, dass in Griechenland der Mann das Oberhaupt der Familie wäre und fügte dann aber kleinlaut hinzu, dass immer die Frau bestimmen würde, was gemacht wird. Wir lachten viel über einige typische Männer- und Frauenwitze und stellten fest, dass diese Witze offensichtlich international ziemlich gleich verstanden wurden.

Die Ankündigung meines Urlaubs mit Julie war dann auch noch ein voller Erfolg. Selbst der Koch hinter der Poolbar fragte das erste Mal neugierig nach, wie alt unsere Tochter eigentlich wäre. Leo sagte nur, sie wäre alt genug und wir mussten darüber alle herzlich lachen. Nur Themistoklis schaute irgendwie besorgt drein.

Kapitel 49

Themistoklis

Das schöne Wetter hielt an. Die Sonne wärmte jetzt endlich schon am frühen Morgen die gesamte Hotelanlage. Themistoklis war gutgelaunt, als er Leo und Katerina das Frühstück auf dem kleinen Tischchen mit Blick über die Caldera servierte. Er musste noch einmal die Sprache auf Julie bringen, um zu zeigen, dass er sich auf sie freute. Heute würden die beiden abreisen und er wollte auf keinem Fall, dass Katerina vergaß, mit Julie zu ihm ins Vulcano Sunset zu kommen. Das Wiedersehen war ihm jetzt wirklich wichtig geworden.

"Wenn du mit Julie hier bist, müsst ihr unbedingt zum Sonnenuntergang zu mir kommen. Jederzeit könnt ihr das, immer wenn ihr wollt", sagte er. Um seinen Wunsch noch gewichtiger zu machen erweiterte er sein Angebot noch damit: "Ich kann auch mal mit euch zum Essen gehen oder mit zum Strand fahren, wenn ich frei habe. Vielleicht könnten wir abends mal in einen Club gehen. Ich kann euch die Insel gerne mal aus meiner Sicht zeigen."

Katerina schaute ihn etwas ungläubig an. Er hatte wirklich noch nicht darüber nachgedacht, wie er das einrichten sollte und ob seine freie Zeit das zulassen würde, aber im Augenblick verspürte er massiv den Drang, dieses Angebot zu machen.

Er stand noch eine ganze Weile an ihrem Tisch und redete und redete, versprach was ihm gerade einfiel und hoffte, Katerina könnte damit die Dringlichkeit seines Wunsches nach einem Wiedersehen mit Julie nachempfinden.

"Ich kann euch nach dem Frühstück auch noch einige renovierte Suiten zeigen, heute Morgen sind viele Gäste abgereist", bot er den beiden noch an, weil Leo neulich interessiert danach gefragt hatte, ob er mal ein neues

Zimmer sehen könnte. Dieser Morgen bot sich geradezu dafür an, die beiden herumzuführen und wenn es ihnen gefiel, würden sie sicher gerne wiederkommen.

Themistoklis war stolz seine neuen Suiten präsentieren zu können. Die Möblierung der Zimmer gefiel ihm selbst und er wünschte sich nichts sehnlicher, als einmal privat genauso zu wohnen. Er hatte eine genaue Vorstellung, wie sein Heim aussehen müsste. Es freute ihn sehr, dass sich Katerina gar nicht mehr beruhigen konnte und bei allen Möbelstücken ein "Ah" ein "Oh" oder ein "Super" verlauten ließ. Das bewies ihm wieder einmal, wie sehr er mit ihr auf derselben Wellenlänge lag.

Als sie gemeinsam auf dem Balkon neben einem Jacuzzi standen, spürte er plötzlich Katerinas Hand an seinem Oberarm und sie sagte: "Don't climb outside the balconys, Themistoklis, it's very dangerous!" Dabei schaute sie genauso besorgt drein wie gestern, wo sie ihren Zeigefinger mahnend zu ihm empor hob.

Er dachte daran, wie lange sie wohl an diesem Satz geübt haben musste, um ihn jetzt so flüssig über die Lippen zu bekommen und das Ganze auch noch spontan aussehen zu lassen. Vermutlich hatte sie an diesem Satz schon gestern gebastelt, als sie noch auf der Liege am Pool lag und sie hatte dann nur darauf gewartet, ihn bei passender Gelegenheit anzubringen.

"Yes, Mama!", entkam es ihm. Sie sahen sich an und beide mussten sie herzhaft darüber lachen. Sie war eben doch wie eine Mutter zu ihm und er nahm ihr das in diesem Augenblick gar nicht übel.

Beim Abschied standen sie noch lange zusammen und Themistoklis wollte Katerina nicht ohne eine Umarmung gehen lassen. Aber als Leo dann den Anfang machte und ihm nur die Hand reichte, traute er sich auch nicht mehr seine Gefühle so nachdrücklich zu zeigen.

Der Abschied war aber deswegen nicht weniger herzlich und Themistoklis blieb noch solange am Tor stehen, bis ihr Auto aus seinem Blickfeld verschwunden war. Ihm war, als hätte er gerade zwei liebe Verwandte verabschiedet.

Dann stürzte er sich in seine Arbeit. Heute mussten jede Menge Zimmer für den Wechsel gesäubert werden und da gab es viel zu tun.

Themistoklis freute sich sehr auf die kommenden Wochen. Seine Arbeit würde ihm leicht fallen, denn schon bald würden Julie und Katerina bei ihm im Vulcano Sunset beim Sonnenuntergang sitzen.

Und zur Begrüßung wollte er sie, ganz ohne zu zögern, beide fest an sich drücken! Er konnte das direkt vor sich sehen.

Kapitel 50

Katerina, letzter Urlaubstag

Das Frühstück am Pool servierte uns Themistoklis freundlich wie immer. Er versicherte uns noch einmal, dass ich mit Julie in vier Wochen jederzeit zu ihm ins Vulcano Sunset kommen könnte, um mit ihr den Sonnenuntergang hier oben zu genießen und er versprach mir, uns in Perissa zu besuchen und mit uns essen zu gehen, was mich sehr freute nach all meinen Zweifeln.

Es waren viele Gäste abgereist und deswegen konnte uns Themistoklis noch ein paar renovierte Zimmer zeigen. Die luxuriösen Boxspringbetten wären extra aus London eingeflogen worden, erzählte er stolz.

Die Zimmer waren modern und stylisch und hatten wirklich tolle Bäder bekommen, mit großflächigen marmorierten Fliesen in dezenten Erdfarben, offene bodentiefe Duschkammern und die Waschschüsseln standen auf dicken Holzbrettern, ganz im Trend der Zeit. Die Zimmerböden waren jetzt aus glänzendem hellen Marmor und die Zimmerwände waren in einem hellem Vanilleton gestrichen.

Magenta farbige Blockstreifen und bunte, farblich passende Blumensträuße fanden sich auf der Tagesdecke und den zahlreichen Kissen, die am Kopfende der Betten und auf den Sofas in verschiedenen Größen drapiert waren. Alles sah sehr gemütlich und harmonisch aus, blitzsauber und ordentlich wie in einem Möbelhausprospekt. Und ein frischer Duft hing in allen Räumen.

Ich gab Themistoklis den mütterlichen Rat, dass er beim Rumturnen über die Balkone auf sich aufpassen müsse, worauf er lachte und mich Mama nannte.

Die Mietwagenrückgabe verlief völlig unproblematisch, nur auf dem Flughafen in Thira ging es wie immer sehr turbulent zu. Die Zwischenlandung auf Mykonos war diesmal so kurz, dass uns nicht einmal Zeit blieb, unseren Griechischen Kaffee auszutrinken.

Bis München hatten wir durch die runden Scheiben aus dem Flugzeug klare Sicht nach unten. Über Athen konnten wir das Olympiastadion, die Akropolis und den Hafen von Piräus erkennen und später lag noch die gesamte Alpenkette mit ihren immer noch beschneiten Gipfeln klar unter uns. Wie ordentlich und überschaubar die Welt aus dem Flugzeug heraus ist.

Abends chauffierte uns Julie mit ihrem ganz neu erstandenen Führerschein gleich zum hiesigen Griechen. Wir saßen im Biergarten und mussten feststelltn, dass die griechischen Kellner hierzulande unsere heimische Biergartenmentalität schon gut übernommen hatten. Sie waren nur begrenzt freundlich und überhaupt nicht persönlich. Dieser Unterschied gefiel mir an diesem Abend so gar nicht, weil er mich viel zu schnell aus dem Urlaub zurückholte und mir zeigte, wo ich zuhause bin. Zurück auf dem Boden dieser heimischen Tatsachen überfiel mich sofort wieder eine eigenartige Sehnsucht nach Themistoklis' Herzlichkeit.

Nur das Wetter! Das Wetter war an diesem Abend in München sehr viel besser als während unseres gesamten Urlaubs auf der griechischen Insel.

Kapitel 51

Julie

Julie hatte nur noch wenige Abitur-Prüfungen vor sich und bereits viel freie Zeit bis zum endgültigen Ende ihrer Schulzeit. Immer wieder musste die Mutter ihr Details aus dem Urlaub erzählen. Was hatte Themistoklis alles gesagt, wie hat er es gesagt und hat er sie dabei manchmal erwähnt?

Die Mutter war in ihren Erzählungen ein wenig zurückhaltend und erwähnte nur immer wieder, wie schön doch die Insel Santorini sei und wie toll das Hotel wäre, in dem sie bald Urlaub machen würden. Man müsse sehen wie es kommt, sagte die Mutter immer wieder, aber auch dass sich Themistoklis über ihr Kommen freute. Jedenfalls hätte er am letzten Tag noch so einiges versprochen.

Jede kleinste Kleinigkeit war für Julie von Bedeutung. Es motivierte sie, dass Themistoklis sich über den Besuch der Eltern gefreut hatte und dass es ihm offensichtlich nur an Zeit und Gelegenheit fehlte, den täglichen Chat mit ihr aufrecht zu erhalten. Es wäre auch nicht ganz klar, ob er den Computer im Büro überhaupt für seine privaten Zwecke nutzen dürfte, bemerkte der Vater. Julie war sehr glücklich darüber, dass Themistoklis sie nicht vergessen hatte und sie hatte jetzt keinerlei Zweifel mehr, dass er sie wirklich gern hatte.

Voller Vorfreude auf den Urlaub fuhr sie jede Woche zum Klamotten kaufen in die Stadt. Und sie brauchte einiges. Die langen Jahre in der klösterlichen Mädchenschule hatten eine langweilige Spur in der Auswahl ihrer Garderobe hinterlassen. Da war nichts Brauchbares dabei, was ein Mädchen in ihrem Alter auf einer Touristeninsel im Sommerurlaub hätte tragen können.

Eigentlich hätte Julie ihre Abiturreise auch gerne mit ein paar Freundinnen gemacht, aber keine der befragten Mädchen hatte Lust und Interesse sie auf eine griechische Insel zu begleiten. Und nach Spanien, zum exzessiven Abfeiern oder nach Schottland zum Wandern, wollte wiederum Julie nicht.

Ihre Mutter hatte vorgeschlagen vorsichtshalber noch einige schriftliche Bewerbungen mitzunehmen, um sie bei Bedarf zusätzlich in anderen Hotels vorlegen zu können. Das fand auch Julie eine gute Idee. Vielleicht klappte das mit dem Sommerjob in einer anderen Ecke Santorinis und damit könnte sie Themistoklis vielleicht in ihrer beider Freizeit treffen. Selbst das war eine sehr vielversprechende Option.

Die Mutter hatte ihr erzählt, dass Themistoklis versprochen hätte, für Julie überall herumfragen zu wollen. Wenn ihr Traum, mit Themistoklis hinter der Bar des Vulcano Sunset zu stehen und ihm beim Mixen der Cocktails zu helfen, schon nicht in Erfüllung gegangen war, so würde sie vielleicht in einem anderen Hotel etwas Ähnliches arbeiten können. Julie fühlte sich erwachsen genug, um einen längeren Aufenthalt auf einer griechischen Insel alleine zu stemmen.

Sie kaufte sich Schuhe, Tops, luftige Strandkleider und kurze Hosen und sie fand selbst, dass sie in allem umwerfend aussah. Es war zu schade, dass Themistoklis sie nicht schon jetzt in all den Sachen sehen konnte. Er wäre sicher sprachlos gewesen.

Immer wieder malte sie sich das Wiedersehen in den verschiedensten Varianten aus. Sie probierte mehrmals täglich an ihren Outfits herum bis klar war, was ihr besonders gut stand und was unbedingt in den Reisekoffer musste.

Das Wetter war jetzt auch in Deutschland anhaltend gut. Die Sonne schien jeden Tag und Julie konnte viel Zeit im Garten verbringen, was ihr den Urlaub schon zuhause näher brachte. Die Vorstellung, dass zu Hause die selbe Sonne am Himmel stand wie auf Santorini, gab ihr das Gefühl über einen Draht mit der Insel verbunden zu sein. Sie hörte aus dem Internetradio die gleiche Musik, die sie letztes Jahr an der Poolbar gespielt hatten und Julie kochte für sich und ihre Mutter jeden Tag Griechischen Kaffee, genau nach dem Rezept, das ihr Themistoklis so witzig über den Chat erklärt hatte. Sie fühlte sich fast, als stünde sie hinter dem Tresen des Vulcano Sunset.

Ihre Mutter war sich ganz sicher, wenn es irgendwie möglich wäre, dass sich Gedanken trotz kilometerlanger Entfernung miteinander verbinden könnten, dann müssten das die Gedanken von Julie und Themistoklis sein, denn solche Leidenschaft füreinander hätte sie noch nie erlebt, sagte sie.

Julies ungebremste Vorfreude ging unmittelbar auf ihre Mutter über und sie beide konnten es kaum erwarten, in den Flieger zu steigen und endlich loszudüsen.

Dann endlich waren sie da, die letzten Stunden bis zum Wiedersehen. Würde sie Themistoklis gleich mittags treffen oder erst abends? Würde er sich über sie genau so freuen, wie sie es sich dachte? Was wird er sagen, was wird er tun? Wieviel Zeit würden sie miteinander haben?

Julie war zapplig und aufgeregt und in der Nacht vor dem Abflug konnte sie kaum schlafen.

Kapitel 52

Urlaub

In aller früh weckte mich ein Albtraum:

Themistoklis schimpfte mit mir, weil ich immer noch kein Englisch sprechen konnte, dann gerieten Julie und ich in einen Tumult mit randalierenden Jugendlichen. Zu guter Letzt hing ein mit Schläuchen versorgter Schwerverletzter direkt über mir und meinem Bett.

Schweißgebadet wachte ich auf. Ich betete gleich mehrere Vaterunser und hoffte, das würde jetzt in Ordnung kommen und unser Schutzengel hätte damit seine Startposition eingenommen.

Unser Flug verlief einwandfrei und Julie und ich kamen ohne Verzögerung auf dem Flughafen von Thira an.

Im Hotel wartete bereits ein junger Grieche von der Autovermietung auf uns und wir konnten unser Auto für die nächsten Tage sofort übernehmen. Wir bekamen das gleiche Modell wie ich im letzten Urlaub mit Leo hatte, so würde die Bedienung des Wagens mir also nicht viele Probleme machen. Der junge Grieche gab uns noch den Rat außerhalb der Strandpromenade zu parken, weil die Promenade abends gesperrt werden würde und wir dann das Gelände nicht mehr verlassen könnten.

Unsere Hotelanlage sah sehr vielversprechend aus. Es gab zwei Pools, zwei Bars, ein Restaurant, eine hauseigene Taverne und viele zusätzliche Tavernen, Bars und Souvenir-Shops auf der Strandpromenade, die direkt vor unserem Hotel begann.

Langweilig würde es Julie und mir hier nicht werden.

Leider lag unser Zimmer im Souterrain und bot uns nur den Ausblick auf die Füße der vorbeilaufenden Poolgäste. Ich beschwerte mich beim Hotelmanager darüber und sagte ihm, dass ich das Souterrain schon sieben Tage aushalten könne, dass ich aber auf der Touristenplattform im Internet schreiben werde, dass man beim Onlinebuchen betrogen wird. Von Souterrain stand nichts in meiner Buchung, ich hatte Meerblick angekreuzt. Der Hotelmanager entschuldigte sich vielmals, aber er könne nichts für uns tun, sagte er.

Julie und ich packten dann in unserem Kellerzimmer sofort die Koffer aus und verstauten sämtliche Kleidung in die großen Schubladen einer riesigen Kommode. Unsere Kosmetikdöschen und -fläschchen drapierten wir auf der Ablage um das Waschbecken herum und unsere vielen Schuhpaare stellten wir übersichtlich unter die Bank an der Garderobe. Die leeren Koffer verschwanden in dem großen Einbauschrank, damit sie uns in dem kleinen Zimmer nicht im Weg stehen würden. Bereits nach kurzer Zeit sah es aus, als wohnten wir schon tagelang hier in diesem Zimmer.

Plötzlich klingelte das Haustelefon und wir waren überaus neugierig, wer das sein könnte. Wer sollte uns hier anrufen, wusste doch niemand, außer Themistoklis, dass wir hier sind. Schon jetzt eine Verabredung?

Dann war es aber nur der Hoteldirektor.

Er bat uns zu sich an die Rezeption zu kommen. Er entschuldigte sich abermals dafür, dass bei der Buchung etwas schief gelaufen wäre und bot uns an in ein anderes Hotel umzuziehen. Das Hotel läge etwas außerhalb Perissas, leicht zu finden, meinte er, zwar direkt an der Straße, aber wenn wir mit dem Umzug einverstanden wären, könnten wir jeden Abend zum Essen hierher kommen, für umsonst, versprach er. Und weil es sich vermutlich um einen sehr großen Fehler gehandelt haben musste, versprach er uns für das nächste Jahr noch zusätzlich eine Woche für zwei Personen gratis in seinem Hotel. Aber dann bestimmt mit Meerblick!

Wir sollten uns das überlegen, meinte er und wir fragten uns, was da wohl schief gelaufen sein mochte.

Ich versprach, dass wir darüber nachdenken würden.

Weil wir es kaum erwarten konnten, fuhren wir sofort hoch zum Vulcano Sunset, um Themistoklis schon mal guten Tag zu *sagen und ihm zu zeigen, dass wir ab heute auf der Insel wären. Hinterher wollten wir gleich noch die obligatorischen Wasservorräte für unseren Urlaub einkaufen.*

Kapitel 53

Themistoklis

Die Nacht war viel zu kurz gewesen, um sich richtig zu erholen. Themistoklis konnte sich nicht gleich so richtig aufraffen und beschloss erst einmal eine kalte Dusche zu nehmen, um seinen Kreislauf in Schwung zu bringen.

Sein Arbeitstag war jetzt immer sehr lang und seine Aufgaben waren noch umfangreicher geworden, obwohl die Hauptsaison gerade erst anfing. Die Sonne brannte jetzt tagsüber heiß vom Himmel und die Nächte kühlten die Luft kaum noch ab. Der Wind, der im Frühjahr noch scharf und kalt über die Insel blies, hatte sich in ein laues Lüftchen verwandelt.

Niemand hätte je daran gedacht, dass das Hotel schon im zweiten Jahr komplett ausgebucht sein würde. Themistoklis wusste, dass der Tag wieder heiß und anstrengend werden würde und er nahm sich vor, sich bei seiner Arbeit nicht schneller, als unbedingt notwendig zu bewegen.

Als er nach der kühlen Dusche in die Wäscheschublade griff, blieb sein Blick an Julies Bilderrahmen hängen, den er sich dekorativ auf die Kommode gestellt hatte. Irgendwann in diesen Tagen, wollte sie doch hier sein. Dumm, dass er sich das genaue Datum nicht aufgeschrieben hatte. Aber die vier Wochen waren sicher vorbei und wenn er Katerina richtig verstanden hatte, waren sie und Julie vielleicht schon auf der Insel angekommen. Diese Möglichkeit verlieh ihm einen ganz neuen Schub, der ihn mehr weckte, als die kühle Dusche zuvor.

Die letzten Gäste waren gerade mit ihrem Frühstück fertig und Themistoklis hatte sich eben zwei Handwerkern zugewandt, die gekommen waren, um die fehlenden Außenlampen zu installieren, als ein dunkles Auto vor dem Hotelgelände parkte. Themistoklis kannte den Wagen nicht, es mussten also Touristen sein. Er erwartete heute keine neuen Gäste, aber hin und wieder kam es vor, dass jemand kurzfristig nach einem Zimmer bei ihm fragte, ohne es vorher gebucht zu haben.

So war er gespannt, wer aussteigen würde.

Als er das dunkelhaarige Mädchen sah, erkannte er Julie sofort wieder. Unerwartet schlug sein Herz fast doppelt so schnell. Sofort ließ er die Handwerker ohne ein Wort zu sagen einfach stehen und eilte ihr entgegen.

Er hatte sich schon öfter vorgestellt, wie es sein müsste sie zu umarmen und erstaunlicher Weise fühlte es sich besser an, als gedacht. Eine ganze Weile hielt er sie deswegen so in seinen Armen.

296

Adelphias Reden, Angelikis fragwürdige Freundschaft zu ihm, der lange Winter, alles war vergessen. Julie war wieder in sein Leben getreten und sie gefiel ihm noch besser, als letztes Jahr. Sie wirkte plötzlich viel erwachsener, als er sie in Erinnerung hatte.

Jetzt stieg auch Katerina aus dem Wagen und kam auf ihn zu und er spürte, wie selbstverständlich ihm ihre Gegenwart jetzt schon war. Auch sie schloss er sofort in seine Arme, als wäre sie gerade nach Hause gekommen.

Er hätte Julie und Katerina gerne in sein Büro gebeten, aber die Handwerker warteten auf seine Anweisungen. Sie hatten ihr Werkzeug bereits zur Seite gelegt und nutzten seine Abwesenheit für eine Zigarettenpause. Themistoklis wusste, sie würden nichts tun, bis er zu ihnen zurück käme.

Auch Nicolesku hatte sich schon für diesen Vormittag angekündigt und konnte jeden Moment auf dem Gelände erscheinen.

Im Augenblick konnte er den Beiden also nichts anderes anbieten, als ein kurzes "Hallo" und ein paar nette Worte an Ort und Stelle. Vielleicht wollten sie einen Kaffee an der Bar?

Es gab keinen beruflichen Grund, sich mit Julie und Katerina aufzuhalten. Sie waren nicht als Gäste des Hotels gekommen. Es gab keinen Formalismus zu erledigen, kein Zimmer, das er ihnen zeigen konnte und nicht einmal an den Pool konnte er sie bitten, weil an diesem Vormittag alle Liegen von den Gästen des Vulcano Sunset selbst belegt waren.

"Wirklich schön, euch wiederzusehen!", sagte er noch einmal und fragte sie nach ihrem Befinden und ob die Reise gut war. "Leider habe ich jetzt gerade wenig Zeit, aber ich würde mich sehr freuen, wenn ihr heute Abend zum Sonnenuntergang herauf kommen würdet", schlug er vor und wünschte sich, dass sie ihm das zusichern würden.

"Ich werde hier sein und dann können wir miteinander reden!", versprach er und hoffte, dass Nicolesku nicht wieder den ganzen Abend auf dem Gelände herumstand.

Jeden Abend war der Chef jetzt da. Manchmal war es notwendig, aber die meiste Zeit war es eher lästig wenn Nicolesku über jede kleinste Kleinigkeit informiert werden und gar nicht mehr gehen wollte.

Julie und Katerina sagten für den Abend sofort zu und dann verabschiedeten sie sich auch schon wieder von ihm. Sie hätten noch einiges zu erledigten, meinten sie. Viel zu schnell ging das alles, fand Themistoklis im Nachhinein. Er sah ihnen noch nach, bis sie mit ihrem dunklen Auto um die Ecke verschwunden waren.

Sein Telefon vibrierte.

Themistoklis trug seine zwei Telefone in den komfortablen Außentaschen seiner Dreiviertelhose immer bei sich. Eins links und eins rechts am Hosenbein. Rechts war beruflich, um den Kontakt mit seinen Mitarbeitern zu halten und seine Erreichbarkeit im Hotel zu garantieren und links steckte das private. Seine persönliche Nummer hatten bisher nur seine engsten Freunde, wozu selbstverständlich Adelphia und Angeliki gehörten.

Er wusste deshalb sofort, dass ein Vibrieren auf der linken Seite außeramtlich war. Er tippte auf Angeliki.

Sie rief ihn fast täglich und manchmal sogar mehrmals täglich an. Irgendeinen fadenscheinigen Grund konnte sie immer finden und am Ende jeden Gesprächs war der Wunsch sich mit ihm zu verabreden. Ein Wunsch, den sie niemals aufgab, obwohl Themistoklis sie meistens abwies.

"Was ist los", fragte er genervt über die bekannte Störung ins Telefon. Er war gerade noch so gut gelaunt und zuversichtlich und jetzt fühlte er sich von ihr abrupt in die Realität zurück geholt.

"Heute wir gehen essen zusammen?", Angeliki kam schnell auf den Punkt, wahrscheinlich merkte sie bereits an seiner Stimme, dass er keine Lust auf ihren Anruf hatte. Sie reagierte stets sofort auf seine Launen und ihre Anpassungsfähigkeit war unglaublich. Genau das machte es so schwierig, sie wieder los zu werden. Sie war wie eine Klette, die sich jeder Bewegung anpasst und sich nicht mehr abschütteln ließ.

"Ich weiß noch nicht." Themistoklis überlegte gar nicht, sondern ergänzte schnell und abschließend: "Ich habe voraussichtlich die ganze Woche keine Zeit. Sobald ich mehr weiß und wieder Zeit habe, melde ich mich bei dir!"

Und damit legte er grußlos auf. Mochte sie denken, was sie wollte. Er jedenfalls wollte sie die nächsten Tage nicht sehen. Sein Sommer in der Gestalt von Julie war gerade angereist, um ihn völlig einzunehmen und er hatte sich vorgenommen, das zuzulassen. Außerdem hatte er tatsächlich rund um die Uhr zu tun und sich um seine Gäste zu kümmern. Für die nächste Woche sah er absolut keinen Raum auf Angelikis Forderungen einzugehen.

Themistoklis war klar, das Angeliki am anderen Ende jetzt erst einmal stutzte. Irgendetwas lief schon seit einiger Zeit zwischen ihnen nicht mehr rund, das musste sogar sie merken. Vermutlich würde sie sich jetzt gleich mit Adelphia austauschen. Die beiden jungen Frauen waren seit einiger Zeit Freundinnen geworden und wenn es darum ging, sich in sein Leben einzumischen, hielten sie seit Neuestem schwesterlich zusammen. Es konnte gut sein, dass sich Adelphia demnächst deswegen noch selbst bei ihm melden würde. Wenigstens hatte Nicolesku das Personal im Vulcano Sunset, mit dem Koch in der Bar, so weit aufgestockt, dass Adelphias Hilfe so schnell nicht mehr gebraucht wurde.

Dann beschloss Themistoklis sich auf den Abend zu freuen. Er sah sich schon mit Julie an der Bar stehen und sie würden sich sicher viel zu erzählen haben Eine lange Zeit lag zwischen dem letzten Kontakt und diesem Urlaub.

Aber am Abend kam alles anders, als geplant. Zuerst buchten zwei Gäste aus der Hochzeits-Suite eine Weinprobe bei ihm und dann tauchten auch noch Nicolesku und die Personalchefin auf dem Hotelgelände auf.

"Wir haben noch etwas Wichtiges zu besprechen", deutete Nicolesku an. "Wir sehen uns gleich in deinem Büro."

"Es dauert noch etwas, ich habe eine gebuchte Weinprobe", entschuldigte sich Themistoklis und gab erst einmal die Order an den Koch, bestimmte Weine aus der Region aus dem Regal zu holen. Was Nicolesku und die Personalchefin gerade heute von ihm wollten, war ihm ein Rätsel. Alles lief hervorragend auch ohne die beiden und diesen Abend hätte er viel lieber an der Bar verbracht.

"Welche Weine willst du anbieten?", fragte der Koch aus der kleinen Küche.

"Die Liste liegt auf der Ablage neben der Kiste mit den Erdnüssen und es ist immer die gleiche Reihenfolge bei jeder Weinprobe." Themistoklis wäre am liebsten selbst in die Küche geeilt. In manchen Dingen war der Koch einfach zu wenig lernbereit und er musste ihm oft jeden Schritt vorsagen.

Und mitten in dem ganzen Durcheinander bogen Julie und Katerina pünktlich zum Sonnenuntergang um die Ecke und kamen an die Poolbar. Themistoklis' Laune verbesserte sich augenblicklich und das, obwohl er bereits wusste, dass er für die beiden nicht viel Zeit haben würde.

Die Gelegenheit Julie zu umarmen, nutzte er trotzdem ausgiebig. Dann stellte er ihr sofort den neuen Koch in der Bar vor, weil dieser so überaus neugierig heraus lugte und in Landessprache fragte, ob das jetzt die Tochter wäre, die der Deutsche vor ein paar Wochen angekündigt hatte, weil die Frau würde er noch kennen.

"Ist sie jetzt als Gast hier oder als deine Freundin?", fragte er auf Griechisch.

"Für dich ist sie auf jeden Fall ein Gast und behandle sie freundlich", stellte Themistoklis ebenso in Griechisch klar.

Manchmal war es gut, wenn die Gäste nicht alles verstehen konnten.

So belehrt fragte der Koch sofort geschäftsmäßig bei Julie nach, was sie trinken möchte und Themistoklis bot seinen Gästen an, sich doch an die Caldera zu setzen, um den Anblick der untergehenden Sonne besser genießen zu können, er würde die Drinks sofort bringen. Außerdem wollte er nicht, dass sein Koch Julie persönliche Fragen stellte, aber das sagte er nicht.

Julie machte sich auch gleich auf den Weg zu den kleinen Tischen am anderen Ende der Terrasse. Zum Glück waren außer der Weinprobe keine weiteren Hotelgäste auf dem Gelände. Themistoklis fand das eine gute Fügung.

Ganz ungeniert sah er Julie hinterher. Er konnte gar nicht fassen, wie erwachsen sie geworden war.

Sie hatte jetzt noch mehr von dem, was eine junge Frau haben sollte und alles an der richtigen Stelle. Er erinnerte sich an den blauen Bikini im letzten Jahr und an die griechischen Buchstaben und an das aufregende Gefühl in ihrer Nähe. Sein Blick war noch gefangen, als ihm der

Koch die Gläser hinstellte und feixte: "Du kannst ihr ja damit mal hinterher laufen, hier ist was zu trinken für die junge Dame."

Themistoklis war ruckartig wieder bei der Sache. Er eilte mit den Getränken hinterher und stellte sie auf dem Tischchen vor Julie und Katerina ab. Gerne wollte er noch etwas Persönliches sagen, aber alles was ihm einfiel, war in der Gegenwart Katerinas nicht angebracht. Was ihm auf der Zunge lag, war einzig für die Tochter bestimmt.

"Wir könnten in den nächsten Tagen mal zum Baden gehen. Ich werde mir die Telefonnummer eures Hotels heraussuchen und ich versuche mich zu melden, wenn ich Zeit habe. Wir könnten auch mal zusammen was Essen gehen oder später am Abend, wenn ich mich frei machen kann, in einen Club gehen", versprach er deswegen für beide passend.

Er wählte seine Worte so, dass der Ausgang der nächsten Tage, trotz aller Zusagen, offen blieb. Er konnte sich, obwohl er das gerne gewollt hätte, noch nicht festlegen.

Er war nicht fertig mit seinen Zugeständnissen, als die Personalchefin auf der Bildfläche erschien. Vermutlich kam sie jetzt persönlich, um nach ihm Ausschau zu halten und ihn daran zu erinnern, dass sie beide noch einen Termin mit Nicolesku hatten, der bereits im Büro wartete.

Themistoklis winkte sie herbei, um ihr zu zeigen, weswegen er aufgehalten wurde und um ihr die deutsche Familie vorzustellen, die sie vor einem halben Jahr von einem Hotel zum anderen chauffiert hatte und mit denen sie hinterher noch so nett ins Gespräch kam.

Tatsächlich kam sie auch sofort freundlich winkend angelaufen. Vermutlich erinnerte sie sich deswegen so schnell wieder, weil ihr Themistoklis Julies Bewerbungen erst vor kurzem noch gezeigt hatte.

"Ah, ich erinnere mich", kam sie mit ausgestreckter Hand auf Katerina und Julie zu. "Sind sie wieder hier auf Santorini? Themistoklis hat mir von der Bewerbung hier im Hotel erzählt, aber wir hatten schon genug Helfer für dieses Jahr eingestellt."

Themistoklis hoffte, dass sie nicht erwähnen würde, dass er ihr die Unterlagen erst vor kurzem gezeigt hatte. Aber sie war professionell genug, das nicht zu tun.

"Es tut uns allen so leid", sagte sie stattdessen, "dass wir Julie nicht nehmen konnten, sie kann es ja nächstes Jahr noch einmal versuchen. Wir haben im Team viel darüber gesprochen, aber ich finde Julie noch zu jung und wir arbeiten hier den ganzen Tag, sieben Tage die Woche, bestimmt wäre ihr das alles viel zu viel und es gibt auch viele schwere Dinge zu heben und zu transportieren, das ist für ein Mädchen in ihrem Alter doch sehr anstrengend und es war auch nicht ganz klar, wo wir sie hätten unterbringen können, wo sie schlafen kann, und nur in der Küche arbeiten, das hätte ihr sicher nicht gefallen und ich weiß auch nicht, ob es für sie besser wäre, erst die griechische Sprache zu lernen, es wäre gut das zu können, weil wir doch viel mit einheimischen Lieferanten zu organisieren haben. Vielleicht kann sie für ihre Ferien in diesem Jahr noch etwas anderes finden, nur hier auf der Insel weiß ich gerade nichts, aber sie kann es überall versuchen, man weiß ja nie. Ich hoffe sie verstehen uns. Ich wünsche ihnen noch einen wunderschönen Abend hier an der Caldera und ich hoffe sehr, dass ich sie nächstes Jahr wieder als unsere Gäste im Vulcano Sunset begrüßen darf."

Dabei sah sie Katerina überaus liebenswürdig an und reichte ihr schon mal die Hand zum Abschied hin: "Ich würde mich wirklich sehr darüber freuen, wenn sie bei uns logieren. Sie sehen ja, wie schön hier alles geworden ist." Damit machte sie noch eine ausschweifende Handbewegung über den gesamten Poolbereich bis hin zum Hauptgebäude.

Themistoklis wunderte sich wie immer, wenn er sie sprechen hörte, dass jemand ohne Luft zu holen so lange reden konnte. Katerina machte einen verdutzten Eindruck, höchstwahrscheinlich hatte sie gar nichts von dem verstanden, was seine Chefin sagte, aber Julie würde ihr das sicher gleich übersetzen.

Er sah auf Julie und hatte wieder ein schlechtes Gewissen, dass er die Bewerbung nicht ernst genug genommen und sie nicht rechtzeitig weitergeleitet hatte. Er hätte sich mehr einsetzen müssen, das war ihm jetzt klar. Seine Chefin war aber erfahren genug, niemanden spüren zu lassen, dass hier etwas versäumt wurde. Mit ihrer Loyalität konnte er rechnen. Niemand schwärzte hier den anderen vor den Gästen an. Das war unumstrittenes Personalgesetz.

"Ich darf mich dann verabschieden, wir haben noch zu tun", sagte seine Chefin und lächelte freundlich. "Sie wissen ja, den ganzen Tag und ohne Wochenende. Meine Familie jammert schon, weil ich nie zu Hause bin", legte sie noch nach und zu Themistoklis gewandt sagte sie: "Kommst du gleich ins Büro?"

"Ich komme sofort", versicherte er ihr. "Ich serviere nur noch den bestellten Wein am Nebentisch."

"Dann bis gleich, wir warten auf dich!" Damit war sie auch schon auf dem Weg ins Büro.

Die Weinprobe am Nebentisch war von zwei Männern bestellt worden, die sich die Hochzeits-Suite im Vulcano Sunset gebucht hatten. Sie sahen ihm schon wartend entgegen. Themistoklis entging nicht das Zwinkern im Auge des einen. Normalerweise hätte er noch ein paar nette Sprüche losgelassen und wäre vielleicht auf den kleinen Flirt eingegangen. Er war eben ein Vollprofi, wenn es galt Umsatz zu machen.

Aber mit Julie und Katerina am Nachbartisch fand er die Angelegenheit jetzt peinlich und deswegen stellte er den beiden Männern die Flasche Inselwein nur mit einer kleinen Geschichte vor, bevor er jedem ein halbes Glas davon als Kostprobe einschenkte. So wie sie ihn dabei ansahen ahnte er, dass sein Aussehen und sein Wesen bei den beiden Männern gut ankam.

Themistoklis hatte schon bemerkt, dass Katerina und Julie die Köpfe zusammen gesteckt hatten und jetzt ganz sicher darüber rätselten, wie die beiden Männer zusammengehörten. Wenn sie erst wüssten, dass die beiden in einem Bett schliefen, wären sie sicherlich noch mehr erstaunt gewesen.

Die Aufforderung seiner Chefs ins Büro zu kommen, kam ihm jetzt direkt gelegen. Er wollte niemandem Anlass zu Spekulationen geben und so entschuldigte er sich bei den Männern höflich, dass er die Weinprobe unterbrechen müsste. Dann eilte er zum Tresen und beauftragte seinen Koch die nächsten Flaschen an den Männertisch zu bringen.

"Du machst das schon", zwinkerte er ihm zu. "Bei deiner Figur mach ich mir da weniger Sorgen" und dabei deutete er sich auf seinen eigenen flachen Bauch, wohlwissend, dass der Koch dabei an seinen runderen dachte.

Dann ging Themistoklis ins Büro, wo Nicolesku und die Personalchefin schon an seinem Schreibtisch saßen. Sie sprachen über die ausgebuchten Suiten und Themistoklis zeigte ihnen, welche Handwerksleistungen noch abgerechnet und angefordert werden mussten. Er war ganz bei seinem Geschäft, obwohl er hin und wieder an Julie da draußen denken musste, die jetzt zum Greifen nah bei ihm an der Caldera saß und dem Sonnenuntergang zusah. Nur einen Steinwurf von ihm entfernt, ohne dass er, wie er es geplant und versprochen hatte, bei ihr sein konnte.

Er hoffte, dass er später noch Zeit für sie hätte und dass sie auf seine Rückkehr warten würden.

Aber er kam bis in die Nacht hinein nicht weg und als Themistoklis viel später nach draußen ging, war es längst dunkel und kühl geworden. Viel zu kühl!

Kein Wunder, dass Julie und Katerina längst abgefahren waren.

Themistoklis war enttäuscht, aber was hätte er an der Situation ändern können? Seine Arbeit war seine Arbeit und sie war für ihn nun einmal überlebensnotwendig.

Er plauderte noch eine Weile mit seinem Koch. Wollte von ihm wissen, ob die beiden noch etwas gesagt hätten und wann sie gegangen waren.

Aber der Koch konnte ihm nichts Genaueres sagen, dunkel sei es schon gewesen und Grüße an ihn hätten sie noch in Auftrag gegeben. Dann machte er noch ein paar Scherze zu seiner Weinprobe mit den Männern und kurz nach Mitternacht räumten sie gemeinsam die Küche auf, löschten die Laternen am Pool und machten sich auf den Weg in ihre Zimmer.

Ungewöhnlich deprimiert schlief Themistoklis in dieser Nacht ein.

Kapitel 54

Katerina, erster Urlaubstag

Als wir im Vulcano Sunset ankamen, nahm Themistoklis Julie sofort in seine Arme und begrüßte sie herzlich. Selbst mich umarmte er und drückte mir links und rechts ein Küsschen auf die Wange, als hätte er lange auf uns gewartet.

Wir mussten ihm fest versprechen, noch diesen Abend zum Sonnenuntergang ins Vulcano Sunset zu kommen.

Gutgelaunt verbrachten wir den Nachmittag am Strand von Perissa. Zum Abendessen fuhren wir in eine Taverne ganz in der Nähe des Vulcano Sunset, um nur ja nicht den Sonnenuntergang bei Themistoklis zu versäumen.

Er begrüßte uns wieder sehr freundschaftlich. Wir sollen uns ein Tischchen an der Caldera nehmen, bot er uns an. Julie stolzierte in ihren ausgefransten Beachhöschen schon mal hüftschwingend voraus und Themistoklis' verträumter Blick hing ihr eine ganze Weile hinterher.

Meine Tochter scheint eine ernstzunehmende junge Dame geworden zu sein.

Themistoklis brachte uns die Getränke an den Tisch und er war sehr guter Dinge dabei und Julie war felsenfest davon überzeugt, dass alles richtig lief.

Doch Themistoklis' Chef war wieder auf dem Gelände und die Griechin, die uns bei unserem ersten Urlaub so freundlich chauffiert und sich als Personalchefin vorgestellt hatte. Sie kam dann auch gleich auf uns zu und begrüßte uns mit einem freundlichen Händedruck und einem unablässigen Redeschwall.

Ich dachte, sie wollte gar nicht, dass Julie oder ich zu Wort kommen könnten, denn noch ehe wir Luft holen konnten, war sie auch schon wieder davon geschwebt.

Themistoklis servierte zwei Tische weiter eine Flasche Rotwein an zwei Männer, die ganz offensichtlich nicht nur gute Freunde miteinander waren.

Ich stupste Julie an und deutete ihr leise, sie solle mal schauen, wie die beiden Themistoklis anstrahlten. Offensichtlich gefiel der athletische junge Grieche mit seinem Dreitagebart und dem dichten schwarzen Haar nicht nur den Mädchen gut.

Und dann verschwand Themistoklis und tauchte nicht wieder auf.

Später brachte der Koch noch eine zweite Flasche Wein an den Nachbartisch. Einer der beiden Männer beschwerte sich, dass er die Weinprobe beim Chef persönlich gebucht hätte und auch von ihm persönlich bedient werden wollte. Aber der Koch ließ sich nicht abwimmeln und erklärte ihm höflich aber bestimmt, dass der Chef verhindert wäre und die Weinprobe jetzt seine Angelegenheit war. Die Herren haben das zutiefst bedauert und laut überlegt, ob sie nicht lieber dann morgen Abend mit der Verkostung weiter machen sollten.

Julie und ich verließen kurz nach zweiundzwanzig Uhr das Vulcano Sunset wieder, weil es nicht danach aussah, als ob Themistoklis irgendwann noch einmal aufkreuzen würde. Wir verabschiedeten uns ersatzweise beim Koch und ließen noch viele Grüße an den Manager ausrichten.

Kapitel 55

Themistoklis

Der erste Abend mit Julie war dumm gelaufen. Themistoklis bedauerte, dass er nicht mehr Zeit für sie aufbringen konnte. Aber es half nichts. Schon am nächsten Morgen jonglierte er wieder wie üblich mit seinen Frühstückstabletts die vielen Treppen rauf und runter.

Dass die beiden gestern seine Rückkehr aus dem Büro nicht abwarten wollten, hätte auch bedeuten können, dass sie gar nicht seinetwegen gekommen waren und Adelphia damit recht hatte, dass er nur ein Urlaubsflirt oder die Schnittstelle zu einem Ferienjob war. Doch diesen Gedanken schob er schnell wieder von sich.

Zusehends nervte ihn in letzter Zeit die ständige Anwesenheit Nicoleskus. Fast jeden Tag kam der Boss jetzt und blieb oft bis in die Nacht hinein, um ihn mit allen möglichen Informationen vollzustopfen und ihn über das Hotel und die Gäste auszuquetschen. Das war völlig unnötig. Schließlich hatte Themistoklis doch bereits im letzten Jahr bewiesen, dass er das Hotel im Griff hatte und er keine Hilfe in der Verwaltung brauchte. Was sollte sich denn täglich ändern? Nur weil die Zimmer jetzt renoviert waren, hieß das doch nicht, dass es mehr Aufwand kostete, das Vulcano Sunset zu führen. Die Gäste waren mit seiner Arbeit zufrieden und bei den An- und Abreisen gab es soweit keine Probleme mehr. Sogar die Überbuchungen, für die das mangelhafte Computersystem verantwortlich gemacht werden musste, bügelte er jedes Mal professionell wieder aus. Seine Gäste schätzten ihn, das wusste er, und wenn er wirklich Fragen hätte, würde ein Telefonat mit dem Boss ausreichen.

Dann rief auch noch Angeliki an. Sie hatte, ihrer Stimme nach zu urteilen, äußerst schlechte Laune.

"Heute ich komme an die Beach", hörte er sie sagen. "Wir treffen uns in Perivolos. Komm sicher, ja? Ich muss dringend reden mit dir", und damit legte sie gleich wieder auf, noch ehe er etwas erwidern konnte.

Das bedeutete nichts Gutes. Eine Absage würde sie in dieser Stimmung nicht dulden und bevor sie wieder anderweitig Probleme machte oder gar wieder unaufgefordert hier im Hotel antanzte, traf er sie lieber am Nachmittag in Perivolos zum Essen, das war noch das kleinere Übel. Es würde ihm schon etwas einfallen, damit er die nächste Zeit Ruhe vor ihr hatte.

Kurz nach Mittag, nachdem er sich versichert hatte, dass seine Anwesenheit im Hotel nicht mehr erforderlich war, fuhr er los in Richtung Perivolos. Unterwegs telefonierte er vorsichtshalber noch einmal mit Angeliki, um den genauen Treffpunkt auszumachen. Telefonieren während der Fahrt war für ihn kein Problem. Niemals hatte er das Gefühl, es könnte der Verkehrssicherheit schaden.

Mit Leo hatte er darüber schon gewitzelt, weil Leo meinte, er hätte beobachtet, dass sämtliche Busfahrer hier auf der Insel mit dem Handy am Ohr ihrer Arbeit nachgingen. Themistoklis hatte darüber gelacht und ihm scherzhaft erklärt, die Busfahrer würden den Stress mit der Freundin immer unterwegs klären, denn das wäre der sicherste Abstand. Er schmunzelte, weil es bei ihm jetzt genauso war.

"Wo sehe ich dich?", fragte er sie kurz angebunden am Telefon.

"Oh, so sorry!", kam es vom anderen Ende. "Ich habe vergessen zu sagen, ich bin noch in Arbeit und kann erst viel später kommen. Du noch da um vier Uhr?"

"Vier? Nein ganz sicher nicht. Da bin ich längst wieder im Hotel."

Er ärgerte sich über diesen verplanten Nachmittag. Das war typisch Angeliki. Um sich seiner sicher zu sein, reichte es ihr schon zu wissen, dass er sich Zeit nehmen würde, wenn sie es darauf anlegte. Er war sehr ärgerlich darüber, weil er seinen freien Nachmittag auch anders hätte organisieren können und vor allem, weil er ihr wieder nachgegeben hatte.

Kurzerhand beschloss er dann nicht nach Perivolos, sondern nach Perissa zu fahren, wo er seine Stammkneipe hatte und sein gewohntes Big-Sandwich bekommen würde. Es hatte etwas Beruhigendes, sich wenigstens auf den Geschmack des Mittagessens verlassen zu können.

Gerade war das Gespräch mit Angeliki beendet, als unmittelbar darauf am anderen Hosenbein sein Hoteltelefon klingelte. Sein erster Gedanke war, er würde im Hotel gebraucht werden und müsste jetzt ganz auf seine Mittagspause verzichten, was ihn ziemlich ärgerte.

Aber dann war da erstaunlicherweise Julies Stimme am anderen Ende und er wusste nicht, wie er das in seiner miserablen Laune finden sollte. Er versuchte ihr zu erklären, dass er gerade zum Strand nach Perissa unterwegs war. Er wusste nicht genau, ob sie das auch richtig verstanden hatte, denn sie musste ständig nachfragen.

Erst als das Gespräch zu Ende war, fand er es plötzlich eine gute Idee, Julie am Strand zu treffen. Er hatte es ihr sowieso versprochen, obwohl er keine rechte Gelegenheit sah, sie auch wirklich einzuladen. Jetzt ergab es sich also von selbst. Das fand er schicksalshaft und sehr bequem.

Als er eine freie Liege am Strand gefunden hatte, sah er sich erst einmal genauer um, ob Julie schon irgendwo zu sehen war.

Aber er sah sie nirgendwo. Sie hatte ihn wohl doch nicht richtig verstanden oder sie wusste nicht, welchen Strand er meinte. Typisch, dachte er, zuerst wollen alle was von dir und dann kommt keiner. Er beschloss eine Runde schwimmen zu gehen, um sich im Meer ein wenig durchzustrecken und seine Muskeln mal ordentlich aufzulockern. Die Belastung im Hotel verlangte nach Erholung und es tat gut, sich bei dieser Hitze mal richtig abzukühlen.

Eine Weile kraulte er kräftig durch das kühle Salzwasser und er fand seinen Insel-Job wieder einmal großartig. Würde er in Athen arbeiten, hätte er vermutlich keine Mittagspausen am Strand und schwimmen wäre sowieso unmöglich.

Rundum erfrischt und mit einem leichten Knurren in der Magengegend gab er seine Bestellung für das Big-Sandwich auf. Die Bedienung arbeitete schon lange in der Taverne, genauso lange wie Themistoklis seine Hotelarbeit machte und sie kannten sich inzwischen bei den Vornamen. Es würde noch eine Weile dauern, bis sie ihm sein Sandwich endlich vorbei brachte und so schloss er noch ein wenig die Augen und genoss die Atmosphäre am Strand. Er spürte einen kurzen, aber sehr heftigen Windstoß, der offensichtlich einen kleinen Tumult auslöste, denn ein kurzer Aufschrei und Lachen war zu hören. Ein Strohhut flog durch die Luft und eine junge Frau jagte aufgeschreckt hinter ihm her. Zwischen all dem Stimmengewirr hörte er plötzlich seinen Namen rufen: "Themistoklis!"

Er drehte seinen Kopf sofort in die Richtung aus der er seinen Namen hörte und da stand die Bedienung mit seinem Sandwich auf dem Teller.

Und neben ihr stand Julie.

Im selben Moment hatte Julie ihn auch entdeckt. Er war verblüfft, dass sie nun doch gekommen war und seine Stimmung hellte sich schlagartig auf.

Es gefiel ihm, dem schüchternen deutschen Mädchen spaßeshalber zuerst den Platz neben sich auf seiner Liege anzubieten, obwohl er das selbst für den Anfang ein wenig zu intim fand. Doch sie setzte sich mit ihrer Cola-Flasche in der Hand brav auf die Nachbarliege und ihm war danach sie zu fragen, ob sie von seinem Sandwich abbeißen wollte. Zuerst wusste er nicht so recht was er ihr sagen sollte und sie machte es ihm nicht leicht, mit ihr ins Gespräch zu kommen.

Sie war ganz anders als Angeliki. Bei Angeliki musste er nur ausbremsen, sie war wie ein selbstlaufender Motor, einmal aufgezogen, war sie nicht mehr zu stoppen. Aber bei Julie musste er der aktive Teil sein. Und darin hatte er, das merkte er jetzt, nicht allzu viel Erfahrung. Gewöhnlich kamen die jungen Frauen auf ihn zu und obwohl er sonst nicht eitel war, wusste er, dass er ein gutaussehender Typ war.

Das Gespräch mit Julie verlief eher schleppend. Plötzlich klingelte sein privates Telefon. Er sah sofort auf dem Display, dass es Angeliki war. Er musste das Gespräch annehmen. Die Gefahr, dass sie ihn hier suchen würde war viel zu groß.

"Was ist?", brummte er griechisch ohne einen Namen zu nennen in das kleine flache Gerät, das er sich an sein rechtes Ohr drückte.

"Bin in Perivolos, wo bist du?" Angeliki war ganz aufgeregt, weil ihre Mittagspause fast vorbei war. "Wir wollten uns treffen hier, bin jetzt hier, wo bist du?"

"Ich bin jetzt woanders. Du hast doch vorhin abgesagt, nicht ich." Themistoklis' Ton war energisch, weil er Angeliki jetzt weder sehen, noch etwas von ihr hören wollte. "Eigentlich bin ich schon wieder auf dem Rückweg ins Hotel", log er, um sie schnell wieder los zu werden.

"Ja, habe gedacht muss länger bleiben, aber jetzt ich bin hier und ich seh dich nicht", Angeliki machte jetzt am anderen Ende bestimmt wieder ihren Schmollmund.

"Ich muss jetzt auflegen", sagte er, "ich bin schon unterwegs. Ich seh dich vielleicht nächste Woche. Küsschen!" Dann legte er schnell auf, damit er sich nicht weiter mit Ausreden belasten musste.

Julie schaute ihn sehr merkwürdig an und ihm fiel ein, dass er im Chat mit ihr schon öfter das griechische Wort für Küsschen gebraucht hatte und dass sie das sehr wohl verstanden haben musste.

"Hast du sonst noch was verstanden?", fragte er deswegen etwas verunsichert nach.

"Na, so ein wenig schon, aber nicht alles", sagte sie vorsichtig und Themistoklis war einigermaßen beruhigt.

So schnell wollte er Julie noch nicht sagen, dass er in der Zwischenzeit in etwas anderes geschlittert und dass das jetzt so etwas wie eine feste Beziehung war.

Dann schwiegen sie eine Weile nebeneinander und hörten nur die Musik aus der Taverne.

Was sollte er jetzt sagen?

Julie war so nah und irgendwie doch so weit weg. Von Efthimios konnte Themistoklis nichts erzählen, griechische Nationalisten boten keine gute Geschichte für ein junges deutsches Mädchen und über das extreme Leben während seiner Wintermonate wollte er auch nicht sprechen. Das waren alles Männergeschichten, fand er, und außerdem eine ganz andere Seite von sich, die Julie nicht gefallen würde. Diese Seite gefiel ja noch nicht einmal ihm selbst.

"Ich habe auch negative Eigenschaften", sagte er deswegen nur, nachdem sie sich eine Weile angeschwiegen hatten. Er zwinkerte Julie zu, um sich dann ganz selbstverständlich seine erste Zigarette anzuzünden.

So saßen sie auf ihren nebeneinander stehenden Liegen, nur von einem Sonnenschirm getrennt in manierlichen Abstand und tauschten ein paar belanglose Worte miteinander. Hin und wieder musterte Themistoklis Julie verstohlen von der Seite. Wie sie da so anspruchslos dasaß wurde ihm klar, dass er Angeliki nur deswegen noch nicht fortgeschickt hatte, weil sie an ihm klammerte und weil Efthimios das gut fand, dass er mit ihr zusammen war. Die Ex in den Händen eines Freundes zu wissen, verschaffte Efthimios ein gutes Gewissen, obwohl er ansonsten auf ein solches nicht allzu großen Wert legte. Und weil weder Efthimios, noch Adelphia gut über die junge Deutsche sprachen, fanden sie Angeliki vermutlich einen guten Platzhalter an seiner Seite. Deshalb redeten sie ihm auch immer wieder gut zu, wenn er sich mal über Angelikis Art und Weise aufregte. Er fühlte sich in diesem Moment berechnend mit Angeliki verkuppelt. Wieso war ihm das nicht schon früher aufgefallen?

Themistoklis beobachtete wie die jungen Männer eine Reihe vor ihm ihre Köpfe nach Julie reckten. Eine ganze Boygroup drehte sich plötzlich zu ihnen hin und richtete ihre Blicke nicht mehr auf das Meer, sondern auf ihn und das Mädchen an seiner Seite. Er stellte fest, dass ihm das jetzt etwas ausmachte. Nervös griff er zu seiner nächsten Zigarette, um sich damit abzulenken.

Er ärgerte sich über sich selbst, dass die Unterhaltung nicht so richtig in Gang kam und es ärgerte ihn auch, dass Julie ihm nicht sagte, was er hören wollte, obwohl er nicht einmal selbst genau wusste, was er genau von ihr hören wollte. Sie waren sich doch im Chat schon einmal viel näher gewesen. Einige Dialoge waren so eindeutig zweideutig, dass er mit Julie geschlafen hätte, wäre sie an Ort und Stelle gewesen. Konnte es sein, dass Julie das gar nicht bewusst war? Oder hatte sie das alles vergessen? Warum nur blockierte ihn Julies Zurückhaltung so seltsam?

Sie hatten wenig Zeit und obwohl es galt diese Zeit intensiv zu nützen, sagten sie sich nichts Wesentliches. Nicht einmal Vorwürfe machte sie ihm, weil er sich im Winter nur noch so selten gemeldet hatte und der Chat schließlich ganz abgebrochen war.

"Hast du gesehen, wie dich das schwule Männerpärchen gestern Abend angesehen hat?", fragte ihn Julie stattdessen.

"Ja, hab ich", zwinkerte er ihr zu. "An Männern bin ich aber nicht interessiert." Auf Julies Frage hin überlegte er doch tatsächlich, ob die jungen Männer in der Reihe vor ihm nun Julie oder ihn beobachteten. Auf dieser Insel war alles möglich.

Dann irgendwann war seine Pause vorbei, viel zu schnell, wie er fand. Er hätte noch Zeit gebraucht, um sich passende Worte zu überlegen und mit der Situation klar zu kommen. Die Anlaufschwierigkeiten die sie hatten, waren nichts Ungewöhnliches und wenn man genug Zeit hatte, auch nichts Schlimmes.

"Ich muss leider zurück, Sweety", sagte er, nachdem er einen Blick auf seine Uhr geworfen hatte und "Sweety" sagte er, weil er sie im Chat immer so genannt hatte. Mann, dass ihm das nicht schon viel früher eingefallen war! Vielleicht hätte der Kosename das Eis zwischen ihnen schneller schmelzen lassen.

"Ja, versteh ich", sagte Julie. "Ich glaube, meine Mutter wartet auch schon auf mich."

Sie standen gleichzeitig von ihren Liegen auf und machten sich auf den Weg zum Ausgang der Strandbar. Themistoklis war sich nicht sicher, ob er Julie auf diese Weise in ihrem Urlaub noch einmal wieder sehen konnte. Wie viel Zeit würde er tatsächlich für sie haben? Und jetzt, da er mit ihr alleine gewesen war, schien es ziemlich kompliziert, trotz gegenseitigem Interesse, diese Freundschaft zu vertiefen.

Trotz allem hatte dieser Nachmittag etwas Magisches. Denn obwohl sie ihm so wenig entgegengekommen war und sie keinen Ansatz fanden ein Gespräch in Gang zu bringen, blieb es in ihrer Gegenwart die ganze Zeit über spannend. Es war als könnte jederzeit etwas geschehen, als könnte sich etwas Bedeutendes ändern, als könnte sich plötzlich der Himmel für sie beide auftun. Da lag immer diese Option auf mehr zwischen ihnen.

Nach passenden Worten suchen und keine finden, sich berühren wollen und sich nicht trauen, den richtigen Zeitpunkt abwarten, aber ihn nicht erkennen, stattdessen mit ihr zusammen Musik hören und auf das Meer schauen. Mit den anerkennenden Blicken der umliegenden Strandbesucher das eigene Ego aufwerten, da schmeckte ihm sogar sein Big-Sandwich deutlich besser. Julie war das Mädchen, das gut an seine Seite passte. Nur müsste er ihr erst Mut machen, damit sie ihre Zurückhaltung aufgab, doch die Zeit dazu hatte er vermutlich nicht.

Als sie so graziös vor ihm her dem Ausgang zustrebte, wollte er sie am liebsten in den Arm nehmen und sie an sich drücken. Wenigstens das Abschiedsritual könnte er noch nutzen, um ihr näher zu kommen, das wäre nicht so auffallend und keine plumpe Anmache.

Am Ausgang drehte sich Julie zu ihm um und so schüchtern und unbeholfen wie sie vor ihm stand, umfasste er sie spontan und drückte ihr einen Kuss auf die Lippen. Sie fühlten sich gut an und es tat ihm entsetzlich leid, sie jetzt zurücklassen zu müssen. Er kannte das Gefühl verlassen zu werden. Und er spürte, dass sie dieses Gefühl in diesem Moment haben musste, denn er selbst hatte es ja auch. Tröstend streichelte er über ihren Arm, bevor er sich endgültig auf den Weg zum Parkplatz machte.

Zurück ins Hotel fuhr er mechanisch, seine Gedanken waren nicht auf der Straße. Er spürte zum ersten Mal, wie sich ein schweres Herz anfühlte, wie sich ein Kloß im Hals nicht schlucken ließ. So fühlte es sich also an, wenn ein Traum zerplatzt, wenn eine Illusion zerstört wird, wenn eine Sehnsucht ohne Hoffnung bleibt.

Nichts, aber auch gar nichts in dieser Sache hatte Aussicht auf Erfolg. Die Zeit, die Julie hier auf der Insel verbringen würde, war viel zu kurz, um sich kennenzulernen ohne sich dabei gegenseitig unter Druck zu setzen. Er würde rund um die Uhr arbeiten müssen und er konnte ihr nichts für später versprechen, ihr keine Zukunft bieten. Der nächste Winter würde wieder trostlos werden. Ohne Julie konnte er nur wieder mit irgendwelchen Freunden herumhängen, die kein gutes Wort für eine Deutsche übrig hatten. Doch für ihn gab es im Winter nur diese Freunde. Da war nichts anderes. Da war die Krise um ihn herum.

Er konnte Julie jetzt ganz genau vor sich sehen: Ihre langen dunklen Haare, die braunen Augen, die schmalen sensiblen Hände, die geradezu wie für die Kunst geschaffen waren. Und dieses Bild passte weder in eine Küche, noch in eine Fabrik die er kannte, es passte einfach in keine ihm bekannte Vorstellung von Lebensumständen. In seinen Augen war sie nicht das Mädchen, das sich mit ihm ein arbeitsreiches Leben teilen würde. Und für ein schnelles Abenteuer war sie ihm zu schade.

Noch verdiente er nicht genug, um sich eine eigene Wohnung zu leisten, geschweige denn eine eigene Familie zu ernähren oder sich irgendeinen Luxus zu gönnen. Wenn alles so käme, wie Nicolesku es ihm versprochen hatte, war das eigene Haus auf der Insel die Lösung. Aber das wäre frühestens im übernächsten Winter zu haben. Und das schien ihm gerade jetzt eine unüberwindbare Zeitspanne. Seine Illusion von einem besseren Leben verschwand so schnell, wie er sich vom Strand und von Julie entfernte.

Den ganzen Abend sorgte sich Themistoklis dann darüber, dass sie zu ihm zum Sunset kommen würde. Nicht dass er sich das nicht dringend gewünscht hätte, aber Nicolesku stand schon wieder auf dem Hotelgelände und nahm seine volle Aufmerksamkeit in Anspruch und es wäre keine Zeit für Julie. Außerdem hatte der Koch, mit dem er so etwas wie eine Freundschaft pflegte, angefangen, ihn mit dieser jungen Deutschen aufzuziehen.

Da war es besser, wenn sie nicht zum Sunset kam.

Als er kurz nach Mitternacht die Lichter löschte, war er trotzdem enttäuscht, dass er sie nicht mehr gesehen hatte.

Kapitel 56

Katerina, zweiter Urlaubstag

Julie und ich beschlossen das Hotel nicht zu wechseln, wie es uns der Hoteldirektor angeboten hatte.

Die Lage unseres Hotels war um einiges besser, als die Lage des Ersatzhotels, in das wir wechseln sollten. Und da wir ohnehin viel unterwegs sein würden, war das Zimmer trotz der Lage im Souterrain, als Basislager für uns besser geeignet. Außerdem hätten wir hier ein Restaurant und eine Bar in Strandnähe. Auch die zwei Pools waren eine gute Option, um mal einen ruhigen Nachmittag im Hotel zu verbringen.

Ich kannte die Insel jetzt schon wie meine Westentasche und konnte Julie alles zeigen, was ich im Urlaub mit Leo erlebt hatte. Ich zeigte ihr in Akrotiri die prähistorischen Ausgrabungen und wanderte dann mit ihr an die Red Beach.

Jetzt war es heiß und trocken auf Santorini, ganz anders, als noch vor ein paar Wochen mit Leo, wo wir so gefroren hatten.

Julie und ich fuhren mit weit geöffneten Autofenstern über die Insel und aus dem Autoradio tönte Barry White in voller Lautstärke: "Show Me WhatLlove Is!"

Zumindest mich packte das Insel-Feeling sofort wieder. Ich fühlte mich völlig frei und war bestens aufgelegt.

Am frühen Nachmittag steuerten wir hoch zum Vulcano Sunset, weil Julie mit Themistoklis noch klären musste, ob er für sie einen alternativen Saisonjob in einem anderen Hotel gefunden hätte. Aber er war nicht da. Der Koch sagte uns, Themistoklis wäre "on the Beach" und bot Julie an, ihn auf seinem Hotelhandy anzurufen. Sie nahm das Angebot gerne an, doch dann war sie ziemlich enttäuscht, weil Themistoklis doch versprochen hatte mit ihr schwimmen zu gehen, sobald er Zeit dazu hätte und nun hatte er Zeit und war einfach ohne etwas zu sagen alleine an den Strand gefahren.

Ich tröstete Julie damit, dass wir uns erst einmal in die Barlounge unseres Hotels setzen könnten, um bei einem Drink in Ruhe nachzudenken.

In der Bar chatteten wir mit Leo.

Er meinte, es könnte sich auch um ein großes Missverständnis handeln und Themistoklis wäre jetzt vielleicht auf der Suche nach Julie. Er riet uns, dass Julie an den Strand gehen solle, um nach ihm Ausschau zu halten. Wir wüsten ja ungefähr, wo er sich aufhalten würde.

Ich blieb in der Hotelbar sitzen, genoss den Blick auf die Promenade und den Strand, ließ mir einen griechischen Kaffee servieren und wartete, bis Julie zurückkam.

Je länger ich da saß, umso mehr wuchs meine Neugier, was sie zu erzählen hätte.

Doch als sie endlich zurück kam, konnte sie sich vor Aufregung an fast nichts erinnern. Sie erzählte, dass sie Themistoklis nur durch Zufall gefunden hätte. Nur dem Hut einer Frau, der durch die Gegend geblasen wurde und direkt vor die Füße einer Bedienung, die da mit einem Sandwich in der Hand stand, fiel, war es zu verdanken, dass sie ihn gefunden hatte. Die Bedienung hätte nämlich nach Themistoklis gerufen, und da hätte sie ihn zur gleichen Zeit entdeckt, wie er sie.

Julie erzählte, dass er nach Perivolos wollte, um sich dort mit Freunden zu treffen, deswegen hätte er sich nicht bei ihr gemeldet. Die Freunde hätten dann aber abgesagt. Zwischendurch hätte er ein Telefongespräch mit jemandem geführt von dem er sich mit Küsschen verabschiedete, meinte Julie. Das Gespräch wäre ansonsten allerdings sehr sachlich gewesen. Hinterher hätte sich Themistoklis aber bei ihr erkundigt, ob sie verstanden hätte was er sagte, erzählte sie, aber so gut war ihr Griechisch dann doch noch nicht.

Zum Abschied bekam sie einen Kuss! Daran erinnerte sich meine Tochter dann doch sehr genau und dass Themistoklis nicht an Männern interessiert war, das hätte er ihr auch gesagt.

Ansonsten war Julie ziemlich enttäuscht von dem Treffen und sie beschwerte sich, dass sie in fünf Jahren Klosterschule nichts Brauchbares fürs Leben gelernt hätte.

Wir fuhren dann noch nach Fira zum Sonnenuntergang und wurden Zeuge, wie die rotgoldene Sonne vor unseren Augen in im Meer verschwand. In der Strandbar unseres Hotels genehmigten wir uns dann noch zwei Longdrinks und schauten auf einer großen Leinwand zusammen mit ein paar Griechen einem Fußballspielländerspiel zu.

In dieser Nacht plagte mich wieder eine Albtraum: Julie und ich wollten mit dem Fahrrad irgendwohin. Julie wollte hinten auf meinem Rad im Kindersitz Platz nehmen, doch ich sagte ihr, das passe jetzt nicht mehr, es wirke inzwischen schon wirklich sehr albern, wenn sie noch da hinten drauf sitzen würde. Da stand sie dann, ganz traurig und verunsichert neben mei-

326

nem Fahrrad und ich fühlte mich, als würde ich sie im Stich lassen.

Kapitel 57

Themistoklis

Zum Glück kein Dienstag, stellte Themistoklis fest, als er nach dem Aufstehen auf seinen Kalender sah. Der 13. ist in Griechenland nur ein Unglückstag, wenn er auf einen Dienstag fällt. Aber so richtig abergläubisch war er sowieso nicht.

Eher war gestern sein Unglückstag. Er ärgerte sich immer noch darüber wie der Nachmittag verlaufen war. Warum war ihm der Kosename "Sweety" erst so spät eingefallen? Er hätte damit doch viel eher an den Chat vom letzten Jahr anknüpfen und damit eine vertrautere Atmosphäre zwischen sich und Julie schaffen können. Sie waren sich doch schon einmal viel näher gewesen.

Viel Zeit zum Bedauern blieb ihm allerdings nicht, wenn er die Frühstückswünsche seiner Gäste pünktlich erfüllen wollte. Im ausgebuchten Hotel dauerte der Frühstücksservice jetzt von früh bis fast zum Mittag hin, so unterschiedlich die Gäste eben bedient werden wollten.

Er dachte an Julie und ihre Mutter, die schon wieder Urlaub hatten. Und überhaupt dachte er jetzt öfter darüber nach, dass er, seit er diesen Job machte, fast achtzehn Stunden am Tag, an sieben Tagen der Woche, auf den Beinen war und in einem ganzen Monat nicht einmal so viel verdiente, wie seine Gäste in ein paar Tagen bei ihm ausgaben. Dabei hatte er zu Beginn seiner Anstellung immer das Gefühl gehabt, für griechische Verhältnisse gut zu verdienen, aber einen Urlaub in seinem eigenen Hotel würde er sich damit niemals leisten können.

An diesem Morgen empfand er das erste Mal die Freundlichkeit seiner internationalen Gäste als sehr förmlich. Efthimios hatte vielleicht doch recht, Griechenland musste wieder den Griechen gehören. Am besten wäre es, wenn die Krise endlich vorbei wäre und es den Menschen im eigenen Land so gut ginge, dass sie selbst auf ihren schönen Inseln Urlaub machen konnten. Dabei hatte er mit seinem Job noch Glück gehabt, da gab es noch ganz andere Arbeitssklaven, wie Angeliki zum Beispiel, die im Housekeeping körperlich ebenso schwer arbeiten musste und deutlich weniger verdiente als er.

Trotz dieser unerfreulichen Erleuchtung blieb er professionell. Er servierte Toast und Speckeier, frische Früchte und Kuchen, stellte nebenbei interessiert seine Fragen zur vergangenen Nacht und zum geplanten Tag und wenn er selbst etwas gefragt wurde, antwortete er höflich und gewitzt, wie es seine Art und Weise war und wie er es über die Jahre hinweg perfektioniert hatte.

Doch an diesem Vormittag empfand er es das erste Mal als harte Arbeit und er dachte nicht mehr daran, wie mühelos das alles noch vor ein paar Wochen gewesen war und wie leicht ihm alles fiel, wenn er dabei gute Laune hatte. Die Feststellung, dass er immer vom Wohlwollen anderer abhängig sein würde, machte ihm seine Arbeit an diesem Vormittag schwer.

Gegen Mittag sah Themistoklis dann plötzlich den dunklen Mietwagen von Katerina an das Hotelgelände heranfahren. Er war gerade auf dem Weg in sein Büro, um Unterlagen nach An- und Abreisen zu sortieren und eine Unterbrechung konnte er jetzt nicht gebrauchen, weil sich für die nächsten Minuten bereits Gäste zur Schlussrechnung angemeldet hatten und er auch jeden Augenblick neue Gäste erwartete. Die Sonne schien ihm ins Gesicht, er kniff die Augen zusammen und presste automatisch die Lippen aufeinander. Sein Herz klopfte schneller.

Gerade als er sich noch überlegte, wie er Julie und ihre Mutter schnell abfertigen könnte ohne sie zu beleidigen, bog der Wagen nebenan in die Straße zur Weinhandlung ein und war damit auch schon wieder außer Sichtweite. Er hielt kurz inne und war über sich selbst erstaunt, wie schnell sich sein Gefühl von Missmut, über Freude, zur Sorge, mit anschließender Erleichterung, in eine Enttäuschung verwandeln konnte. Sie waren längst weg, noch bevor sie ihm eine Chance gaben sich zu entschuldigen. Er tröstete sich damit, dass die beiden vielleicht abends wieder kommen würden.

Stattdessen kam am späteren Abend nach langer Zeit wieder einmal Adelphia zum Helfen in die Poolbar. Nicolesku hatte das angeordnet, weil jetzt, wo es wärmer wurde, oft mehr an der Bar los war und der Koch genörgelt hatte, dass er mit dem Spülen nicht mehr nachkommen würde. Mehr Gläser oder eine Spülhilfe hatte er gefordert.

"Ich habe gehört, die Kleine ist wieder auf der Insel", halb fragend und halb vorwurfsvoll begann Adelphia das Gespräch, sobald sie ihren Platz hinter dem Tresen eingenommen hatte.

"Und was hat das mit dir zu tun?" Themistoklis ahnte schon, dass sie sich mit ihrer Meinung nicht zurückhalten würde.

"Ich verstehe dich nicht", maulte sie, "Julie, Julie, Julie! Was willst du mit dem Mädchen? Weißt du immer noch nicht, dass dich die Gäste nur als Dienstleister sehen und dass diese jungen Dinger gar nicht zu großen Gefühlen fähig sind? Schau sie dir an, im Tango-Club oder im Koo-Club, wie sie sich gebärden. Sie machen mit allen Jungs herum, die einigermaßen gut aussehen. Man nennt das Urlaubsflirt? Schon gehört? Und überhaupt, was ist mit deiner Angeliki?", wollte sie von ihm wissen, "hast du sie vergessen?"

"Das ist nicht meine Angeliki", rechtfertigte sich Themistoklis. "Sie klebt an mir, aber sie ist nicht meine Verlobte, das solltest du längst wissen. Sie hat sich mir angeschlossen, nicht umgekehrt. Sie will die feste Beziehung, nicht ich! Und nicht Julie ist es, die sich herumtreibt, sondern Angeliki ist es, die sich fast jede Nacht durch die verschiedenen Clubs flirtet!", verteidigte er Julie, "glaubst du, das weiß ich nicht?"

"Angeliki ist Griechin und sie ist im Hotelfach", konterte Adelphia, als ob das eine Entschuldigung für Angelikis Verhalten wäre.

"Merkwürdig, Efthimios und du setzen irgendwie alles daran, dass wir zusammen bleiben. Ich versteh das nicht. Was habt ihr denn alle davon? Vor allem Du?" Jetzt war Themistoklis wirklich neugierig auf eine Antwort.

"Angeliki ist ehrlich und sie mag dich. Und du weißt, dass wir Griechen zusammenhalten müssen. Eine Deutsche passt nicht hierher, mit ihr kannst du dich in deinen Kreisen nirgendwo sehen lassen. Glaubst du ich weiß nicht, wer deine neuen Freunde sind? Auch wenn du immer so tust als wärst du ein Global-Player, vergiss nie: Du bist und bleibst ein Grieche und das sollte dich stolz machen!" Adelphia war jetzt verstimmt und zeigte ihm das auch. "Wir sind jetzt schon so viele Jahre zusammen und zwischen uns war doch immer alles in Ordnung, wieso jetzt nicht mehr?", fragte sie.

"Genau das möchte ich eigentlich von dir wissen, was ist auf einmal mit dir los?" Themistoklis lehnte außerhalb der Bar am Tresen und machte ein ebenso mürrisches Gesicht wie Adelphia, während er auf die Drinks wartete, die der Koch gerade für ein paar Gäste mixte.

Es war Vollmond und nur in der Poolbar brannten ein paar Lichter, gerade so viele, dass das Umfeld rund um den Tresen ausreichend beleuchtet war.

In allem Ärger mit Adelphia tauchte plötzlich Julies Gesicht vor Themistoklis auf. Sie war aus dem Dunkeln in das Licht vor dem Tresen getreten. Themistoklis' Gesichtsausdruck änderte sich auf der Stelle. Er freute sich ehrlich sie zu sehen. Sie war in diesem Augenblick so etwas wie seine Verstärkung, sein Rückhalt.

Weil er kein Auto gehört oder gesehen hatte, kam es ihm vor, als hätte der Himmel sie geschickt. Direkt passend, damit Adelphia selbst sehen konnte, wie erwachsen und wie unkompliziert Julie wirklich war.

Um die Situation zu entspannen und um irgendetwas zu sagen, stellte er Julie Adelphia noch einmal vor, obwohl er wusste, dass sich Julie noch an sie erinnern müsste. Aber Adelphia war jetzt vollends genervt, winkte schnell ab und zog sich ins Innere der Bar zurück. Sie wollte nichts zu tun haben mit Themistoklis' alter und neuer Freundschaft. Sie verstummte augenblicklich und hatte nicht einmal einen Gruß für Julie übrig.

Themistoklis war von Adelphia wieder einmal sehr enttäuscht. Er konnte die angespannte Atmosphäre zwischen den beiden Frauen deutlich spüren. Julie musste sich gerade sehr unwillkommen fühlen und er konnte nichts dagegen tun, außer sie freundlich anzulächeln.

Der Koch, der die Unterhaltung schon vorher mit angehört hatte, drehte ihnen allen den Rücken zu. Er wollte diese Peinlichkeit nicht länger mit ansehen und sich aus allem heraushalten.

Es war für Themistoklis nicht leicht auf Julie zuzugehen, angesichts einer verärgerten und eifersüchtigen Adelphia und einem lästernden Koch, der auf alle Worte lauschen würde wie ein Löffelhund. Themistoklis versuchte Zeit zu gewinnen, indem er erst einmal die Drinks austrug, die der Koch ihm zwischenzeitlich auf ein Tablett gestellt hatte.

"Bin gleich wieder da", sagte er zu Julie und dann machte er sich mit seinen Drinks zu den Tischen am anderen Ende der Poolterrasse auf.

Ein paar nette Worte mit den Gästen, ein wenig plaudern und ein wenig lachen, dann eilte er wieder zurück an den Tresen. Doch schon von Weitem sah er, dass Julie genauso schnell wieder verschwunden, wie sie vorher gekommen war.

"Wo ist sie hin?", fragte er in die kleine Küche hinein.

Adelphia hob nur die Schultern und schaute nicht einmal von ihrem Abwasch hoch.

"War ihr sicher langweilig", sagte sie schnippisch. "Wahrscheinlich wollte sie nicht auf dich warten. Mit mir hat sie jedenfalls nichts geredet."

Themistoklis war sich jetzt ganz sicher, dass heute kein guter Tag für ihn war. Er eilte zur Einfahrt hinüber, aber es waren nur noch die roten Rücklichter eines Autos zu sehen, das den schmalen Weg zur Hauptstraße hochfuhr. Er nahm an, dass das Julie sein müsste und seine Schultern klappten schlagartig nach unten. Wieder dumm gelaufen, dachte er.

Als er später in den Laternen rund um den Pool die Kerzen löschte und sie in die Kammer unter der Außentreppe trug, war er sich ganz sicher, dass Julie überhaupt nur seinetwegen nach Santorini gekommen war. Von wegen Schulabschluss-Reise! Klar, nur seinetwegen war sie hier auf der Insel. Warum sonst wäre sie heute Nacht ins Vulcano Sunset gekommen? Sie wollte ihn sehen, mit ihm sprechen und sie ist wieder gegangen, weil er keine Zeit für sie hatte und Adelphia ihr vermutlich deutlich gezeigt hatte, wie unerwünscht sie hier war. Vielleicht hatten sie alle Julies Gefühle unterschätzt, er selbst eingeschlossen. Er wünschte sich sie trösten zu können.

Später sah er in seinem Zimmer den Bilderrahmen auf der Kommode stehen. Julie hatte ihn so passend ausgesucht und an dem Bild hatte sie so voller Leidenschaft gearbeitet. In diesem Augenblick gab es für ihn überhaupt keinen Zweifel mehr, dass Julie ihn wirklich sehr gern haben musste.

Kapitel 58

Katerina, dritter Urlaubstag

Freitag der 13! Ein ganzes Rudel Österreicher war am Vortag in unsere Hotelanlage eingefallen. Junge Familien mit kleinen Kindern, mit Omas und Opas. Es muss ein ganzer Flieger voll gewesen sein. Schon beim Frühstück war nur noch österreichischer Dialekt zu hören. Ich fand das nach der Gewöhnung an all die anderen Sprachen hier unheimlich, weil ich plötzlich jedes Wort um mich herum wieder verstehen konnte.

Ich mochte das in meinem Urlaub aber gar nicht, es entzauberte mich. Ich wollte mich weit weg wissen und nicht lautstark mit anhören, wie österreichische Familiengeschichten mit "gäh, Babba, härst" enden. Sofort schoben die Großfamilien einige Tische zusammen und rückten die Stühle zurecht, damit das Rudel bei den Mahlzeiten zusammen sitzen konnte.

"Kumm her!", "Setz di hi!", "do is no a Plooz frei!" Schon beim Frühstück ging es laut und turbulent zu.

So viele Menschen und so viel Lärm in diesem Vielbetthotel. In mir kam sofort die Sehnsucht nach dem kleinen abgelegenen Boutique-Hotel oben an der Steilküste auf, das abseits der Menschenmassen den ganz persönlichen Frühstücks-Service von Themistoklis bot.

Überhaupt war der Service hier nicht zu vergleichen mit dem luxuriösen Ambiente des Vulcano Sunset. Dosenobst statt frischer Früchte, lauwarmer Filterkaffee statt Cappuccino und Quark statt griechischem Joghurt. Eier und Speck waren trotz

Warmhalteschüsseln immer kalt, der obligatorische Rührkuchen war staubtrocken und die Brötchen waren labbrig.

Ich fühlte mich wie in einer der vielen Jugendherbergen, in denen ich vor langer Zeit hin und wieder ein Wochenende verbracht habe.

Auch in diesem Hotel musste man sich zum Essenfassen anstellen und zusehen, wie sich einige ihre Teller so vollpackten, dass sie nie und nimmer aufessen konnten, was sie sich alles mitnahmen. Hinterher blieben die Reste bunt durchgemischt und zerkleinert auf den Tellern zurück. Die weiße Decke voll mit Eierresten, die Stoffserviette in die Reste des Bohneneintopfs gedrückt, Blätterteigbrösel und Kaffeeflecke überall.

Julie sagte, sie wolle Themistoklis ihr Interesse zeigen ohne aufdringlich zu sein. Ich fand das eine gute Idee, aber für diesen kurzen Urlaub sehr schwierig und schlug ihr vor, wenn es nicht so laufen würde wie sie dachte, könnte sie ja am Ende des Urlaubs nochmal einen Brief an ihn schreiben.

Julie war dauernd schlecht vor Liebeskummer. Sie aß kaum noch etwas und in ihrem Bauch grummele es den ganzen Tag vor sich hin, sagte sie. Langsam machte ich mir Sorgen. Ihre Hosen fingen an über die Hüften zu rutschen. Sie war schlank geworden, mehr abnehmen brauchte sie nicht mehr. Und jeden Morgen und jeden Abend fragte sie an der Rezeption nach, ob eine Nachricht für sie abgegeben wurde. Themistoklis hatte doch versprochen, sich bei ihr im Hotel zu melden!

Am Vormittag fuhren wir zum Profitis Elias und schauten im Cafe Franko über die Insel. Julie träumte wieder ihren Traum von der Arbeit im Vulcano Sunset an der Seite von

Themistoklis. Im Cafe Franco darf sie das auch. Dort ist der Ort zum Träumen, der Ort, wo alles Schwere leicht wird. Genau wie Leo und ich vor vier Wochen spürte auch Julie, dass dies ein mystischer Ort sein müsste. Es rocht nach Sonne und Meer und alles schien von hier oben aus möglich werden zu können.

Dann fuhren wir zum Supermarkt und kauften griechische Kekse, weil sie das einzige waren, was Julie im Augenblick essen wollte. Und weil wir damit in der Nähe des Vulcano Sunset waren, beschlossen wir spontan, bei Themistoklis an der Bar einen Softdrink zu nehmen.

Themistoklis' verkniffener, strenger Gesichtsausdruck, als er uns kommen sah, war alles andere als einladend. Spontan drehte ich über die Straße zur angrenzenden Weinhandlung wieder ab. Zum ersten Mal hatte ich jetzt das Gefühl, dass wir bei ihm gar nicht willkommen waren.

Julie war von meiner übereilten Kehrtwende nicht begeistert. Sie hatte ein schlechtes Gewissen und meinte es wäre sehr unhöflich gewesen, hierher zu fahren und Themistoklis nicht zu begrüßen. Sie meinte, er könnte uns erkannt haben und wäre jetzt verunsichert, wieso wir wieder abgedreht hätten, ohne ihn zu begrüßen.

Ich habe mich bei Julie entschuldigt und ihr angeboten vielleicht besser wieder abends zum Sonnenuntergang ins Vulcano Sunset zu fahren.

Den ganzen Nachmittag blieben wir dann auf dem Gelände unseres Hotels. Wir sind ein paar Runden im Pool geschwommen, haben uns kühle Drinks an der Bar genehmigt und entspannten uns auf den Sonnenliegen.

Vor dem Abendessen wollten wir schon mal unsere Jacken für später ins Auto bringen. Dabei stellten wir fest, dass der Rückspiegel auf der Fahrerseite unseres Autos äußerst merkwürdig aussah.

Hatte uns doch glatt jemand die Rückspiegelabdeckung gestohlen!

Ich konnte es gar nicht fassen. Julie übernahm das Telefonieren mit dem Mietwagen-Mitarbeiter. Sie spricht im Gegensatz zu mir ein ausgezeichnetes Englisch. Wir fuhren sofort zu der Geschäftsstelle am Flughafen, um den Schaden zu zeigen. Der freundliche Grieche meinte, das käme auf der Insel jetzt häufiger vor. Ihm hätten sie letztes Jahr mehrmals die Kappe des Rückspiegels gestohlen. Aber zahlen müssten wir das trotzdem, sagte er. Etwa zwanzig Euro würde uns das kosten. Aber er versprach uns, die Summe mit unserer nächsten Buchung zu verrechnen. Das fand ich sehr optimistisch bezüglich meiner nächsten Urlaubsplanung.

Ich fragte mich, an welcher Tankstelle man die "gefundenen" Kappen wieder kaufen konnte? Ich glaubte nicht daran, dass diese Deckel die Insel mit irgendeinem Schiff verlassen würden. Denn wer, außer den Bestohlenen hier, bräuchte sie?

Danach aßen wir in unserer Hoteltaverne zu Abend. Julie und ich haben dabei besprochen, dass wir zum Sonnenuntergang nun doch nicht ins Vulcano Sunset fahren wollten. Themistoklis hatte zwar immer wieder betont, dass wir jederzeit zu ihm kommen könnten, aber sein unfreundlicher Gesichtsausdruck am Vormittag war mir immer noch vor Augen.

Plötzlich war ich total verunsichert. Waren alle seine Versprechen doch nur ein griechisch höfliches, unverbindliches Entgegenkommen? Hatten wir da etwas grundlegend falsch verstanden?

Wir parkten dann zum Sonnenuntergang in einer Bucht auf der Straße nach Akrotiri. Hier standen viele junge Leute mit ihren Quads und Motorrollern und warteten, bis nur noch der dunkelorangerote Horizont zu sehen war.

Später genehmigten wir uns in unserer Hotelbar noch einen Drink und Julie erzählte mir, dass Themistoklis ihr im Chat öfter von Vollmond-Partys auf Santorini vorgeschwärmt hätte. Und genau an diesem Abend stand ein kugelrunder Bilderbuchmond über dem Meer, nur eine Party war nirgendwo zu sehen.

Nach zwei Caipirinhas und aufmunternder Musik fanden wir es dann plötzlich doch noch eine gute Idee ins Vulcano Sunset zu fahren und uns bei Themistoklis nach einer Vollmond-Party zu erkundigen.

Beschwingt, ohne noch einmal darüber nachzudenken, brachen wir auf.

Ich wartete im Auto auf Julie, weil ich es besser fand, wenn sie mit Themistoklis alleine sprechen würde. Vielleicht hätte er sogar Feierabend und würde mit ihr auf eine Vollmondparty gehen.

Doch dann kam sie schneller wieder zurück, als ich dachte. Sie fühle sich abgewimmelt, sagte sie traurig.

Enttäuscht wie sie war tranken wir in unserer Hotelbar noch einen Fruchtcocktail und Julie beschloss noch an diesem Abend,

dass sie Themistoklis einen Brief schreiben würde und dann fing
sie an zu schimpfen und redete sich ihren ganzen Frust von der
Seele.

Kapitel 59

Themistoklis

Der nächste Morgen begann wie jeder Morgen zwischen Anfang April und Ende Oktober.

Themistoklis war inzwischen so routiniert, dass er jedem einzelnem Gast das Gefühl vermitteln konnte, er wäre ihm der Wichtigste. Er war ein Meister in Sachen Duldsamkeit und Gefälligkeit geworden und da er die Fähigkeit hatte, sich bei maximalem Einsatz als Person völlig zurückzunehmen, war er bei Männer und Frauen gleichermaßen beliebt.

Selbst die größten Morgenmuffel konnte er zum Lachen bringen und am Ende ihres Urlaubs verließen ihn seine Gäste als gute Freunde. Wenigstens dachten sie das, denn viele Gäste hatte Themistoklis vergessen, sobald ihre Zimmer neu bezogen waren. Es gab zu viele Zimmerwechsel innerhalb einer Saison, um jeden Gast im Gedächtnis behalten zu können. Nur selten hinterließ jemand wirklich einen bleibenden Eindruck.

Auch an diesem Morgen war Julie wieder sein erster Gedanke. Jetzt, wo er sich sicher war, dass sie ihn gern hatte, hoffte er, dass sie im Laufe des Tages vorbeikommen würde oder besser noch, dass er sie nachmittags am Strand treffen könnte. Es war ihm wichtig, noch einmal mit ihr zu reden.

Die nächsten Tage würde er besonders darauf achten, seine freie Zeit einhalten zu können, das versprach er sich selbst. Vielleicht sollte er, wie versprochen, in ihrem Hotel anrufen? Aber andererseits kam ihm das zu aufdringlich vor, weil Katerina bei all seinen Anregungen, was man die Tage gemeinsam unternehmen könnte, stets nur still da saß und ihn mit großen Augen angesehen hatte. Vielleicht hatte sie seine Vorschläge gar nicht richtig ernst genommen. Sie hatte nie laut gesagt, dass sie sich freuen würde.

Das kränkte ihn jetzt ein wenig, aber er konnte es ihr auch nicht verübeln, weil er selbst am besten wusste, dass er bei allem was er versprochen hatte nie darauf achtete, ob seine Versprechen in seinen Arbeitstag passten.

Am besten wäre es also, die Freundschaft mit Julie bis auf Weiteres dem Zufall zu überlassen. Sie würden sich auch ohne seinen persönlichen Einsatz treffen, wenn das Schicksal es so wollte, denn auf diese Weise hatte es immerhin schon einmal geklappt.

Obwohl er Julie an jedem Tisch sitzen und jedes Mal wenn er seinen Blick auf das Tor richtete, sie um die Ecke biegen sah, nahm er sich vor, nicht aktiv auf ein Treffen hinzuarbeiten. Er fand die Vorstellung, dass sich alles schicksalshaft regeln könnte, faszinierend. Das gab ihm das Gefühl, eine höhere Gewalt könnte an dieser Verbindung interessiert sein.

Julie kam aber den ganzen Tag nicht im Vulcano Sunset vorbei und auch am Nachmittag war sie nirgendwo am Strand zu entdecken. Obwohl er extra den Umweg über ihren Hotelstrand gefahren war, um dem Schicksal auf die Sprünge zu helfen. Er fand sie aber nirgendwo.

Während er lustlos an seinem Big-Sandwich herum kaute, fühlte er sich sehr alleine auf seiner Liege und immer wieder beobachtete er den Holzsteg, auf dem er Julie das erste Mal gesehen hatte. Vielleicht würde sie doch noch auftauchen. Oder sein Dienst-Handy könnte wieder klingeln, weil der Koch ihr das Telefon gereicht hätte, damit sie ihn nach seinem Aufenthaltsort fragen konnte. Hin und wieder sah er nach, ob er nicht einen Anruf verpasst hätte. Doch das Schicksal entschied sich an diesem Tag gegen ein Treffen mit ihr.

Dafür kam nach Sonnenuntergang Adelphia wieder ins Hotel geschneit. Nicolesku hatte sie angefordert, obwohl sich Themistoklis sicher war, sie nicht zu brauchen.

Sie werkelte lustlos hinter dem Tresen in der kleinen Küche herum.

"Wartest du auf das Mädchen?", fragte sie zynisch. "Siehst du, es ist, wie ich es dir gesagt habe", nörgelte sie weiter ohne ihre Arbeit zu unterbrechen, "sie kommt nicht jeden Tag zu dir herauf. So wenig Zeit hat sie in ihrem

Urlaub für dich. Wenn sie echtes Interesse an dir hätte, wäre sie jeden Tag hier oben im Hotel. Das kannst du mir ruhig glauben, die Mädchen sind so", legte sie noch nach, obwohl Themistoklis genau wusste, dass sie es war, die mit ihrer Haltung Julie verscheucht hatte.

Adelphia war so merkwürdig geworden und obwohl er gerne das Weite gesucht hätte, war er gezwungen mit ihr zusammenzuarbeiten. Er lehnte sich an den Tresen und kontrollierte die Rechnungen, die an diesem Tag aufgelaufen waren.

"Ich möchte nicht mit dir über Julie reden", reagierte Themistoklis genervt, "du mischt dich viel zu viel in meine Angelegenheiten. Wieso wisst ihr eigentlich immer alle alles besser, als ich selbst?"

Der Koch hatte inzwischen zwei volle Weingläser auf ein Tablett gestellt und noch ehe Adelphia etwas erwidern konnte war Themistoklis damit in Richtung Gäste verschwunden.

"Themistoklis hat Tomaten auf den Augen. Er begreift nichts!", hörte er sie noch hinter seinem Rücken schimpfen, weil Adelphia jetzt ihren ganzen Unmut an dem Koch ausließ.

Die Stimmung an der Bar wurde den ganzen Abend nicht besser.

Kurz nach Mitternacht, als Themistoklis endlich in seinem Zimmer alleine war, konnte er lange Zeit nicht einschlafen. Der Gedanke, dass sich Adelphia gegenüber Julie so unmöglich benommen hatte, war ihm unbehaglich. Leo und Katerina wollte er auch zukünftig als seine Gäste im Hotel haben und es wäre traurig, wenn sie nicht mehr kommen würden, weil ihre Tochter hier schlecht behandelt wurde.

Dann überlegte er, ob er die nächsten Tage vielleicht doch aktiver an seinem Schicksal arbeiten sollte. Nur ganz wenig. Eher zufällig, indem er einfach dort sein würde, wo sich Julie aufhalten könnte.

Der Rahmen mit dem Bild von sich und Julie auf dem Oktoberfest war das letzte, was er im Halbdunkel an diesem Tag vor Augen hatte.

Kapitel 60

Katerina, vierter Urlaubstag

Nach dem Frühstück brachen wir nach Oia auf. Das Auto lief hervorragend und da wir von zu Hause unsere Lieblingsmusik auf CD mitgebracht hatten, wurde unsere Laune unterwegs immer besser.

Wir sangen laut mit, quatschten viel und hatten es mit einem Mal erstaunlich lustig. Alles schien plötzlich wieder viel leichter, vor allem für Julie!

Wir wanderten in Oia den Donkey-Steg zum alten Hafen hinunter und tranken in der Bay of Ammoudi einen Griechi-

schen Kaffee, der uns dort mit einem großen Glas gekühltem Wasser serviert wurde und erstaunlich günstig war.

Über die Autostraße schleppten wir uns dann wieder zurück nach oben in die kleine Stadt zu unserem Parkplatz. Zu Fuß war der Weg viel länger als ich ihn mit Leo im Auto in Erinnerung hatte und die Sonne brannte mitleidlos auf uns herunter. Doch wir schafften das! Am Ende waren wir zwar völlig fertig, aber stolz auf uns, dass wir so etwas Anstrengendes leisten konnten.

Erschöpft ließen wir uns auf einer Bank, im Schatten eines Gebäudedurchgangs, nieder und schauten eine ganze Weile einem griechischen Kerl zu, der bei dieser Hitze mit nacktem Oberkörper Wasserflaschen schleppen musste. Riesige Pakete musste er von seinem Pickup zu einem etwa zwanzig Meter entfernten Hauseingang tragen. Julie konnte über den Kerl mit seinen Wasserflaschen jetzt sogar schon wieder lachen. Es schien, als hätte sie den nötigen Abstand zu ihrem Liebeskummer gefunden.

Den Nachmittag verbrachten wir am Strand vor unserem Hotel zum Baden. Wir schauten den Wassersportlern zu, die dort ihren Verkaufsstand betrieben. Ein paar Mädchen ließen sich in einer aufgeblasenen Banane über das Wasser ziehen.

Das Motorboot kurvte nach links und dann wieder scharf nach rechts, damit die nachgezogene Banane die hohen Bugwellen queren musste. Die Banane sprang hoch und klatschte wieder ins Meer zurück und bei jedem Hopser kreischten die Mädchen um ihr Leben. Für uns, die wir in Sicherheit waren, war das sehr lustig.

Duschen, Haare waschen, schminken, essen und dann woll-
ten wir eigentlich nach Fira zur Post und zum Sunset nach
Imerovigli. Wir blieben dann aber im Hotel, weil in der Strand-
bar ein wichtiges Fußballspiel mit der griechischen National-
Mannschaft übertragen wurde. Das wollten wir uns nicht ent-
gehen lassen. Die griechische Mannschaft hatte leider verloren
und wir litten mit unseren Gastgebern.

Danach spazierten wir noch am Strand entlang und über
Perissas Flaniermeile und gönnten uns zum Abschluss noch ein
Glas Wein in einer gemütlichen Bar, um besser einschlafen zu
können.

Über Themistoklis haben wir den ganzen Tag kaum geredet.

Kapitel 61

Themistoklis

Themistoklis war gerade mit dem Frühstück auf der
Treppe in die Hochzeitssuite, als Julie unerwartet auf dem
Hotelgelände auftauchte. Freudestrahlend wollte sie auf
ihn zueilen, aber als sie sah, dass er bei seiner Arbeit war,
stoppte sie sofort wieder.

"Ich bin gleich bei dir", zwinkerte er ihr kurz zu und
hoffte, sie würde auf ihn warten.

Dummerweise hatte er gerade jetzt das Frühstück für die beiden Männer auf dem Tablett. Er ahnte, sie würden ihn wieder länger aufhalten, als ihm lieb war. Sie bestanden auf ihren täglichen Smalltalk mit ihm und waren mit ihren Erzählungen über das, was sie den Tag zuvor erlebt hatten und was sie den neuen Tag über vor hatten, kaum zu bremsen. Es schien ihnen wichtig zu sein, dass Themistoklis sie und ihre Pläne gut fand. Offenbar brauchten sie seinen ganz speziellen Sympathiebeweis, um sich als Paar in diesem Hotel ernstgenommen und erwünscht zu fühlen.

Die Männer verkehrten wie ein gewöhnliches Ehepaar miteinander und doch sah jeder der beiden Themistoklis mit so leuchtenden Augen an, als wollten sie ihn sofort in ihre Beziehung aufnehmen. Es war, als könnten die beiden gar nicht genug von seiner Gegenwart bekommen.

Seit Julie ihn darauf aufmerksam gemacht hatte, fiel es Themistoklis ganz besonders auf, dass die zwei ihre Augen nicht von ihm lassen konnten. Jedes Mal, wenn er ihnen über den Weg lief, lachten sie ihm auf eine merkwürdige Weise zu. Und jeden Morgen hielten sie ihn ungebührlich lange auf, wenn er ihnen das Frühstück ins Zimmer brachte.

Themistoklis wurde ungeduldig. Er hörte nur mit halben Ohr hin was die beiden sagten. Zu deutlich spürte er, dass er sein eigenes Leben nicht leben konnte, wenn er seine Arbeit gut machen wollte.

Wie selbstverständlich die Gäste über ihn verfügten und wie wichtig sie sich selbst nahmen. Sie erkannten nicht die Professionalität hinter seinem höflichen Lächeln und seinen üblichen Späßchen, sie hofften auf Freundschaft und er hoffte, dass sie ihm am Ende ihres Aufenthalts ein ordentliches Trinkgeld geben würden, das er so notwendig für seine tägliche Versorgung brauchte.

Sobald sich Themistoklis befreien konnte stürmte er wieder nach draußen in der Hoffnung, dass Julie noch da stehen würde, wo er sie zuletzt gesehen hatte. Zum Glück stand sie noch da. Er flog förmlich die Treppe herunter, umarmte sie ganz selbstverständlich und er fand, dass es sich gut anfühlte, sie an sich drücken zu können. Ihre warme Haut roch angenehm nach Sonnencreme und frischer Luft und er bemerkte, dass sie mit ihrem knappen weißen Tennishöschen und dem engen Top wieder einmal umwerfend gut aussah.

Sie kam, um ihm einen Guten Morgen zu wünschen und er fand, dass das eine gute Idee von ihr war.

"Wir fahren zur Vlichada Beach!" informierte sie ihn beschwingt, "wir wollen über Mittag bleiben!"

"Gute Idee. Vlichada ist wirklich ein schöner Strand. Geht doch mal in das Fischrestaurant oberhalb des Hafens", sagte er, weil ihm auf die Schnelle nichts Besseres einfiel und weil er spontan überlegte, ob er vielleicht diesen Mittag ebenfalls dort essen könnte. Vielleicht würde er sie dann kurz am Strand besuchen können.

Sie standen dicht beieinander, aber er konnte ihr nichts genaueres versprechen und ihr gerade nichts sagen, was für sie von Bedeutung wäre. Für eine längere Unterhaltung fehlte ihm die Zeit, weil einige Gäste noch auf ihr Frühstück warteten. Sie sahen sich nur eine kleine Weile an und versuchten sich so nah wie möglich zu sein.

"Ich muss leider weiter arbeiten. Du weißt ja, am Morgen ist hier immer das meiste los", entschuldigte er sich.

"Ja ich weiß", lachte ihn Julie an, "lass dich nicht aufhalten, ich wollte dir nur einen guten Tag wünschen."

Themistoklis fand die Überraschung gelungen und es freute ihn echt. Zum Abschied gab er ihr noch ein Küsschen auf die Wange und dann war Julie auch schon wieder auf dem Weg zum Auto. Am liebsten wäre er jetzt selbst mit ihr an die Beach gefahren.

Dummerweise kam er sich jedes Mal, wenn sie ihn verließ, alleingelassen vor. Es fühlte sich an, wie damals in seiner Kindheit, als sein Vater das letzte Mal die Tür hinter sich schloss. Auch jetzt machte sich dieses unangenehme Gefühl wieder in ihm breit. Julie war weg und er blieb zurück und hatte keine Wahl.

Im Laufe des Vormittags besserte sich seine Laune, weil er beschlossen hatte seine Mittagpause in Vlichada Beach zu verbringen. Die Vorfreude spornte ihn bei seiner Arbeit an.

Doch dann kam es wieder ganz anders, als geplant.

Nicolesku rief an, dass an diesem Vormittag der Kleinbus geliefert werden sollte, den er für das Hotel angeschafft hatte, um den Gästen künftig einen Flughafentransfer und ein Strand-Shuttle anbieten zu können. Diese individuelle Beförderung war Teil von Nicoleskus' Preispolitik. Die enorme Erhöhung, die er nach der Renovierung des Hotels vorgenommen hatte, verlangte geradezu nach einem erweiterten Service. Der Einfall war genial, denn mit dem Transporter hatte er auch für andere Einsätze rund um das Hotel einen großen Wagen zur Verfügung.

Den ganzen Vormittag musste Themistoklis auf das Fahrzeug warten und seine Hoffnung, es würde rechtzeitig geliefert werden, ging nicht auf. Tatsächlich kam der Bus erst am Nachmittag, was normalerweise für griechische Verhältnisse auch kein Problem gewesen wäre, nur für diesen Tag bedeutete das, dass Themistoklis das Gelände nicht verlassen konnte.

Dafür sah der Nobel-Sprinter überwältigend gut aus. Hundertneunzig PS, nagelneu, metallic glänzend, voll klimatisiert mit getönten Scheiben und neun Leder-Sitzplätzen, so stand er da und Themistoklis ließ sich vom Lieferanten alles genau erklären, jeden Knopf und jeden Hebel.

Der Kleinbus musste viele seiner Jahresgehälter gekostet haben, rechnete sich Themistoklis aus. Nicolesku hatte offensichtlich tief in die Tasche gegriffen, um diese Anschaffung für das Hotel zu tätigen.

Nur zu gerne wäre Themistoklis schon jetzt Teilhaber der ganzen Anlage gewesen, dann würde er endlich genug verdienen, um sich eine Zukunft mit eigener Familie planen zu können.

Nachdem der Wagen einmal auf dem Gelände stand, so blitzblank und glänzend, zog es Themistoklis immer wieder zu ihm hin und immer wieder nahm er ihn ganz genau unter die Lupe. Tür auf - Tür zu. Kofferraum auf - Kofferraum zu. Er setzte sich zuerst hinter das Lenkrad, positionierte den Fahrersitz für sich passend, stellte die Rückspiegel ein und probierte anschließend noch jeden einzelnen der hinteren Plätze aus. Die Bedienungsanleitung für die vielen Knöpfe und Schalter am Armaturenbrett brauchte er nicht, er probierte einfach solange an allem herum, bis er wusste, welcher Schalter, was in Gang setzte. Er konnte es kaum erwarten seine erste Tour damit zu fahren.

Gerade hatte er das Führerhaus wieder einmal verlassen, als überraschend Katerina auf ihn zu kam. Sie hatte außerhalb des Geländes geparkt, das fand er zwar nicht notwendig, die Zurückhaltung gefiel ihm aber. Das war ziemlich undeutsch, stellte er fest und er würde das in jedem Fall dem stets pauschalisierenden Efthimios um die Ohren hauen, dass sich die Deutschen nicht immer dominant verhielten und auch nicht immer ihre Handtücher auf den Liegen ausbreiteten, um sie den ganzen Tag für sich zu reservieren. Katerina und Leo jedenfalls taten das nie, das hätte er gesehen.

"Themistoklis, ich habe eine große Bitte an dich!", rief sie ihm schon von weitem entgegen.

"Gerne, was kann ich für dich tun?" Das hörte sich von ihr sehr ungewöhnlich an. Er war sofort neugierig geworden und hoffte, dass nichts mit Julie war.

"Julie und ich kommen gerade aus Perivolos und ich habe gesehen, dass dort wahnsinnig viel los ist. Viel Party, laute Musik und eine Menge junger Leute sind dort am Feiern", erzählte sie ihm.

"Das ist richtig", bestätigte er. Hatten sie die Partymeile also jetzt gefunden, die er ihnen schon öfter anbieten wollte. "Hast du die JoJo-Bar gesehen?", fragte er, weil er die von allen am besten kannte und weil er wusste, dass Angeliki fast jede Woche dort abfeierte.

Dort war wirklich immer etwas los. Schon am frühen Nachmittag gab es alkoholische Drinks, laute Musik und Disk-Jockeys die nimmermüde das Publikum anheizten.

"Genau, die JoJo-Bar! Wir haben sie gesehen und deswegen bin ich auch hier", sagte Katerina. "Julie sollte wenigstens einmal in ihrem Urlaub mit jungen Leuten Party machen, aber alleine möchte sie nicht in eine Bar gehen. Und ich bin zu alt, die würden mich schön dumm anschauen, wenn ich da auftauche. Du hast doch viele Freunde hier Themistoklis, könnte nicht einer von ihnen heute Abend Julie zu einer Strandparty begleiten?"

Themistoklis staunte nicht schlecht über Katerinas sicher ganz ernstgemeinte Anfrage. Er war zwar so etwas wie ein Concierge in seinem Hotel, aber einen Begleit-Service hatte er noch nie organisieren müssen und ob er das für Julie machen wollte, das wusste er auf Anhieb sowieso nicht. Es fielen ihm zwei oder drei seiner Freunde ein, die abends frei hatten. Aber sie waren von den Mädchen nur begeistert, wenn sie leicht zu haben waren. Sie würden Julie sicher etwas zu trinken geben und sie dann blöd anmachen und das würde er auf keinen Fall zulassen. Er wollte überhaupt nicht, dass Julie dumm angemacht wurde oder mit irgendjemand anderen, als mit ihm selbst, in eine Bar ging.

Er wusste nicht, was er sagen sollte. Katerina hatte ihn mit dieser Aufgabe irgendwie kalt erwischt. Wie wenig er seinen Freunden vertrauen konnte und wie viele Zusagen er selbst gemacht hatte, bezüglich dessen, was er mit Julie in ihrem Urlaub alles tun wollte, war jetzt überdeutlich. Er fühlte sich unwohl in seiner Haut. Er wäre gern selbst mit Julie ausgegangen, aber diese Gelegenheit würde sich in der kurzen Zeit, in der sie auf der Insel war, wohl eher nicht mehr bieten.

Die meisten Freunde die hier kannte, waren nicht wirklich Freunde, sondern Kumpel mit denen man gut feiern konnte. Man traf sich, quatschte, rauchte und kippte seine Drinks, aber Vertrauen in sie hatte er deswegen noch lange nicht. Sie waren Saisonarbeiter die ihre Jobs machten und nach Feierabend irgendwo abhingen. Auch Angeliki gehörte zu ihnen, sie war fast jede Nacht unterwegs.

Themistoklis dagegen war gerade dabei die ganze Verantwortung für ein Hotel zu übernehmen und da hatte er in all den vergangenen Wochen weder die Zeit noch das Bedürfnis sich volllaufen zu lassen. Katerina zeigte ihm mit ihrer Frage schlagartig, wie sehr ihn seine Aufgabe schon verändert hatte. Noch letzten Karneval zog er tage- und nächtelang durch die Straßen und Freunde nannten sich alle, die genau wie er, nichts als feiern wollten. Doch jetzt wusste er niemanden, außer sich selbst, dem er Julie anvertrauen konnte.

"Nein, leider weiß ich niemanden", entschuldigte er sich wegen all seiner früheren Versprechen, "meine Freunde arbeiten jedes Wochenende oder jeden Abend oder jeden Tag, so wie ich, sie haben keine Zeit zum Aus- gehen." Das fand er in diesem Augenblick die beste Ant- wort.

"Schade", sagte Katerina in sehr holprigem Englisch, "es wäre gut für Julie, wenn sie mal ohne mich, nur mit jungen Leuten unterwegs sein könnte. Aber Julies Freun- dinnen wollten nicht hierher kommen und wir kennen nur dich und da dachten wir, vielleicht weißt du jeman- den." Dann lachte sie entschuldigend, als ob ihr die Frage jetzt selbst peinlich gewesen wäre.

"Du kannst selbst mit Julie in die Bar gehen", ermutigte Themistoklis sie. Um sie aufzuheitern, ergänzte er noch: "Du siehst gut aus und das Alter ist dort egal, wirklich!"

Er dachte daran, dass eine volle Geldbörse in vielen Clubs gefragter ist als jugendliches Aussehen und bei Ka- terina wäre Julie in jedem Fall gut aufgehoben.

Dann fiel ihm erfreulicher Weise sein neuer Kleinbus wieder ein, dessentwegen er heute den ganzen Tag auf dem Hotelgelände ausharren musste und um die Spannung aus dem Gespräch zu nehmen und weil Katerina ihm so vertraut war, konnte er nicht anders, als ihr den Wagen sofort zu zeigen.

"Ich habe ein neues Auto!", strahlte er sie an und machte gleich ein paar Schritte in Richtung Kleinbus. Und weil Katerina so interessiert mit ihm kam, erklärte er ihr gleich den Sinn dahinter und dass er künftig selbst das Fahren damit höchstpersönlich übernehmen würde.

"Eigentlich ist das mein Job!", sagte Katerina.

"Du bist Taxifahrer?", feixte er.

Themistoklis hatte noch nie nachgefragt, was Katerina eigentlich den ganzen Tag zu Hause in Deutschland so machte. Er erinnerte sich nur, dass sie einmal erzählt hatte, sie hätte nach Julies Geburt ihren Job aufgegeben. Aber Julie war jetzt erwachsen und vielleicht verfolgte Katerina jetzt irgend eine neue interessante Aufgabe.

Er war gespannt, aber sie winkte lachend ab: "Nein, ich bin kein Taxifahrer! Ich fahre nur seit vielen Jahren meine Familie überall hin. Zum Flughafen, zum Bahnhof, in die Schule, zum Sport und wo immer es notwendig ist."

Themistoklis fand, dass sie ihre Familie ordentlich verwöhnte und lachte artig über diesen Witz. Er fingerte schon den Autoschlüssel aus seiner Hosentasche, weil er ihr noch das lederne Innenleben des neuen Wagens zeigen wollte, aber sie hielt an und machte Anstalten die Besichtigung abbrechen zu wollen. Irgendwie wollte sie plötzlich schnell zurück zu ihrem Auto.

Themistoklis fand, dass das schade war und folgte ihr bis zum Ende des Hotelgeländes. Er hätte ihr gerne noch den Bus von innen gezeigt. Gerade jetzt, wo er ein wenig Zeit gehabt hätte. Er fand es sehr bedauerlich, dass sie schon wieder gehen wollte und überhaupt fand er es bedauerlich, dass sie Julie nicht gleich mitgebracht hatte. Sie würde den Wagen bestimmt gerne von innen gesehen haben.

Als er Katerina zur Straße begleitete, schien es ihm, als hätte er Julie hinter der Windschutzscheibe des Mietwagens erkannt. Aber die bereits schräg stehende Sonne spiegelte sich zu sehr in der nur leicht gebogenen Frontscheibe und so konnte er nichts Genaues erkennen und direkt nach ihr fragen, fand er zu neugierig. Und außerdem wäre Julie sicherlich ausgestiegen, wenn sie dabei gewesen wäre. Wieso sollte sie im Auto sitzen bleiben?

Als Katerina einstieg und wegfuhr, stand er noch eine ganze Weile am Tor und schaute ihr hinterher bis sie um die Ecke bog.

Wie gerne wäre er mit Julie auf eine Beach-Party gegangen, dann hätte er mit ihr auf das neue Auto und auf seine neue Aufgabe als Busfahrer angestoßen. Und vielleicht wären sie sich in dieser guten Stimmung ein ganzes Stück näher gekommen.

Aber wieder einmal konnte er nicht tun, was er tun wollte.

Die Sonne war längst untergegangen, als Themistoklis an seiner Poolbar stand und auf die Pina Colada wartete, die Nicolesku bei ihm bestellt hatte. Dieses Mal war der Chef gekommen, um das neue Auto in Augenschein zu nehmen. Der Wagen hatte viel Geld gekostet und Nicolesku wollte wissen, wie Themistoklis damit zurecht kam.

Der Koch und Adelphia werkelten gemeinsam hinter der Bar.

Bis der Drink fertig war überschlug Themistoklis ein paar Zahlungsbelege am Tresen, als plötzlich Katerina und Julie um die Ecke bogen.

"Hi Themistoklis, da sind wir schon wieder! Jetzt haben wir sämtliche Bars zwischen Perivolos und Oia abgeklappert und nun sind wir doch wieder hier, weil wir ..." , und Katerina fing zu stottern an.

"...weil du hier die Leute kennst", half ihr Themistoklis belustigt aus der Patsche und war wieder einmal über sich selbst erstaunt, wie gut er sie kannte.

Er fand, die beiden hatten damit einen guten Grund, diesen Abend an seiner Poolbar zu verbringen. Damit brauchte er sich nicht einmal vor Adelphia zu rechtfertigen und auch der Koch musste hier mit seinen üblichen Späßchen passen.

"Ja, genau so ist es, du weißt das", lachte sie ihn fröhlich an und sah mit ihren hellen Haaren und der sonnengebräunten Haut sehr urlaubsmäßig aus. Auch Julies Haut war schon leicht gebräunt und sie sah wie immer sehr anziehend aus. Es war ein Vergnügen, sie anzuschauen.

Meine Familie, dachte Themistoklis froh!

Doch dann musste er den eben fertig gewordenen Drink zu seinem Chef bringen, was er sehr schade fand, weil er keine Gelegenheit mehr hatte auf ein weiteres Gespräch einzugehen. Er würde versuchen so bald wie möglich zurückzukommen. Dann könnten sie sich länger unterhalten.

Themistoklis hatte die Auto-Besichtigung so kurz wie möglich gestalten wollen und die Fragen Nicoleskus so einsilbig wie es ging beantwortet, um schnell fertig zu werden. Aber je einsilbiger er wurde, umso mehr fragte der andere nach. Und nach der Besichtigung wollte der Chef noch ein lockeres Gespräch mit ihm zur Lage im Allgemeinen und Themistoklis drängte sich einmal mehr der Verdacht auf, der Boss würde sich zu Hause langweilen. Immer wieder sah Themistoklis verstohlen auf seine Armbanduhr und hinüber zur Bar und hoffte, die Zeit würde reichen, um Katerina und Julie noch dort anzutreffen.

Aber für Nicolesku, diesen alten Junggesellen, der an nächtlichen Besäufnissen in irgendwelchen Bars in Fira nicht interessiert war, war das Vulcano Sunset zur Heimat geworden. Das Vulcano Sunset war seine Ehefrau und sein Kind. Und so verging auch an diesem Abend viel Zeit bis Themistoklis an die Bar zurückkehren konnte.

Seine Befürchtung, Julie und Katerina könnten schon weg sein, bestätigte sich auch diesmal. Sie waren längst gegangen, als er endlich Zeit für sie gehabt hätte. Sie hatten nicht auf ihn gewartet.

Vermutlich hatte sie der frische Wind, der in der Zwischenzeit aufgekommen und an der Bar unangenehm zu spüren war, vertrieben. Etwas anderes konnte er sich nicht vorstellen.

"Sie sind schon weg! Siehst du mal wieder, dass ich recht habe", Adelphia nahm einen großen Schluck aus einem Saftglas und genoss sichtlich ihren Drink und ihren Triumpf.

"Was hast du zu ihnen gesagt? Sie hätten sicher auf mich gewartet, wenn du sie ein wenig nett unterhalten hättest", Themistoklis kam der Verdacht, Adelphia könnte ihre Abneigung wieder zu deutlich gezeigt haben.

"Wieso soll ich sie nett unterhalten? Sie sind nicht einmal Gäste dieses Hotels", spottete Adelphia, "und ich denke, das wissen sie auch."

"Hey, Vorsicht!", Themistoklis hob beide Hände und verbot ihr barsch den Mund. Diesmal wollte er von ihr nichts hören, seine Enttäuschung reichte ihm bis in die Fußspitzen und wer Gäste an seiner Bar waren, das hatte immer noch er ganz alleine zu entscheiden.

Kapitel 62

Katerina, fünfter Urlaubstag

Gleich nach dem Frühstück brachen wir zum Baden nach Vlichada auf.

Die Musik im Auto machte Julie so gute Laune, dass sie der Meinung war, es wäre eine gute Idee, Themistoklis spontan guten Tag zu sagen. Unter Freunden macht man das eben so, meinte sie, da wäre nichts dabei.

Ich parkte also vor dem Vulcano Sunset, Julie sprang gleich aus dem Wagen und lief auf das Hotelgelände.

Als sie wieder kam erzählte sie, dass sich Themistoklis sehr gefreut hätte und er hätte in Vlichada ein Fischlokal empfohlen. Ich erinnerte mich sofort an unser Essen dort mit Leo und sagte Julie, dass ich da bestimmt nicht noch einmal abgezockt werden wollte.

Das Baden im Meer machte uns beiden sehr viel Spaß. Das Wasser war warm und es gab ordentlich große Wellen. Dagegen war das Meer am Strand von Perissa geradezu langweilig. Mit Keksen und Limonade gut versorgt, hielten wir es stundenlang aus. Natürlich hoffte Julie, dass Themistoklis seinen freien Nachmittag diesmal hier verbringen könnte, wo sie ihm doch extra noch sagte, wo sie zu finden war.

Er kam aber nicht.

Wir spazierten dann noch durch den kleinen Hafen, der hier der schönste der Insel sein soll. Viele kleine Fischerboote und große Yachten lagen hier. Immer wieder liefen weiße Katamarane mit ausgebreiteten Segeln ein, die von hier aus den ganzen

Tag mit Touristen in der Caldera herumschippern und am Abend wieder zurück kamen.

Wir fuhren mit dem Auto an der Küste entlang weiter, bis nach Perivolos und stellten fest, dass dort die Partymeile von Santorini sein musste. Vor allem aus der Jo-Jo-Bar drang laute Techno-Musik und der Diskjockey fuchtelte schon am Nachmittag wild hinter seinem Pult herum, um die Stimmung anzuheizen.

Unter all den jungen Leuten mit ihrer guten Laune hat meine Tochter uninteressiert und traurig ausgesehen.

Spontan kam mir die Idee, wir könnten Themistoklis fragen ob er wenigstens einen Freund wusste, der Julie mal eine Nacht lang durch die Discos begleiten könnte. Schließlich hatte er versprochen, selbst mit ihr auszugehen und jetzt waren wir hier und wenn er keine Zeit hatte, dann kannte er vielleicht jemanden, der Zeit haben würde. Ich fand, das wäre mal ein netter Freundschaftsdienst von ihm.

Julie fand meine Idee nicht so brillant und sie wollte auf alle Fälle im Auto sitzen bleiben, wenn ich Themistoklis danach fragen würde.

Er war gerade auf dem Hotelgelände unterwegs. Als er mich kommen sah, kam er schnurstracks auf mich zu. Aber einen Freund oder eine Freundin mit freier Zeit kannte er dann leider auch nicht.

Erst wirkte er ein wenig bedrückt auf mich, aber dann fiel ihm ein, dass er einen neuen Bus bekommen hätte und er wollte ihn mir sofort ausführlich erklären. Doch Julie wartete auf mich im Auto und ich wollte sie nicht so lange sitzen lassen. Es sah fast so aus, als wäre Themistoklis ein wenig enttäuscht, weil ich für sein Auto so wenig Zeit hatte. Mit Leo hätte die Besichtigung vermutlich deutlich länger gedauert.

Dafür beschlossen Julie und ich später ganz spontan, dass wir unseren Abend-Drink im Vulcano Sunset nehmen könnten, wenn uns schon für das Jo-Jo in Perivolos der Mum fehlte. Ich sagte zu Julie, dass wir aller Liebesgeschichten zum Trotz gute Freunde von Themistoklis wären und Leo und ich immerhin so etwas wie seine Stammgäste sind. Wir brauchten uns nicht zu verstecken.

Nach Sonnenuntergang fuhren wir los.

Themistoklis' Chef stand auf dem Hotelgelände herum, Adelphia und der Koch waren in der Poolbar beschäftigt und Themistoklis stand vor dem Tresen, als wir eintrafen.

Ich versuchte locker und unkompliziert zu erklären warum wir schon wieder hier wären, aber Themistoklis wusste schon Bescheid. Er beendete meinen Satz korrekt, weil mir wieder einmal die Vokabeln fehlten.

Doch nach dieser freundlichen Begrüßung war er auch schon gleich wieder für den Rest des Abends mit seinem Chef spurlos verschwunden.

Adelphia hinter dem Tresen redete schon wieder ständig auf Julie ein, sie solle doch mit ihrem Boyfriend hierher kommen und sie machte wieder nicht den Eindruck, als würde sie sich über unseren Besuch besonders freuen.

Julie fühlte sich immer unwohler in ihrer Gegenwart. Themistoklis, der die Stimmung hätte auflockern können, war nicht da und wegen Adelphia hätten wir sicher nicht zu kommen brauchen.

Ich versuchte fortwährend mit Adelphia oder dem Koch ein lockeres Gespräch zu beginnen, schließlich kannten wir uns doch alle untereinander von meinem letzten Urlaub hier im Hotel. Doch trotz all meiner Versuche blieben die beiden kurz angebunden und es kam keine rechte Stimmung auf.

Julie und ich fühlten uns wie bestellt und nicht abgeholt.

Ich orderte für Julie und mich zwei Fruchtmix, die uns der Koch dann auch gleich aus frischen Früchten zubereitete, genau wie damals, als ich mit Leo hier war und wir die netten Gespräche mit Themistoklis an der Bar hatten und ich zwei supervolle Gläser zum Preis für eins bekam, weil nicht alles aus dem Mixer in mein Glas passte.

Auch dieses Mal passte nicht alles in ein Glas. Nur dieses Mal verteilte der Koch die eine Hälfte seiner Mixtur auf zwei Gläser, die bis obenhin mit Eiswürfel gefüllt waren. Die zwei Gläser waren für Julie und mich. Und die zweite Hälfte aus dem Mixer, ich glaubte ich seh nicht richtig, schüttete er in ein einziges Glas ohne Eiswürfel, das er vor meinen Augen Adelphia in die Hand drückte.

So, jetzt reichte es sogar mir!

Deutlicher konnte man mir nicht zeigen, was man von mir hielt. Augenblicklich war ich so verärgert, dass ich am liebsten laut gerufen hätte: Halt, das ist mein Getränk, das gehört mir!

Das hat man also davon, wenn man sich mit dem Personal einlässt. Julie und ich waren mit dem bisschen Fruchtsaft, der neben dem Eis noch im Glas Platz hatte, schnell fertig. Ich be-

zahlte mit einem Lächeln, soviel Professionalität muss sein, die überteuerten Getränke für Julie und mich und zwinkerte Adelphia zu, sie solle sich unseren Mix noch schmecken lassen.

Und obwohl es früh genug für einen zweiten Drink gewesen wäre fand ich, dass es Zeit war, dieses Lokal zu verlassen.

Kapitel 63

Themistoklis

Themistoklis konnte wieder einmal nicht gut einschlafen. Er war verärgert über Adelphias Verhalten und über seine ganze Situation im Allgemeinen. Er vermutete, dass Katerina und Julie sicherlich wieder wegen Adelphias Unmut das Hotelgelände verlassen hatten. Er wusste ja, wie abweisend seine alte Freundin sein konnte.

Bis in die frühen Morgenstunden wälzte er sich auf seinem Bett hin und her. Drehte sich vom Bauch auf den Rücken und dann wieder zur Seite. Er fand keine Stellung die ihm behagte. Mal kitzelte ihn eine Stelle am Hals, dann auf dem Rücken, wo er kaum hinkam, um sich daran zu kratzen, dann wieder juckte es im Ohr oder auf dem Hinterkopf. Dann schlief ihm eine Hand ein und dann war ihm auf der Decke zu kalt und unter der Decke zu warm.

Er sprach selten mit irgendjemanden über seine Gefühle und er hielt das bis jetzt auch nicht für notwendig. Trotz familiärer Zwistigkeiten war er immer gut alleine zurecht gekommen, auch ohne viel darüber reden zu müssen. Der Vater hatte die Familie verlassen, als Themistoklis ein kleines Schulkind war. Na und? Themistoklis konnte seine Trauer darüber bestens unterdrücken. Nie fand er die Familie mit Mutter und Großmutter zu klein oder zu unvollständig. Für ihn war das genug Familie. Meist war sowieso jeder mit sich selbst am intensivsten beschäftigt. Es ging auch ohne Vater.

Adelphia war die einzige, mit der er hin und wieder über Persönliches gesprochen hatte. Sie war von Beginn an seine beste Freundin und sie gab ihm, wenn sie zusammen waren, das Gefühl bei ihr zu Hause sein zu dürfen. Nur in letzter Zeit war sie unausstehlich. Ihre merkwürdigen Vorbehalte an seinem Interesse für Julie hatten sie verändert. Jetzt spielte sie große Schwester und ließ jedes Mal wenn sie sich sahen ihre schlechte Laune an ihm aus.

Auch nervte ihn mehr und mehr, dass jeder in seinem Umfeld etwas anderes von ihm erwartete. Für seine Gäste war er der dienstbare Geist mit dem freundlichen Wesen, über den man jederzeit verfügen konnte, für seine Angestellten war er der Kamerad und Geschäftspartner, der ihre Probleme löste und helfend eingriff, wenn wieder einmal etwas schief gelaufen war, für seine Chefs war er der Kümmerer und Organisator, auf den sie sich jederzeit verlassen können mussten und für seine Mutter und Großmutter blieb er das Kind, um das sie sich sorgten, wenn es im Sommer auf der Insel arbeitete und im Winter mal abends nicht nach Hause kam.

Und für Angeliki?

Er überlegte kurz und kam zu dem Schluss, dass er für sie auf alle Fälle praktisch und eine gute Verbindung war, so armselig wie sie selbst über die Runden kam. Für seine Freunde war er der Saufkumpane und für Efthimios außerdem der Vorzeigegrieche, den er in seine politischen Aktionen einbauen und dem er seine schmutzigen Witze erzählen konnte. Zusätzlich nahm er ihm das schlechte Gewissen, wenn es um die abgelegte Freundin ging.

Das alles war er, das alles war Themistoklis!

Aber was von all dem war ihm wirklich wichtig? Wer war er wirklich und wo wollte er hin? Und wieso sehnte er sich plötzlich nach der Nähe eines bestimmten Mädchens, das er gar nicht richtig kannte? Wieso fühlte er sich plötzlich so verlassen, wenn dieses Mädchen nicht in seiner Nähe war? Was war an Julie anders?

Sie verlangte nichts von ihm, das war anders. Sie verlangte nicht, dass er ihr etwas Bestimmtes vorspielte. Sie wollte nur in seiner Nähe sein. Sie war die einzige, der er ohne besondere Anforderungen gefiel. Immer wenn er anfing zu denken, sie könnte ihn bedrängen, löste sie sich auf erstaunliche Weise in Luft auf. Und immer wenn sie sich in Luft auflöste, fehlte sie ihm. Und wenn er an sie dachte, spiegelte sie das Leben, das er sich wünschte. Sie verkörperte wie keine andere seine Illusion vom Leben zu zweit und vom Leben in einer intakten Familie, ein Leben ohne Krise und ohne Sorgen um die Zukunft.

Er stellte sich den Bilderrahmen mit ihrer Fotomontage so augenfällig auf seine alte Kommode, dass er das Bild jetzt sogar im Liegen vom Bett aus sehen konnte. Julie und er, sie beide auf dem Oktoberfest! Was für eine schöne Vorstellung! Und mit dieser Phantasie schlief er in den frühen Morgenstunden dann doch endlich noch ein.

Den kommenden Tag musste er mechanisch ableisten. Eine ganze Nacht nicht richtig geschlafen zu haben fühlte sich morgens an, als hätte man einen Kater vom Vortag.

Er hoffte, es würden ihm keine größeren Fehler passieren. Nach dem Frühstück waren An- und Abreisen zu organisieren und Nicolesku saß schon am Vormittag wieder an Themistoklis' Schreibtisch. Heute würde sogar das Big-Sandwich in der Strandbar ausfallen müssen. Bis in die Nacht hinein wollte der Chef mit ihm noch über die Veränderungen am Hotel im nächsten Winter sprechen. Wohin die Küche sollte und wie der Anbau für den Restaurantbereich aussehen müsste. Welchen Windschutz sie brauchen würden. Sie wälzten Zeichnungen und Architektenpläne und immer wieder gingen sie mit einem langen Maßband durch die Außenanlage, um sich ein klares Bild über Größe und Aufteilung der geplanten Umbauten zu verschaffen.

Themistoklis fühlte sich wie gerädert. Dieser Tag kam ihm vor, wie einer seiner längsten und anstrengendsten Arbeitstage überhaupt.

Julie kam den ganzen Tag nicht vorbei. Obwohl er in regelmäßigen Abständen immer wieder auf die Einfahrt des Hotelgeländes starrte und es Augenblicke gab, wo er direkt sehen konnte, wie sie ihm mit ausgebreiteten Armen entgegen lief, um ihn zu begrüßen. Aber sie kam nicht. Sie kam auch abends nicht und später zu einem Drink auch nicht.

Von Stunde zu Stunde wuchs seine Gewissheit, dass ihm ohne Julie etwas fehlte.

Kapitel 64

Katerina, sechster Urlaubstag

Der Abend an der Hotelbar im Vulcano Sunset hat mich richtig geärgert. Ich konnte lange nicht einschlafen. Zu viele Gedanken gingen mir durch den Kopf.

Während Julie versuchte auf der anderen Hälfte unseres Doppelbetts Ruhe zu finden, habe ich noch einen Chat mit Leo angefangen. Ich erzählte ihm von unseren Eindrücken und davon, dass Themistoklis von seinen vielen Versprechen bis jetzt kein einziges gehalten hatte und Julie gar nicht mehr weiß, was sie von all dem halten soll.

Leo, der nüchterne Pragmatiker, brachte dann alles sachlich auf den Punkt. Der Text, den er für Julies finalen Brief vorschlug war kurz, einfach und genial. Nichts von Herzschmerz und falsch verstandener Liebe und all sowas soll sie ihm schreiben, sondern nur:

> "Themistoklis, wenn du kein Gay bist und in eine reale Zukunft mit einem Superweib blicken möchtest, dann ruf mich an!
> Ansonsten: Good Bye."

Und plötzlich fiel es mir wie Schuppen von den Augen!

All das was Julie in diesem Urlaub erlebte, war notwendig, um sie aus einer Täuschung zu befreien.

Nicht das, was sie sich erhofft hatte war falsch, sondern die Zeichen die sie bekommen hatte, waren es. Ihre Reaktion war die menschliche Reaktion auf das, was sie zur Verfügung hatte.

Es war egal, was Themistoklis, Adelphia oder sonst irgendwer auf der Insel über Julie dachten, aber es war nicht egal, ob sie einem dauernden Widerspruch zwischen Versprechen und Wirklichkeit ausgesetzt war und mit diesem Widerspruch in ständiger Unfreiheit leben würde.

Themistoklis musste Julie gegenüber endlich Stellung beziehen, er musste sich deutlich äußern, denn nur dann konnte sie entscheiden, ob er mehr für sie sein wollte oder nur ein guter Gastgeber.

Themistoklis muss lernen zum richtigen Zeitpunkt erkennbare Grenzen zu setzen. Er muss sich künftig überlegen, was er, wem, versprechen kann und was nicht. Er muss lernen, dass professionelle Freundlichkeit dort ihre Grenzen hat, wo falsche Hoffnungen geweckt werden, wo jemandem eine Freundschaft vorgegaukelt wird, obwohl er sie selbst gar nicht haben möchte.

Für Julie wird es hart, mit dieser Enttäuschung fertig zu werden, aber sie wird daraus lernen, sie wird lernen zu prüfen und zu hinterfragen.

Sie weiß jetzt, dass große Gefühle in ihr schlummern und dass es nur eines Auslösers bedarf, diese zu wecken. Aber sie weiß jetzt auch, dass nicht jede große Liebe eine Gegenliebe erfährt, auch wenn die eigene Empfindung sehr mächtig sein kann.

Im Augenblick der Enttäuschung scheint jeder Weg kummervoll, aber durfte sie nicht zuvor auch eine lange Zeit mit richtig großen Gefühlen erleben?

Liebe, Motivation, Hoffnung und Vorfreude trugen Julie durch ihre Prüfungen und haben ihr Mut gemacht und sie ihre Zukunft planen lassen. Und wie immer es auf dieser Insel enden mag, alles was geschehen ist war notwendig, um erwachsen zu werden.

Trotz all der nicht eingehaltenen Versprechen sollten wir Themistoklis dankbar sein, weil er uns allen in der kurzen Zeit, die wir mit ihm verbringen durften, so viel Freude gegeben hat. Er hat uns lachen und uns das Leben wieder so richtig spüren lassen. Er hat uns gezeigt, dass wir noch lebendig und liebesfähig sind. Kein Urlaub der Welt konnte besser sein!

Mit dieser Erkenntnis schlief ich tief und fest bis in den Vormittag hinein durch. Und Julie auch.

Nach dem Frühstück machten wir uns beschwingt auf den Weg nach Imerovigli. Wir fühlten uns unbeschreiblich frei von all der Grübelei der vergangenen Tage.

Zuerst tranken wir im Café Estia Griechischen Kaffee. Dann wanderten wir durch die bizarre Hotellandschaft Imeroviglis. In einem hochgelegenen Hotel-Cafe löschten wir unseren Durst mit Eiswasser und auf dem Rückweg gingen wir noch eine Postkarte für Themistoklis kaufen, auf die Julie den Hammerspruch von Leo schreiben wollte.

Die passendste Postkarte für Themistoklis schien uns die, mit einem vollgepackten Esel zu sein, weil wir beide der Meinung waren, dass sich Themistoklis zu viele Verbindlichkeiten auflädt. Wenn er sein Leben selbstbestimmt leben wollte, müsste er Last abwerfen, sonst würde er unter all seinen Versprechungen, die er gar nicht halten konnte, irgendwann zusammenbrechen.

Den heißen Nachmittag verbrachten Julie und ich an unseren beiden Hotelpools. Zuerst im Pool direkt vor unserem Fenster und dann im Pool hinter der Bar. Den Pool hinter der Bar fanden wir besser, weil er größer, tiefer und deswegen sauberer war.

Duschen, Haare waschen, schminken, essen gehen und dann wieder Fußball in unserer Hotel-Bar. Dieses Mal hat Deutschland 4:0 gewonnen und wir haben uns ordentlich darüber gefreut, obwohl die Griechen hier unsere Freude nicht teilen wollten und sehr zurückhaltend reagierten.

371

Diesmal hielt sich mein Mitleid mit unseren Gastgebern in Grenzen, lange genug habe ich versucht sie besser verstehen zu wollen.

Ein paar Mal spazierten wir noch die Strandpromenade auf und ab, dann setzten wir uns in einer Taverne auf ein weißes Chillsofa und bestellten noch je einen frisch gepressten Fruchtcocktail.

Super lecker, schmeckte der!

Hier gab es für jeden von uns ein volles Glas und sogar ohne platzraubende Eiswürfel und der Cocktail war nur halb so teuer, wie oben im Vulcano Sunset. Und ob irgendjemand die zweite Hälfte aus dem Mixer umsonst ausgetrunken hatte, war komplett egal.

Die Nacht blieb warm und der Mond stand immer noch fast voll über dem dunklen Meer. Interessiert an all den Menschen, die vor uns auf und ab spazierten, stellten wir fest, dass es auf unserer Strandpromenade sogar viel interessanter war, als auf der leeren Poolterrasse oben im Vulcano Sunset.

Vor dem Schlafengehen feilte Julie dann doch wieder an ihrem Text für Themistoklis herum. So schnell könne sie ihre Gefühle nicht ablegen, sagte sie.

Insgeheim hoffte sie wohl immer noch, dass alles nur eine Reihe von Missverständnissen gewesen sein könnte und Themistoklis doch vielleicht echte Gefühle für sie haben würde. Sie spüre das irgendwie, meinte sie.

Kapitel 65

Themistoklis

Themistoklis war wieder schlecht eingeschlafen. Doch trotzdem ging es ihm bereits am frühen Morgen schon erstaunlich gut. Ein beschwingtes Gefühl hatte seine Melancholie über Nacht fortgewischt und Vorfreude auf den kommenden Tag machte sich in ihm breit, denn diesen Tag würde er für sich nützen, egal was kam.

Zwar war er wie üblich schon am Morgen wieder ständig am Laufen, hier was holen, dort was bringen, Ratschläge geben, Anordnungen treffen, ein kleiner Scherz zwischendurch, telefonieren, schreiben, faxen, aber den Nachmittag würde er sich frei nehmen, da war er sich ganz sicher. Inzwischen war er routiniert genug, das Tagesgeschäft auch dann am Laufen zu halten, wenn er nebenbei an etwas anderes dachte.

Heute Nachmittag würde er ein paar Stunden am Strand verbringen. Um jeden Preis wollte er Julie noch einmal treffen. Die ganze Woche war schneller vergangen, als ihm lieb war. Keines seiner Versprechen hatte er halten können, was ihn jetzt im Nachhinein schrecklich ärgerte. Was würden Julie und Katerina über ihn denken müssen? Aber heute, das wusste er, heute würde er tun, was zu tun war. Er hatte viel zu viel auf seine Freunde gehört und zu wenig an sich selbst gedacht. Heute würde er mit Julie alles klären, bevor es endgültig zu spät war.

Die Insel war so klein und egal wo sich Julie gerade aufhielt, er wusste, dass sie keine zehn Minuten von ihm entfernt sein würde. Das stimmte ihn zuversichtlich und er freute sich darauf, ihr endlich zeigen zu können, was sie ihm bedeutete. Leider war es ihr letzter Urlaubstag, aber hinterher könnte man ja wieder miteinander in Kontakt bleiben, den Chat wiederbeleben und im nächsten Jahr, wenn sie noch immer an ihm interessiert wäre, würde er sicher dafür sorgen, dass sie einen Job in seinem Hotel bekäme oder wenigstens in einem Hotel ganz in seiner Nähe, sofern sie das dann noch wollte.

Am frühen Nachmittag, die ruhigste Zeit im Vulcano Sunset, übergab er seinem Koch die Aufsicht über die Anlage und fuhr los Richtung Vlichada. Julie und ihre Mutter waren an so einem heißen Tag sicher dort, um zu baden. Jedenfalls sagte Julie ihm das, als sie neulich kurz vorbei kam, um ihm einen guten Morgen zu wünschen. Schon da hätte er ihr seine Freude mehr zeigen müssen. Dafür würde er heute dort am Strand nach ihr suchen. Er freute sich schon darauf, plötzlich vor ihr aufzutauchen und sie zu überraschen. Er konnte ihr glückliches Gesicht direkt vor sich sehen.

An der Beach angekommen, fuhr er zuerst im Schritttempo an all den parkenden Autos vorbei und er begriff langsam, dass das Auto, nach dem er suchte, nirgendwo zu sehen war. Er parkte trotzdem am kleinen Hafen, ging noch eine Zeit am Strand entlang und hielt Ausschau. Katerina könnte ihr Auto ja auch in einem Seitenweg geparkt haben, dachte er. Die Strandliegen waren nicht alle besetzt und so sah er schon von Weitem, dass die beiden dort nicht waren. Vielleicht nahmen sie keine Liegen und hatten ihre Strandtücher weiter hinten, Richtung Eros Beach, ausgelegt. Um schneller vorwärts zu kommen fing er an zu laufen. Aber nein, dort waren sie auch nicht und er musste jetzt wieder zurück zu seinem Wagen. Langsam schrumpfte seine Mittagspause zusammen und das Laufen im Sand war nicht nur wegen der Hitze sehr anstrengend.

Hier, waren sie also nicht!

Wieder im Auto angekommen, versuchte er Julie über sein Chatprogramm zu erreichen, weil er ihre Telefonnummer nicht hatte. Aber sein Smartphone zeigte ihm an, dass ihr Gerät ausgeschaltet war oder ihr Akku hatte seinen Geist aufgegeben. Dummerweise hatten Akkus die Angewohnheit immer dann leer zu sein, wenn man sie am dringendsten brauchte.

Dann kam ihm die Idee, dass die beiden auch an ihrem Hotelstrand sein könnten, schließlich war es ihr letzter Urlaubstag und vielleicht wollten sie an ihrem letzten Tag nicht mehr so viel unterwegs sein. Deswegen fuhr er noch einmal im Schritttempo die Strandpromenade von Perivolos bis Perissa ab, fuhr ganz langsam an ihrem Hotel vorbei und seine Augen richtete er fast ausschließlich auf die Liegen am Strand und nicht auf die Straße. Er hoffte, die Fußgänger würden schon rechtzeitig zur Seite gehen, wenn sie sein Auto sahen.

Aber Julie und ihre Mutter waren nirgendwo zu sehen. Langsam wurde er hektisch, er hatte Sorge, sie übersehen zu haben oder vielleicht immer dann anzukommen, wenn sie den Ort gerade verlassen hatten.

Kurz vor dem Ende der Promenade wusste er plötzlich wo er Julie finden würde. Sie musste in seiner Taverne am Ende der Promenade, am Fuße des Profitis Elias sein, weil sie wusste, dass er üblicherweise dorthin kam, wenn er frei hatte.

Er fuhr so schnell er konnte auf den Parkplatz vor seiner Strandtaverne. Voller Hoffnung stürmte er an den Strand. Er suchte unter allen Schirmen die Sonnenliegen ab. Rannte nach links und rannte wieder nach rechts und fühlte langsam eine Mischung aus Enttäuschung und Verzweiflung in sich aufsteigen. Er wusste doch genau, dass er sich auf sein Bauchgefühl verlassen konnte. Doch plötzlich befürchtete er, dieser letzte Tag könnte doch noch ungenutzt verstreichen.

Er rannte wieder zurück in das Restaurant. Vielleicht würden beide, Katerina und Julie, an einem Tisch beim Mittagessen sitzen, obwohl er instinktiv wusste, dass sie um diese Zeit und bei dieser Hitze keine Hauptmahlzeit zu sich nehmen würden.

Und in allem Suchen hörte er plötzlich leise seinen Namen und als er sich umdrehte, stand Julie dicht vor ihm. Er war so überrascht, dass er zuerst gar nichts sagen konnte und dann nahm er seine verspiegelte Sonnenbrille ab, was er sonst für niemanden tat. Er fühlte sich ertappt, wusste nicht, ob Julie ihn schon gesehen hatte, als er suchend durch die Reihen gelaufen war und so sagte er verlegen, dass er gerade nach einer freien Sonnenliege gesucht hätte, um seine Mittagspause zu verbringen.

"Du suchst eine Liege im Restaurant?" Julie zog nur ihre linke Augenbraue hoch, das konnte sie gut und sie wusste um den ganz besonderen Effekt dieser Mimik.

Tatsächlich musste er darüber schmunzeln.

Dann gingen sie gemeinsam nach draußen und suchten weiter. Um diese Tageszeit war keine freie Liege mehr zu finden und so setzten sie sich vor der Taverne auf eine der rustikalen Holzbänke mit einem niederen Tischchen davor.

"Magst du Schwimmen?", fragte Themistoklis, nachdem er seinen Rucksack abgelegt hatte.

Ja sie wollte gerne und so fingen sie an, sich ihrer T-Shirts und der kurzen Hosen zu entledigen. Beide hatten ihre Badesachen bereits an, was sich jetzt als äußerst praktisch erwies. Themistoklis zog sich sein dunkles T-Shirt über den Kopf und gab seinen gut durchtrainierten Oberkörper frei. Er bemerkte mit ein wenig Stolz an Julies Blicken, dass er ihr offenbar gut gefiel und gleichzeitig war ihr Anblick genauso aufregend.

"Ich denke, das ist der heißeste Sommer auf Santorini, den ich je erlebt habe", zwinkerte er ihr vielsagend zu und fing an Richtung Meer zu laufen.

"Das gleiche habe ich heute in einem Café schon einmal andersrum gehört", lachte Julie und lief ihm hinterher.

Der schwarze Lava-Sand war um diese Tageszeit viel zu heiß, um ohne Flipflops darauf zu laufen und sie fanden es lustig, so nebeneinander her zu rennen und zu wissen, dass beiden gleichermaßen die Fußsohlen höllisch brannten. Zum Glück erreichten sie das kühlende Wasser gerade noch rechtzeitig, bevor ihre Füße Feuer fingen.

Themistoklis konnte es nicht lassen an Julies Seite mit einem überzeugenden Kopfsprung gleich in die flachen Wellen abzutauchen. Die schnelle Abkühlung tat gut und machte seinen Kopf wieder klar.

Julie dagegen brauchte etwas länger, um ganz unterzutauchen, doch einmal von unten bis oben nass, schwamm sie sehr damenhaft neben ihm her. Fast musste er lachen, wie sie den Kopf so hoch aus dem Wasser reckte, vermutlich versuchte sie ihre Haare vor dem Salzwasser zu schützen. Er wäre gerne zu ihr hingeschwommen und hätte sie an sich gedrückt, aber sie hielt, egal welche Richtung er einschlug, immer einen sicheren Abstand zu ihm, als würde sie fürchten, ihm zu nahe zu kommen. Ihre Unerfahrenheit machte sie wieder einmal unantastbar.

Mit Angeliki war das einfacher. Die erfahrene Endzwanzigerin hätte sich ihm sofort an die Brust geworfen und ihn lachend unter Wasser gezogen. Aber bei Julie musste er aktiv werden und so wartete er auf ein Zeichen von ihr, dass es ihr recht sein würde. Doch jedes Mal, wenn er auf sie zusteuerte, wich sie ihm aus.

Irgendwann waren sie zurück auf ihrer Bank und Themistoklis bestellte sich endlich sein verdientes Big-Sandwich.

Ob sie schon gegessen hätte, fragte er sie, ob sie etwas anderes haben möchte oder von seinem Sandwich abbeißen möchte, aber wie beim letzten Mal lehnte sie alles ab. Jederzeit hätte er sie von seinem Sandwich abbeißen lassen oder es mit ihr geteilt, so vertraut war sie ihm. Aber sie hätte schon gegessen, sagte sie, nur ihre Cola-Flasche, die sie bereits in der Hand hielt, als sie sich im Restaurant trafen, stand jetzt auf dem Tischchen vor ihnen unter dem mit hellem Bast bespanntem Sonnenschirm.

Da saß sie also jetzt neben ihm. Ihr pinkfarbener Bikini leuchtete geradezu und er traute sich nicht, sie direkt anzustarren, obwohl er das gerne getan hätte. Ihr Körper war nur leicht gebräunt, im Gegensatz zu seinem, der jetzt, bis auf den Bereich unter der Badehose, überall dunkelbraun war. Aber natürlich hatte sie nicht so viele Strandtage hinter sich, wie er. Ihre langen dunklen Haare ließen sich, trotz der riesigen Klammer auf dem Hinterkopf, nur unzureichend bändigen, so dass einige Haarsträhnen vorwitzig darüber hinaus hingen.

Er wollte ihr sagen, dass ihm das gefiel, aber er wagte es nicht.

Denn obwohl sie hier gemeinsam in der Sonne saßen und sich gegenseitig gefielen, trennte sie beide ihre eigene Zurückhaltung. Jetzt, wo endlich eingetroffen war, was er sich so herbei gesehnt hatte, wurde ihm klar, dass Julie weit davon entfernt war, ein einfaches unkompliziertes Mädchen zu sein. Obwohl sie sehr anziehend war, traute er sich nicht sie anzufassen. Es war so schwer, die Lage richtig einzuschätzen. Themistoklis wollte keinen Fehler machen und Julies gerade Haltung, mit der sie sicherlich nur ihre Schüchternheit verbarg, sorgte für eine eigentümliche Aura die Respekt verlangte.

Die Deutsche und der Grieche. Vielleicht war das einzige, was sie gemeinsam hatten, dass sie Gefallen aneinander fanden und dass sie sich auf seltsame Weise zueinander hingezogen fühlten und selbst dessen, war sich Themistoklis jetzt nicht mehr ganz sicher, denn Julie tat nichts, um ihm Mut zu machen. Sie gab ihm kein Zeichen, dass er ihr näher kommen durfte. Und um sich selbst zu schützen beschloss er, dass er zu alt für sie war, um sich auf sie einzulassen.

Plötzlich fing er an von seiner Familie zu sprechen. Das kam sogar für ihn selbst ganz unerwartet, aber er hielt es in diesem Augenblick für richtig. Und als er davon erzählte, dass sein Vater die Familie, und damit vor allem ihn selbst, viel zu früh verlassen hatte, war es überhaupt das erste Mal in seinem Leben, dass er darüber zu jemandem sprach. Er hatte seine Gefühle immer weggesteckt, sie gut unter Kontrolle gehabt und noch nie hatte er das Bedürfnis verspürt irgendjemandem davon zu erzählen.

Doch jetzt sprach er ausgerechnet mit Julie ganz selbstverständlich davon, wie es sich anfühlte, als Kind vom Vater verlassen zu werden und er erzählte ihr von seiner Mutter und Großmutter, die sich gerade so über Wasser halten konnten. Er erzählte von der Krise, vom neuen Leben seines Vaters und er erzählte auch davon, dass er hier auf Santorini die einzige Arbeit gefunden hatte, die es in ganz Griechenland noch für ihn gab.

Sein Innerstes gab er Julie preis und er wusste nicht, warum er ausgerechnet ihr das alles anvertraute und warum gerade jetzt, an diesem einen einzigen Nachmittag den sie gemeinsam hatten. Sie brachte in ihm eine Saite zum Schwingen, die er selbst nicht an sich kannte. Aber es tat gut, sich einmal alles vom Herzen reden zu können.

"Es tut mir so leid", sagte Julie, "ich kann mir gar nicht vorstellen wie es ist, vom Vater verlassen zu werden. Unsere Familie war immer zusammen, auch wenn wir nicht immer alle einer Meinung sind, würde mein Vater uns nicht verlassen, glaub ich wenigstens." Dabei sah sie ihn so mitfühlend an, dass er sich am Ende sogar selbst leid tat.

"Ich finde deine Arbeit im Hotel gut", sagte sie bewundernd, "sowas könnte ich mir später für mich auch gut vorstellen. Du kennst ja mein Interesse am Hotelfach. "Sie griff mit ihren schmalen Händen nach der Cola-Flasche auf dem Tisch, um einen großen Schluck daraus zu nehmen.

Themistoklis sah ihr verzückt dabei zu und griff nach seiner ersten Zigarette, um sich abzulenken. Wie ein kleines Kätzchen ist sie, dachte er, ein kleines unschuldiges Kätzchen, das keine Ahnung vom Leben hat und er wünschte ihr, dass sie nie erfahren musste was Arbeitslosigkeit und Armut wirklich bedeuteten.

Über seine Arbeit auf der Insel kamen sie auf die griechische Politik zu sprechen: "Ich mag die Leute nicht, die pauschal über alle Ausländer schimpfen und ihre Hassparolen überall verbreiten", fing Themistoklis plötzlich an. "Ich mag die Hetzer nicht. Damit ist niemandem geholfen. Ich halte mich für unpolitisch. Mein Job ist mir wichtiger, als das ganze politische Gezeter." Damit zündete er sich seine zweite Zigarette an, weil er nicht wusste, was er mit seinen Händen sonst machen sollte.

"Bei uns liest man in der Presse nichts Gutes über 'Goldenes Griechenland', obwohl sie in Griechenland viele Wähler haben soll." Julie war jetzt ganz bei der Sache.

"Na, 'Goldenes Griechenland' ist die Antwort der Wähler auf die Krise. So einfach ist das. Vielen Griechen geht es heute schlechter als früher und sie geben die Schuld den Banken und den europakonformen Politikern." Themistoklis fand, dass das Gespräch irgendwie keine gute Wendung nahm, er hatte doch schon gesagt, dass er völlig unpolitisch war und er zündete sich nervös die nächste Zigarette an. Zu viele Zigaretten werden es am Ende wieder sein und er wird sich hinterher selbst dafür verachten.

Von den Auflagen, die die Geldgeber von seinem Land forderten, wollte Themistoklis erst gar nicht reden, denn das hätte ihn unweigerlich auf die verhassten deutschen Politiker mit ihrer Sparpolitik gebracht, die sowieso kein Grieche verstehen konnte. Das war alles in allem ein heikles Thema und nichts für kleine Mädchen, schon gar nicht für ein Mädchen aus Deutschland.

Aber dann verfolgte ausgerechnet Julie das Thema weiter und sagte, dass sie nicht verstehen könne, warum sich so viele Griechen so negativ über die deutschen Politiker äußerten. Schließlich wären das doch genau die Politiker, die auch Deutschland nach vorne gebracht hätten. Man könnte sich doch gegenseitig helfen und etwas voneinander lernen, meinte sie.

Das fehlte noch. Themistoklis wusste jetzt gar nicht mehr, was er dazu sagen sollte, ohne sie zu verletzen.

"Von deutschen Politikern lernen?" Jetzt musste er doch lachen, weil er an Efthimios und dessen Parolen dachte. "Wir sind zu allererst Griechen, wir sind ein freies Volk von Demokraten und die Menschen sind uns wichtiger, als alle wirtschaftlichen Zwänge. Wenn wir nicht die riesigen Zinsen für Europas Banken zahlen müssten, könnten wir in Frieden leben."

"Ich verstehe, was du meinst", sagte Julie. "Bei uns bestimmt zu oft die Wirtschaft die Politik. Mein Vater arbeitet rund um die Uhr. Er hat wirklich wenig Freizeit und die paar Tage Urlaub, wo er wirklich weg kann, sind für ihn der Höhepunkt im Jahr." Sie machte eine Pause, dann sagte sie: "Den sozialen Frieden im Land erkaufen wir uns teuer. Wir zahlen enorm viele Steuern und Abgaben. Auch in Deutschland gibt es nichts geschenkt."

Sie trank noch einmal aus ihrer Cola-Flasche und er glaubte, ihr Gesicht hätte sich bei diesem letzten Satz etwas gerötet.

"Ohne Einnahmen, kann der Staat nichts ausgeben. Das ist überall das Gleiche und deswegen braucht es brave Steuerzahler", legte sie überzeugt nach und ihre linke Augenbraue wanderte automatisch wieder eine Etage höher.

"Und wie soll der Staat Steuern einnehmen, wenn die Menschen keine Arbeit mehr haben und sich nichts leisten können?", fragte er sie.

"Vielleicht muss man verhindern, dass das Geld ins Ausland abwandert? Ich erinnere mich, dass ich mal irgendwo über Griechenland gelesen habe, dass viel Geld in dubiose Kanäle fließt. Aber eine Patentlösung habe ich auch nicht", sie hob achselzuckend ihre schmalen Schultern dabei. "Was mich betrifft, weiß ich auch noch nicht, ob ich mal Arbeit bekommen werde, so lustig ist das in Deutschland auch nicht mehr. Aber ich denke, im Hotelgewerbe finde ich immer was."

"Ja", sagte Themistoklis nur, weil er das Thema beenden wollte.

Jetzt war er völlig verunsichert und er wusste gar nicht mehr, wie er sich ihr nähern sollte oder ob er sich ihr überhaupt noch nähern sollte.

Er konnte sich nicht erinnern, mit Angeliki jemals über Politik gesprochen zu haben. Im Gegenteil, wenn Efthimios kein Ende fand, war sie es, die ihn wieder auf den Boden zurückholte. Angeliki hatte alles Mögliche im

Kopf, aber um politische Zusammenhänge kümmerte sie sich wirklich nicht. Sie suchte nach einfachen persönlichen Lösungen für ihr eigenes Leben, damit es ihr so gut ging, wie es unter diesen Umständen möglich war.

"Du hast mir doch in unserem letzten Chat versprochen, dass du mir deine Telefonnummer gibst, wenn ich hierher käme, um sie mir persönlich abzuholen", begann Julie, "jetzt bin ich hier!"

Aber plötzlich fand Themistoklis es keine so gute Idee mehr, ihr seine Nummer zu geben. Was sollten sie sich am Telefon sagen? Das Telefon war für Themistoklis vor allem eine praktische Einrichtung, um schnell Botschaften zu übermitteln, Termine, Anweisungen. Es reichte ihm schon, wenn Angeliki ihn ständig anrief, nur um ihn über irgendeinen Blödsinn zu informieren oder um zu überprüfen, ob er noch an dem Ort war, wo sie ihn vermutete. Keine zusätzliche Kontrolle, nein, das brauchte er nicht, nicht einmal von Julie.

"Du hast doch noch meinen Skype-Account und meine Mail-Adresse, oder?", redete er sich heraus, weil er wusste, dass er damit selbst entscheiden konnte ob und wann er auf ihre Nachrichten eingehen wollte.

Julie bohrte auch nicht weiter nach. Sie bettelte nicht um seine Telefonnummer, dafür war sie zu gut erzogen. Sie bedrängte ihn nicht, was die Angelegenheit zwar leichter machte, ihn aber gleichzeitig enttäuschte.

Dann musste Julie zur Toilette und Themistoklis hatte etwas Zeit seine Gedanken in Ordnung zu bringen. Er breitete seine muskulösen Arme auf der Rückenlehne der Bank aus und streckte sich erst einmal ordentlich durch. Wie ein Platzhirsch saß er da. Er schloss die Augen und zog tief die mit süßlichem Cocos-Milch-Duft angereicherte Seeluft durch seine Nase.

Er träumte mit geschlossenen Augen davon, dass Julie zurückkommen und sich auf seinen Schoß setzen würde, um dann ihre Arme um seinen Hals zu legen. Seine Fantasie versetzte ihn schlagartig wieder in die Stimmung in der er hierher gekommen war. Er war froh, jetzt wieder den Grund seines Treffens mit Julie auch körperlich zu spüren. Die griechischen Buchstaben an der Poolbar fielen ihm wieder ein und er erinnerte sich, wie sehr ihn Julies Gegenwart schon damals erregt hatte.

Als sie zurückkam, behielt er seine Arme noch eine Weile auf der Rückenlehne, weil es ihm gefiel zu beobachten, was sie machen würde und weil er immer noch darauf hoffte, sie würde ihm damit näher kommen müssen. Aber Julie setzte sich nur auf den vordersten äußeren Rand der Bank, solange er die Arme auf der Lehne ausgebreitet hielt. Erst, als er seine Arme wieder zu sich nahm, rutschte sie mit dem Po nach hinten und lehnte sich an.

Themistoklis fand es sehr schade, dass seine Hoffnung auf Nähe nicht erfüllt wurde, obwohl er sich das so fest gewünscht hatte. Aber Julie war nicht Angeliki. Die wäre sofort in seine Arme gefallen und hätte sich an ihn geschmiegt und zwar egal, ob ihm das recht gewesen wäre oder nicht.

Er wusste, dass es unfair war Julie mit Angeliki zu vergleichen. Zu unterschiedlich waren ihrer beider Lebenswege. Angeliki war ungebunden, sie musste sich schon früh selbst durchbringen und ihr Leben irgendwie in den Griff bekommen. Sie war in ihren Entscheidungen völlig frei und auf sich gestellt und Julie dagegen funktionierte im goldenen Käfig. Julies Leben lief wie auf Schienen und sie war so lange unter Kontrolle, dass sie nie gelernt hatte frei zu sein. Vielleicht gab es die eine oder andere Weiche, aber die Gleise nicht zu verlassen, war ihre Sicherheit.

Irgendwie war auf einmal alles gesagt und so saßen sie nur beieinander, jeder für sich hoffend, der andere möge sich doch jetzt endlich offenbaren.

Aus der Taverne klang vertraute Musik herüber und genau jetzt sang Delia ihr Lied wieder: *"Nichts ist besser, als mit dir am Strand zu liegen, nichts ist besser, nichts ist besser, nichts ist besser...!"*

Den Text fanden sie beide sehr passend, sagten es sich aber nicht mit Worten, sondern sie summten beide ein wenig mit, sahen sich hin und wieder verstohlen dabei an und wenn sich ihre Blicke direkt trafen, lachten sie einander zu.

Themistoklis fühlte sich, wie ein verliebter Teenager und jedes Mal, wenn er sich zu Julie hindrehte, meinte er, sie wäre ein Stück näher zu ihm hin gerückt. Es war wohltuend sie neben sich sitzen zu haben. Perfekt, trotz aller politischen Ansichten und sonstiger Hindernisse.

Vorsichtig legte er noch einmal seinen Arm auf die Lehne und kam damit dem Verlangen sie fest zu halten schon ziemlich nahe.

Und obwohl die Zeit für eine Weile stillgestanden hatte, war sie dann doch vorüber gegangen, schneller als erwartet und Themistoklis musste zurück in sein Hotel, wo der Koch und die Gäste bereits auf ihn warten würden.

"Soll ich dich irgendwohin fahren?", fragte er in der Hoffnung auf ein paar zusätzliche gemeinsame Minuten.

"Nein", sagte Julie, "unser Hotel ist gleich da vorne, das schaffe ich leicht zu Fuß."

Ganz plötzlich war ihm klar, dass dieses Mal wirklich das letzte Mal gewesen war, wo er Julie für sich ganz alleine hatte und er hatte seine Chance vertan. So jedenfalls kam es ihm jetzt vor. Sein Wunsch nach einer Wiederholung war aussichtslos. Nicht in dieser Woche und auch nicht in der nächsten oder in der übernächsten wäre sie hier.

Morgen würde Julie nach Hause fliegen und wenn Katerina ihr Versprechen hielt, würden sie zwar noch einmal kurz bei ihm im Hotel vorbeikommen, um sich zu verabschieden, aber mehr war jetzt nicht mehr zu erwarten. Er ging nicht davon aus, dass Julie in der nächsten Zeit noch einmal nach Santorini zurück kommen würde. Sie würde anfangen in Deutschland zu studieren oder einen Beruf zu lernen und er würde in Griechenland weiter seinen Job machen. Tag für Tag, Woche für Woche und Monat für

Monat, bis zum Ende der Saison. Und darüber hinaus wollte er nicht nachdenken, weil es ihm gerade die Kehle zuschnürte.

Zum Abschied umarmte er sie so fest, wie sie es zuließ und er drückte ihr je ein Küsschen auf die rechte und die linke Wange. Und wieder spürte er ihre Unsicherheit, weil sie seinen Druck nur zaghaft erwiderte.

Julie, das hübscheste junge Mädchen, das er je in seinen Armen gehalten hatte, mit der Zurückhaltung eines schüchternen Kindes und der Klugheit einer erwachsenen Frau.

Er bedauerte in diesem Moment zutiefst, dass weder er noch sie dazu fähig waren, ihrer Zuneigung freien Lauf zu lassen. Würden sie mehr Zeit miteinander haben und würde er beruflich sicherer im Sattel sitzen, hätte er noch hier und jetzt sofort seine Taktik geändert. Aber so musste er sie einfach am Ausgang zurücklassen.

Er eilte zu seinem Auto. Er konnte sich nicht einmal mehr zu ihr umdrehen, weil er nicht sehen wollte, wie sie da alleine stand und vielleicht verlassen und enttäuscht aussah. Es reichte ihm schon, dass er sich selbst wieder einmal verlassen und enttäuscht fühlte.

Alles war dumm gelaufen.

Den ganzen Abend lang dachte Themistoklis immer wieder zurück, an diese paar Stunden am Strand. Er wollte keine Sehnsucht haben und er konnte sie bei seiner Arbeit auch nicht gebrauchen. Gewohnheitsmäßig bediente er seine Gäste und ihre Gespräche rissen ihn nur oberflächlich aus seiner Erinnerung. Er servierte Drinks und hin und wieder beglückte er seine Gäste mit ein paar freundlichen Worten. Sogar dem Männerpärchen schenkte er an diesem Abend ein höfliches, aber professionelles Augenzwinkern, was beide gleichermaßen begeistert zur Kenntnis nahmen. Dass er dabei an Julie dachte, konnten die beiden nicht wissen.

Zum Glück war an diesem Abend wenigstens Adelphia nicht da, um ihm noch zusätzlich ihren Unmut zu zeigen und Angeliki rief glücklicherweise auch nicht an.

Als er sehr viel später in sein Zimmer kam, nahm er noch einmal Julies Bilderrahmen in die Hand und dachte daran, mit wie viel Liebe sie die Bilder zusammengestellt und wie wenig sie dafür von ihm bekommen hatte.

Er fühlte sich schuldig.

Doch jetzt wusste er mit Sicherheit, dass er sich an niemanden binden wollte, solange seine Zukunft nicht gesichert war.

Wer hatte noch gleich gesagt, dass wahre Liebe alle Hindernisse überwinden könnte?

Wer immer diesen Spruch in die Welt gesetzt hatte, hatte keine Ahnung von tatsächlichen Hindernissen.

Kapitel 66

Katerina, siebter Urlaubstag

Gut ausgeschlafen waren Julie und ich am nächsten Tag aufgewacht.

Wir beschlossen beim Frühstück, dass wir an unserem letzten Tag noch auf den Skaros wandern wollten.

Zuerst tranken wir wieder im Cafe Estia am Hauptplatz unseren Griechischen Kaffee. Der Inhaber der Bar erkannte uns gleich wieder und wir kamen ins Gespräch.

"Das ist insgesamt gesehen der kältestes Sommer auf Santorini den ich je erlebt habe", sagte er.

Ich habe ihm das glatt bestätigt, weil ich an meinen Urlaub mit Leo denken musste.

Wir stiegen dann viele Treppen zum Skaros hinunter und wanderten um den riesigen Felsen herum. Der Ausblick von hier war grandios. Nur beim Zurückgehen mussten wir dann alle Treppen wieder hoch steigen und inzwischen war es sehr heiß geworden. Wir wunderten uns erneut, was wir zu leisten in der Lage waren, wenn die Umstände es erzwangen. Aber zugegeben, ohne ständiges Jammern und Klagen hätten wir es nie geschafft.

Und weil wir so verschwitzt an unserem Auto angekommen waren, fuhren wir gleich weiter nach Vlichada zum Baden. Wir hatten ja, Auto sei Dank, immer passende Schuhe, Badesachen, Handtücher, Trinkwasser und alles was sonst noch brauchbar war im Kofferraum dabei.

In Vlichada war das Meer wieder großartig. Ich fand es schade, dass unser Urlaub schon wieder so gut wie vorbei war.

Dann drängte Julie plötzlich zum Aufbruch, sie wollte an den Strand nach Perissa fahren, sie hätte da so ein merkwürdiges Bauchgefühl, sagte sie. Sie wollte mir zeigen, wo sie Themistoklis das erste Mal getroffen hatte. Also setzten wir uns dort in die Strandbar und bestellten uns kühle Drinks. Julie fing gerade an, mir ein wenig über ihr erstes Treffen zu erzählen, als plötzlich Themistoklis am Strand auftauchte.

Wieselflink suchte er sämtliche Liegen ab, lief wie in Panik hin und her, um dann im Restaurant zu verschwinden.

Es sah ganz danach aus, als würde er jemanden suchen. Mir kam spontan der Gedanke, er könnte nach Julie suchen. Ich machte meiner Tochter Mut ihm nachzugehen und ihn danach zu fragen, ob sie ihm bei seiner Suche helfen könnte.

Als Julie verschwunden war, ging ich zurück in unser Hotel und bestellte mir in der Strandbar einen Griechischen Kaffee. Ich fühlte mich wie eine Alleinreisende, die ihre Zeit totschlägt und das war kein gutes Gefühl.

Julie war dann über drei Stunden weg und es war nicht klar, ob sie überglücklich oder am Boden zerstört wiederkommen würde. Ich hoffte für sie, dass sich endlich alles klären würde. Es kann doch nicht sein, dachte ich, dass alle Pfeile in dieselbe Richtung zeigen und am Ende die Ampel auf Rot steht. Was wäre denn das für ein idiotisches Schicksal?

Aber als Julie wieder zurück kam, war sie vollends verunsichert.

Später, beim Abendessen in einer Strandtaverne, beobachteten wir zwei deutsche Mädchen, wie sie mit zwei griechischen Jungs Beachvolleyball spielten. Sie prellten sich den Ball über ein gespanntes Netz zu, sie alberten herum, lachten miteinander, fielen hin, standen wieder auf und machten uns vor, wie unkompliziert ein Urlaubsflirt in diesem Alter funktionieren kann.

Julie sagt, sie hätte alles vermasselt und sie wüsste nicht, ob Themistoklis sie jemals wiedersehen möchte, oder sie ihn. Aber die Eselkarte wollte sie ihm auf alle Fälle zum Abschied noch zustecken.

Kapitel 67

Themistoklis

Zuverlässig wie jeden Morgen trug Themistoklis seine vollbeladenen Tabletts zu den Gästen und nichts deutete darauf hin, dass er diese Nacht von sich selbst enttäuscht eingeschlafen war. Niemand hätte das an seinem Gesichtsausdruck oder an seiner Haltung erkennen können. Schließlich war er ein Profi seines Fachs.

Er war gerade auf einer der Außentreppen unterwegs, als er Julie und Katerina auf das Hotelgelände kommen sah. Er wusste, dass sie nur kamen, um sich zu verabschieden. Und wieder hoffte er, sie würden so lange warten können, bis er ein wenig Zeit für sie hatte. Er servierte schnell, was er gerade auszutragen hatte und blieb nur kurz angebunden, um die beiden Frauen nicht zu lange auf sich warten zu lassen. Als er mit dem leeren Tablett zurück kam, sah er schon von Weitem, dass Julie ziemlich bedrückt wirkte. Vermutlich war sie genauso enttäuscht, wie er selbst es war.

Der gestrige Nachmittag war für sie beide äußerst unbefriedigend verlaufen. Hätte er noch einmal eine Chance, würde er jetzt alles anders machen. Was musste Julie jetzt von ihm denken?

"Leo und ich kommen nächstes Jahr wieder", versuchte Katerina mit ihrer gewohnten Leichtigkeit die Situation aufzulockern.

Das hörte Themistoklis gerne, das lenkte ab und machte ein wenig Vorfreude auf eine gute Saison im nächsten Jahr und vor allem auf ein Wiedersehen mit seinen Lieblingsgästen.

"Ich mache für euch eine Mega-Poolparty", versprach er.

"Ja, ja, wir werden sehen", zwinkerte ihm Katerina zu. "Du bist ein Herzensbrecher Themistoklis, weißt du das?" Sie sagte das schelmisch und dabei blickte sie zu Julie, die ziemlich zerknittert neben ihr stand.

"Ja", sagte er, "ich weiß!" Und er wusste ganz genau wovon sie sprach.

Er hatte Julie das Herz gebrochen, doch er wollte das nicht, dafür hatte er sie zu gern. "Es tut mir leid", entschuldigte er sich deswegen so zuvorkommend wie möglich.

Julie steckte ihm eine vollgeschriebene Postkarte zu, was ihn an ihr letztes Briefchen erinnerte. Er schob die Karte unter sein Tablett. Er würde alles was darauf stand später lesen, wenn er mehr Zeit hätte und wieder alleine wäre. Er vermutete, dass es kein Liebesbrief sein würde. Er hatte schon den letzten Brief von ihr ganz erwartungsvoll geöffnet, aber dann standen nur Informationen über den Bilderrahmen drin, was ihn ziemlich enttäuscht hatte. Was sollte sie also jetzt schreiben, nachdem sie sich in diesem ganzen Urlaub nicht viel näher gekommen waren?

Katerina hielt ihm die Hand hin, um sich zu verabschieden. Doch es war ihm nicht nach Händeschütteln. Er wollte ihr wenigstens jetzt noch zeigen, dass sie für ihn mehr war, als irgendeiner seiner anderen Gäste und so umarmte er sie so fest er konnte. Es war ihm auch ein Verlangen Julie noch einmal an sich zu drücken und er tat es einfach, obwohl er wieder ihre Unsicherheit spürte. Er zog sie an sich und hielt sie eine Weile in seinen Armen eingeschlossen. Jetzt war es ihm egal, ob irgendjemand im Hotel das sah oder nicht. Es war ihm sogar völlig egal, weil er Julie vermutlich das letzte Mal an sich drücken würde.

Zu gerne hätte er ihr einen Kuss gegeben, aber er wollte nicht, dass sie fortgesetzt auf ihn hoffte. Dass ein Kuss

hier im Hotelgelände, über Wochen hinaus, ein Gesprächsthema für den Koch gewesen wäre, der bereits
wieder neugierig aus der Poolbar herüber lugte, störte ihn
dagegen nicht.

Dann wurde es Zeit endgültig voneinander zu lassen,
denn Katerina trat schon unruhig von einem Fuß auf den
anderen, sie wollte sich auf den Weg zum Flughafen machen. Themistoklis winkte den beiden noch so lange nach,
bis ihr Wagen um die Ecke verschwunden war. Dann ging
er an die Poolbar, um sich das nächste vollbeladene Frühstückstablett zu holen.

"Adelphia hat gerade angerufen", verkündete der Koch
als Themistoklis am Tresen erschien, "sie sagt, sie käme
am Nachmittag und hätte für heute am späteren Abend
eine Angeliki hierher eingeladen. Kennst du die?"

"Ja, kenn ich", sagte Themistoklis und schaute nebenbei
auf Julies Karte. Er schmunzelte, als er den Lastesel sah
und las:

> "Lieber Themistoklis,
> du bist eine Mischung aus Honey und einem Greek Ma-
> laka. Wenn du Interesse hast, mich besser kennen zu ler-
> nen, dann melde dich bei mir, wenn ich nichts mehr von
> dir höre:
> Good Bye!"

Wie vermutet war es kein Liebesbrief, aber das Angebot auf ihre Freundschaft hatte sie damit noch nicht zu-

rückgezogen. Er schob die Karte fröhlich in die Außentasche seiner Buggy-Hose.

Themistoklis hatte keine große Lust, Adelphia oder Angeliki, geschweige denn beide zusammen, am Abend hier zu sehen, aber er wusste auch nicht, wie er es verhindern konnte. Er fand, das war Überlebenstraining.

Mit der Karte in der Hosentasche freute er sich im Augenblick nur darauf, dass er in zwei Stunden das erste Mal mit seinem Nobel-Sprinter zum Flughafen fahren und zwischen all den anderen Transport-Taxis parken würde, um auf das Flugzeug mit den neuen Gästen zu warten.

Dann wird er sie mit ihren Koffern einladen, um sie hier herauf in sein Hotel zu bringen, wo er ihnen zuallererst den atemberaubenden Blick über die grandiose Caldera anbieten wird.

Er wird ihnen die Hand zur Begrüßung reichen, wird sich selbst mit Themistoklis vorstellen und seine neuen Gäste nach ihren Vornamen fragen und er wird sie fragen, ob sie das erste Mal auf Santorini wären oder das erste Mal in Griechenland überhaupt.

Er wird seinen Gästen einen Drink anbieten, die Sehenswürdigkeiten der Insel auf einer Karte erklären und ihnen anschließend stolz die renovierten Zimmer zeigen.

Sein tägliches Geschäft eben.

Kapitel 68

Katerina, letzter Urlaubstag

Den gebuchten Transfer zum Airport hatten wir schon am Vortag gekündigt, weil wir mit dem Mietwagen viel unabhängiger unterwegs sein konnten und den Wagen sowieso direkt am Airport abgeben mussten.

So war noch Zeit in Ruhe zu frühstücken, alles einzupacken, um dann loszufahren.

Weil wir Themistoklis versprochen hatten, dass wir uns bei ihm noch persönlich verabschieden wollten, legten wir am Vulcano Sunset noch einen Zwischenstopp ein. Außerdem wollte Julie ihm ja noch die Karte geben, mit ihrem Abschiedsgruß.

Es sah ganz so aus, als hätte er sich gefreut uns zu sehen, denn ganz überschwänglich hat er uns beide noch einmal in seine Arme genommen. Nach all den nicht eingehaltenen Versprechen, erwartete ich das nicht mehr von ihm. Themistoklis winkte uns sogar noch so lange nach, bis wir ihn nicht mehr sehen konnten.

Bis zum Flughafen schwiegen Julie und ich uns an. Beide hatten wir zu viele Gedanken im Kopf und zu viele Gefühle im Herzen.

Mit der Autorückgabe klappte alles reibungslos. Bis auf die gestohlene Rückspiegelhaube, die ich noch zahlen musste, war alles in Ordnung.

Trotzdem wir uns viel später auf den Weg gemacht hatten, als mit dem Transferbus, den wir eigentlich hätten nehmen müssen, und trotz unseres Zwischenstopps im Vulcano Sunset, waren wir die ersten beim Check-In auf dem Flughafen. So konnten wir nach der Gepäckaufgabe noch in Ruhe gegenüber des Flughafens in einem Café einen Griechischen Kaffee trinken.

Mit dem Mietauto war der Urlaub individuell und praktisch.

Der Abschied von der Insel fiel uns trotz allen Enttäuschungen die Julie erlebt hatte sehr schwer. Viel zu kurz war der Urlaub, um alle aufgestauten Gefühle zu verarbeiten und alle Ungereimtheiten zu klären.

Bei der Zwischenlandung auf Mykonos musste der Pilot einmal durchstarten. Zu viele Privatjets, ungünstiger Wind und eine übervolle Maschine entschuldigte er sich bei uns Fluggästen.

Während des Fluges schloss ich noch einmal die Augen und dachte über alles nach. Themistoklis hatte sich in Julies und meiner Gegenwart völlig anders benommen, als in Leos und meiner. Zurückhaltend war er und nicht immer gut gelaunt. Lag das an uns? An mir? An Julie?

Oft hatte es sogar so ausgesehen, als wäre er Julie und mir aus dem Weg gegangen und keines, nicht ein einziges, seiner vielen Versprechen hatte er wahr gemacht. Der Eindruck, dass er an einer echten Freundschaft mit uns interessiert gewesen wäre, könnte von Beginn an auch ein großer Irrtum gewesen sein.

Leo und ich würden damit leicht fertig werden, aber für Julie tat es mir besonders leid.

Kapitel 69

Julie

Julie hatte eigentlich erwartet, dass sich Themistoklis auf ihre Karte hin sofort bei ihr melden würde. Er konnte sich doch ausrechnen, dass sie am späten Nachmittag wieder zu Hause sein würde und damit für ihn über Chat erreichbar wäre. Genauso schnell hätten sie in Verbindung treten können wie damals, nach ihrem ersten Urlaub. Da hatte Themistoklis auch keine Zeit verloren und bereits am allerersten Abend hatten sie sich bis in die Nacht hinein in einem langen Chat ausgetauscht.

Themistoklis hatte jetzt wirklich alle ihre Kontaktdaten.

Außerdem hatte sie ihm doch extra geschrieben, dass sie auf einen Hinweis von ihm warten würde, sonst: Good Bye!

Das war so unmissverständlich, dass er darauf reagieren musste, dachte sie. Warum hätte ihr Themistoklis am Strand all die sehr persönlichen Dinge über sich und seine Familie erzählt? Über sein Leben? Das würde er doch nicht gemacht haben, wenn er kein Interesse an ihr hätte, da war sie sich recht sicher.

Im Nachhinein konnte sich Julie immer noch nicht verzeihen, dass sie sich nicht in Themistoklis' weit geöffnete Arme gesetzt hatte, als sie von der Toilette zurück an den Strand kam. Seine muskulösen braunen Arme sahen so einladend aus und sie wagte es nicht, von dieser Einladung Gebrauch zu machen. Wie dumm war sie nur!

Stattdessen hatten sie über Politik geredet. Über Politik!

Könnte sie nur die Zeit zurückdrehen, dann würde sie jetzt alles anders machen.

Aber vielleicht war das Treffen auch nicht so schlecht gelaufen? Immerhin waren sie schwimmen gewesen, hatten sich mehrmals tief in die Augen gesehen, zusammen Musik gehört, nichts ist besser als mit dir am Strand zu liegen, sie hatten sich zugelacht, weil der Text so auf sie passte und die Unterhaltung lief, trotz politischer Einlage. Sie hatten sich wegen der Politik nicht zerstritten, was man durchaus als gutes Zeichen deuten konnte. Julie war sich sicher, dass das alles Hinweise darauf waren, dass sie beide mehr, als nur ein kleiner Urlaubsflirt verband.

Gut, geküsst hatte er sie nur einmal zum Abschied, aber wäre das beim ersten Treffen am Strand auch nicht zu aufdringlich gewesen? Themistoklis war schließlich kein kleiner Junge mehr und er wusste, was er tat. Er hätte sie niemals überrumpelt. Dazu war er zu fein, zu anständig. Und schon wieder standen Julie die Tränen in den Augen.

Immer wieder schaute sie auf ihre Nachrichten, aber da war keine Meldung aus Griechenland.

"Themistoklis hat sicher wieder viel Arbeit und wenig Zeit", tröstete sie die Mutter.

Das war es nicht, was Julie hören wollte. Schon wieder musste sie einen Kloß im Hals schlucken.

Jetzt meinte die Mutter sogar, dass alles auch ein großes Missverständnis gewesen sein könnte und um Klarheit darüber zu haben müsse sie mit ihrer Teenager Schwärmerei endlich aufhören und Klartext mit Themistoklis reden.

"Der Junge ist alt genug, der versteht das. Schick ihm mal eine letzte klare Ansage per Mail", sagte sie. "Das ist notwendig, weil ihr eben nicht die Möglichkeit habt, euch langsam kennen zu lernen. Ihr könnt euch nicht täglich über den Weg laufen, da braucht es andere Mittel. Frag ihn zum Beispiel mal direkt danach, ob er im Winter eine Möglichkeit sieht, dass du ihn mal besuchen kommst."

Julie hätte nichts zu verlieren, sagte sie noch, sie könne nur gewinnen und wenn der einzige Gewinn die Klarheit ist.

Julie bekam langsam den Eindruck, ihre Mutter wäre in dieser Angelegenheit bei Weitem nicht mehr so locker, wie noch vor dem Urlaub.

"Klartext reden ist auch manchmal in Liebesdingen notwendig, jetzt schreib mal, der liest das schon, du hast nichts zu verlieren! Und frag mal direkt nach, ob er nicht vielleicht doch schon sowas wie eine feste Freundin hat", drängte ihre Mutter sie weiter. "Selbst das weißt du nicht wirklich."

Irgendwie schien alles was die Mutter sagte logisch zu sein und doch fiel es Julie schwer, noch einmal an Themis-

toklis zu schreiben. Aber es war richtig, sie hatte wirklich
nichts mehr zu verlieren. Und dann fasste sie sich endlich
ein Herz und schrieb:

"Lieber Themistoklis,
Ich denke oft an die wenigen Stunden die wir beide mitei-
nander am Strand verbracht haben. Ich fühlte mich in
deiner Gegenwart sehr wohl.
Du weißt schon:
"Nichts ist besser, als mit dir am Strand zu liegen, nichts
ist besser, nichts ist besser!"
Kennst du das Lied noch? Ich finde, dass das jetzt unser
Lied ist.
Meine Karte an dich habe ich nach zwei Gläsern Wein
geschrieben und natürlich bist du kein Greek Malaka, ich
war nur verärgert, weil ich nicht mehr weiter wusste.
Ich muss dauernd an dich denken und deswegen möchte
ich jetzt direkt fragen, ob wir uns im Winter, wenn du
mehr Zeit hast, mal in deiner Heimatstadt treffen könn-
ten?
Ich würde dich gerne wiedersehen, um dich besser kennen
zu lernen.
Weil wir nie darüber gesprochen haben, möchte ich jetzt
doch gerne fragen: Hast du eigentlich eine feste Freun-
din?
Wenn nicht, dann würde ich mich gerne für diese Stelle
an deiner Seite bewerben!!!

Bald werde ich mein Studium beginnen und ich werde dann ,genau wie du, sehr beschäftigt sein. Wir könnten aber wie bisher über einen Chat miteinander in Verbindung bleiben, bis wir uns wiedersehen.

Ich bitte dich, schick mir doch ein Ja oder ein Nein, damit ich mich wieder voll und ganz auf mein Leben und meine Ausbildung konzentrieren kann.

Viele Küsse und eine Umarmung, deine Julie"

Julie war es nicht wohl, als sie den Text noch einmal las. Zu klar, zu deutlich war alles und der Text kam ihr ein wenig zu aufdringlich vor. Aber immerhin würde ein klärendes "Ja" oder ein "Nein" von Themistoklis zurück kommen und diese Antwort brauchte sie dringend, um wieder essen zu können und den Kopf für ihre Ausbildung frei zu haben.

Beherzt drückte sie endlich die alles entscheidende Taste auf ihrem Laptop.

Die Mail war auf dem Weg.

Obwohl noch vor einiger Zeit, selbst auf diesem schnellen elektronischen Weg, Tage und Wochen zwischen Frage und Antwort vergangen waren, kam diesmal schon Sekunden später die knappe Antwort:

"Sorry Julie, ich bin zu beschäftigt. Und ja, ich habe eine fF. Du kannst dich auf dein eigenes Leben konzentrieren."

Diese grußlose schnelle Antwort hatte dann sogar Julies Mutter überrascht.

"Das ist jetzt aber schon sehr kurz angebunden Julie, also wenn das so ist, dann erkenne ich Themistoklis überhaupt nicht wieder", meinte sie. "Das hätte ich von ihm nicht erwartet und dass er eine feste Freundin hat? 'fF', was bedeutet das überhaupt? Also da hatte er wohl gerade überhaupt keine Zeit zum Schreiben."

Und Julie selbst konnte es gar nicht fassen, jetzt war sie endgültig am Boden zerstört. Was hatte sie sich erhofft und welche Zeichen hatte sie überhaupt wahrgenommen? War denn alles falsch? Alles falsch?

Julie war schlecht im Magen. Sie konnte nicht so schnell umschalten, wie die Antwort auf dem Tisch lag. Auch wenn sie jetzt endlich Klarheit darüber hatte, dass sie keinerlei Erfolg mehr auf seine Gegenliebe haben würde.

Kapitel 70

Katerina, Internet

Ich bin alleine zu Hause und immer wieder muss ich an Julies Liebeskummer denken. Nach allem, was ich über Themistok-

lis weiß, war diese kurze abweisende Antwort auch für mich eine Überraschung.

Dass er eine feste Freundin hat, überraschte mich genauso wie Julie. Hätte er diese Freundin nicht Leo und mir gegenüber erwähnt? Irgendwann, so einfach mal mitten in einem Gespräch?

Ich bin neugierig geworden, was wirklich hinter diesem Themistoklis steckt und wie immer, wenn ich etwas verarbeiten muss, setze ich mich an meinen Computer. Im Netz findet sich auf alles eine Antwort.

Ich rufe zuerst die am meisten besuchten Reise-Plattformen auf. Ich mache mich über alle Reiseberichte her, die Gäste über das Vulcano Sunset ins Netz gestellt haben. Egal ob in Italienisch, Spanisch, Finnisch oder sonsteiner Sprache, das Übersetzungsprogramm hilft mir die Begeisterung der Urlauber zu verstehen. Auch wenn das Ergebnis der automatischen Übersetzung manchmal sehr kuriose Sätze sind, so reicht es mir doch, um zu erkennen, dass die freundlich zuvorkommende und familiäre Art, die in der kleinen griechischen Hotelanlage gepflegt wird, zum Standard gehört. Sätze wie: "Wir fühlten uns unter guten Freunden!" und "Wir liebten das familiäre Ambiente!" oder "Wir kommen bestimmt wieder!", finden sich fast in jeder Beurteilung über das Vulcano Sunset. Wenn man direkt nach Themistoklis sucht, wird er sogar ganz speziell von einigen Gästen für seinen persönlichen Einsatz und sein zuvorkommendes Wesen gelobt. "Täglich ein aufmunterndes Lächeln für uns!" steht da und "Wir verabschiedeten uns als Freunde!" und "Themistoklis, wir kommen sicher wieder!".

Wir haben seiner professionellen Fürsorge also doch nur unsere eigenen Gefühle angedichtet und waren gutgläubiger als der Durchschnittsgast. Was wissen wir schon über Griechenland und über die griechische Lebensweise?

Zugegeben, Themistoklis hat sich Julie gegenüber nie fordernd oder drängend verhalten.

Ich erinnere mich an diese eine Nacht im Urlaub mit Julie, wo ich die Wirklichkeit zu erkennen glaubte und zu der Meinung fand, es wäre egal, was Themistoklis denkt oder fühlt, es ginge einzig darum, welche Erinnerungen und Gefühle wir selbst aus Griechenland mit nach Hause nehmen. Was mit uns passiert, was wir empfinden, ist alles nur unser eigenes Leben.

Trotzdem hat Themistoklis in uns diese Gefühle wach gerufen. Wer ist also dieser junge Mann wirklich? Ist er trotz all seiner Heiterkeit ein Mensch, der seine Gefühle unter Kontrolle halten muss, weil nicht sein kann, was nicht sein darf? Versteckt er sich hinter einer Maske der Perfektion oder ist er längst seine eigene Maske geworden und kennt Gefühle nur noch vom Hörensagen?

Ich mache weiter, tippe seinen Vornamen, den Nachnamen und seinen Heimatort in den Suchbalken ein. Ich finde im sozialen Netzwerk ein paar Menschen mit gleichem Familiennamen. Das könnte seine Verwandtschaft sein. Ansonsten finde ich nur ein Video auf Youtube, das von einem Themistoklis mit demselben Familiennamen für gut befunden wurde. Ich sehe mir das Video genauer an und es interessiert mich auch, zu welchem Zeitpunkt er es für gut befunden hat. Es war im letzten Winter und es ist ein Sprechvideo, offensichtlich etwas Politisches. Ein tätowierter Mann ist darin zu sehen, der sich in griechischer Sprache über irgendetwas aufregt. Aber ich verstehe nicht, was er sagt.

Doch es gibt zu meinem gesuchten Namen noch einen Hinweis auf einen anderen Account, den ich ebenfalls aufrufe, nur um zu sehen, ob es sich bei dem Gefundenen, um meinen Gesuchten handelt. Themistoklis hätte nichts mit mir geteilt heißt es und um zu erfahren was er sonst so macht, solle ich ihn einladen mein Freund zu werden. Das würde ich gerne tun, aber ich unterlasse das aus verschiedenen Gründen. Den Account hat Themistoklis vor vier Jahren angelegt und es sieht nicht so aus, als wäre er ein aktiver Nutzer, denn seine einzige Freundin ist Adelphia.

Bingo!

Wenn er mit Adelphia befreundet ist, ist er mein Themistoklis.

Adelphia ist seit letztem Urlaub meine Netzwerk-Freundin. Warum bin ich nicht gleich darauf gekommen bei ihr zu suchen? Bei ihr könnte ich fündig werden und das obwohl Themistoklis mir versichert hatte, dass er selbst im Internet nicht aktiv ist. Vielleicht hat Adelphia Bilder hochgeladen auf denen ich sehen kann, mit wem Themistoklis zusammen ist.

Ich betrachte mir Adelphias Account sehr genau. Ihre Freundesliste hat sie mit einer Sicherheitseinstellung blockiert, aber in ihrer Chronik kann ich alles lesen und sehen, was sie ihren Freunden und der Öffentlichkeit preis gibt.

Bei Adelphias Beiträgen konzentriere ich mich auf jene Freunde, die ihre Bilder und Texte regelmäßig mit "gefällt mir" markieren oder sogar Kommentare dazu schreiben. Schnell tauchen immer wieder dieselben Namen auf, was für mich ein Hinweis darauf ist, dass es sich bei diesen Freunden auch um ihre richtigen Freunde im echten Leben handeln könnte. Dann durchforste ich die Chroniken dieser echten Freunde und achte besonders sorgfältig auf die eingestellten Bilder.

Ein Grüppchen von vielleicht zwanzig Freunden kommentiert und gefällt sich immer wieder gegenseitig, über all die letzten Jahre und Monate hinweg. Sie alle leben und arbeiten im Sommer auf der Insel und reisen im Winter auf das griechische Festland oder in andere Grenzländer Griechenlands. Manche feiern mit ihren Familien und Freunden Weihnachten sogar in Barcelona oder Silvester in London, sie machen im Winter Urlaub, weil die Sommermonate die Arbeitsmonate sind.

Ich forsche neugierig tiefer und tiefer, klicke von Freund zu Freund, fast leidenschaftlich gehe ich dabei vor und plötzlich befinde ich mich in einer mir ganz und gar fremden Gesellschaft. Ich fühle mich wie ein Stalker und es geht mir schlecht dabei. Es wird so privat und viele Dinge die ich sehen kann waren niemals für mich bestimmt.

Ich ermutige mich weiter zu machen, indem ich mir vorsage, dass niemand der Durchsuchten von meiner Neugier weiß und ich mit meiner Suche niemanden belästigte. Außerdem kann ich sowieso nur sehen, was die Internet-Freunde öffentlich zeigen. Ob sie ihre Beiträge und Fotos aus Unwissenheit oder mit Absicht öffentlich posten, kann mir egal sein. Ich bemühe mich, bei meiner Suche kein schlechtes Gewissen mehr zu haben.

Ich brühe mir eine Tasse Kaffee auf, um etwas gelöster in die Sphäre der für mich völlig fremden Freunde von Adelphia und deren Freundesfreunde abzutauchen und nach Bildern zu suchen, die mir eine Erklärung für Themistoklis' Verhalten bringen könnten.

Jeder einzelne der Freunde hat wiederrum tausende anderer Freunde. Ganz Griechenland scheint auf diese Weise miteinander vernetzt zu sein. Kann man überhaupt so viele Menschen persönlich kennen?

Unendlich viele Partyfotos aus Nacht-Clubs tauchen auf. Jedes einzelne suche ich nach Themistoklis ab. Vielleicht ist er irgendwo im Hintergrund zu sehen, zufällig mit aufs Bild gekommen. Und langsam wird mir klar, dass wir von Santorini nur eine bezaubernde Hülle gesehen und erlebt haben.

Wir haben ein sehr oberflächliches Bild von der Insel mit nach Hause genommen. Heile-Welt-Stimmung und orangefarbene Sonnenuntergänge, das war unser Urlaub. In das Nachtleben der Touristen und der jungen Saisonarbeiter sind wir nie eingetaucht. Vom Leben nach Mitternacht mit klopfenden Bässen, Zigaretten, Alkohol, der Suche nach Ablenkung und der Jagd nach dem Glück, haben wir nichts mitbekommen.

Ich erinnere mich, dass Themistoklis mir Mut machen wollte, ich könnte doch ohne weiteres mit Julie in einen dieser Clubs gehen, aber meine Bedenken waren die üblichen Bedenken einer Frau meiner Generation. Eine Frau alleine und auch noch in meinem Alter! Doch jetzt macht sich in mir ein Gefühl des Bedauerns breit. Wenn nicht jetzt, wann dann? "Sie ist ihr Leben lang zu brav gewesen...", wird meine Grabrede einmal beginnen

410

und auf meinen Internet-Seiten wird nie irgendjemand nach etwas Besonderem suchen. Meine heile konservative Welt, zusammengesetzt aus durchschnittlich uninteressanten Erlebnissen, gespickt mit schönen langweiligen Bildern, das ist und bleibt für jedermann uninteressant.

Ich kann in die Welt hinaus schreiben was ich möchte, es geht unter, wie das flüchtige Gekritzel an einer x-beliebigen Hinterhofmauer. Ob das ein Vorteil oder ein Nachteil ist, weiß ich noch nicht.

Vor mir auf dem Bildschirm sehe ich jetzt junge gutaussehende Männer mit ebenso jungen gutaussehenden sommerlich spärlich bekleideten Mädchen. Braun gebrannt und fröhlich gestimmt. Sie trinken, tanzen, lachen und posieren offenherzig vor der Kamera, zu zweit, in Gruppen oder alleine. Sie strecken ihre Zungen heraus, um den Freund am Ohr zu lecken oder heben zwei Finger zum Friedenszeichen. Niemand ist hier älter als dreißig und auf den Partys scheint es keinerlei Grenzen zu geben. Heiße schwüle Nächte, bunte Lichter, kühle Drinks, Liebeleien und ein schwarzer Himmel über allem.

Auf einem Foto ist im Hintergrund ein junger Mann mit einer Zigarette zu sehen. Fast könnte es Themistoklis sein, aber auch nur fast. Die meisten jungen Griechen tragen einen Bart wie er. Dass er raucht hat mir Julie erzählt und dass er einige "schlechte Eigenschaften" hätte, was immer er damit andeuten wollte, auch.

Die Party-Bilder drücken Spaß und Freude aus, sie zeigen, wie unbeschwert man sein Leben auch leben kann.

Ich denke an laute Musik, an Bässe und Lieder die unter die Haut gehen. Neue Beziehungen werden geknüpft, die vielleicht gerade mal so lange halten, wie ein Sommerurlaub auf der Insel. Romantische Gefühle passend zur Gunst der Stunde.

Und weil ich überall und immer auch gern zwischen den Zeilen lese, betrachte ich bei den Bildern mit Vorliebe auch das Geschehen im Hintergrund. Was die strahlenden Party-Gäste im Vordergrund übermitteln wollen, gilt für den Augenblick eines Klicks, im Hintergrund ist der Party-Alltag. Nicht immer ist das, was uns absichtlich unter die Nase gehalten wird auch die wichtigste Information auf einem Bild.

Ich sehe, dass viele der zufällig Abgelichteten alleine sind, in ihre Smartphones starren oder mit einer Zigarette zwischen den Fingern und einer Flasche Bier in der Hand nur beim Feiern zuschauen. Sie waren an diesem Abend auch nur Zuschauer, genau wie ich jetzt. Doch im Gegensatz zu mir waren sie direkt dabei, konnten die Atmosphäre spüren, sie hatten wenigstens die Wahl, ob sie mitfeiern wollten oder nicht.

Sie hatten die Wahl, oder etwa nicht?

Plötzlich sieht das lustige Miteinander für mich nur noch wie ein weniger lustiges Nebeneinander aus. Eine Gesellschaft bestehend aus zufällig zusammengewürfelten Spaßsuchern und alleinstehender Heimatloser.

Und dann tauchen nur noch Bilder von makellosen jungen Männern vor mir auf. Eine Welt der perfekt geformten Männerkörper, in der Frauen keine Rolle mehr spielen. Der herzliche Umgang der jungen Männer untereinander kommt mir schlagartig seltsam vor.

Unwillkürlich muss ich daran denken, dass im antiken Griechenland das homosexuelle Begehren durchaus zum gesellschaftlichen Konsens gehörte. Stählerne Muskeln und durchtrainierte Körper, Männersport für an Männern interessierte Männer. Ich erinnere mich, auf den Touristenmärkten Graphiken und Mosaike erotischer und homoerotischer Motive aus der antiken Götterwelt gesehen zu haben. In den meisten der vielen kleinen Souvenir-Läden Oias und Imeroviglis gab es Postkarten, Vasen, Kartenspiele mit solcherlei antiken erotischen Motiven.

Wenn Profilbilder dann nur noch Männerpärchen zeigen und bei Interessen Boyfriend angegeben wird, kann meine Schlussfolgerung, dass es auf der Insel ebenso eine zwanglose Homoszene gibt, keine bloße Vermutung mehr sein.

Und ich frage mich, ob Themistoklis auch einen festen Freund haben könnte? "fF", was heißt das? "Feste Freundin" oder "fester Freund"? Warum hat er das nicht ausgeschrieben? Die beiden Männer im Vulcano Sunset waren jedenfalls begeistert vom jugendlichen Charme ihres gutaussehenden Hotelmanagers. Ob das fehlende Interesse an Julie aus Themistoklis' fehlender Vorliebe für Frauen im Allgemeinen herrührt? Oder ist das nur wieder meine Fantasie, die da gerade mit mir durchgeht?

Ich bin verwirrt, breche an dieser Stelle völlig ab, hole mir noch eine Tasse Kaffee und vertiefe mich wieder in die Bilder, die Adelphia selbst eingestellt hat. Vielleicht finde ich nur bei ihr, was ich suche. Ich scrolle in ihrer Chronik immer weiter *und weiter zurück. Jetzt bin ich schon im Mai des letzten Jahres.*

Und plötzlich ist es da, das Bild nach dem ich suche!

Themistoklis mit einem Mädchen!

Sie sitzt auf seinem Schoß und spitzt die Lippen zu einem Kussmündchen. Themistoklis' muskulöse nackte Oberarme umschlingen sie, man sieht, dass sie sich offensichtlich sehr geborgen darin fühlt. Aber sein Blick ist nicht der dieses aufgeräumten fröhlichen jungen Mannes, den ich aus unserem ersten Urlaub in Erinnerung habe und den ich in unserem zweiten Urlaub wieder gefunden glaubte. Der Themistoklis auf dem Bild ist neu für mich. Er wirkt älter, müde und nicht gut aufgelegt.

Den Kommentar zu diesem Bild, von einer gewissen Angeliki, muss ich mir von einem Übersetzungs-Programm erklären lassen, weil ich kein Griechisch kann. Die Übersetzung heißt: "Efthimios schau" und dahinter hat sie drei Herzchen gesetzt. Ich schließe daraus, dass das Mädchen auf Themistoklis' Schoß diese Angeliki selbst ist und suche deswegen auf Angelikis Seiten weiter.

Das Mädchen spricht offensichtlich kein gutes Griechisch, denn vieles lässt sich mit meinem Sprachprogramm nicht übersetzen. Ich blättere weiter durch ihre Vergangenheit. Mein schlechtes Gewissen ist jetzt völlig meiner Neugier gewichen.

Angeliki scheint ein bunter Vogel zu sein, sie posiert mit allen hübschen Jungs auf der Insel und tanzt wöchentlich auf einer anderen Party. Nur zu Beginn der Saison, im Eröffnungsjahr des Vulcano Sunset, schreibt sie in fehlerfreiem Griechisch in ihre Chronik: "Wir treffen uns im Frühjahr und lieben uns im Herbst". Zusätzlich setzt sie jedes Mal drei Herzchen hinter ihre Kommentare und gibt an, schwer verliebt zu sein.

Es sind hunderte Fotos von ihr zu sehen. Sie arbeitet offensichtlich in einem Hotel als Hausmädchen. Ungeschminkt ist sie keine Schönheit. Ihre Nase ist zu lang und zu breit und ihre Haut wirkt unrein. Die langen Haare, die sie auf den Fotos im Hotel hochgesteckt trägt, wirken offen spröde und ausgefranst. Ungeschminkt sieht sie unscheinbar und langweilig aus, doch gut geschminkt, aufreizend gekleidet und in Party-Laune sieht sie, bei allem Respekt, richtig sexy aus. Sie versteht es, mit der Kamera zu flirten. Ich kann mir gut vorstellen, dass sie Männerherzen höher schlagen lassen kann, wenn sie gut aufgelegt ist und sie scheint das auch zu wissen, denn auf fast allen Partyfotos zeigt sie sich in ähnlicher Art und Weise. Sie versteht es sich ins rechte Licht zu rücken. Hunderte von Likes und anerkennende Kommentare unter ihren Bildern bestätigen das.

Angeliki scheint die Menschen der gesamten Insel zu kennen, denn in ihrer Netzwerk Gefolgschaft hat sie über sechstausend Freunde.

Soweit es sich übersetzen lässt, schreibt sie freundliche Kommentare über ihr Hotel und wünscht den Gästen auf diese Art und Weise fast jeden Tag einen guten Morgen. Sie scheint sehr unkompliziert und fröhlich zu sein und ich vermute, dass ihre Fröhlichkeit ansteckend sein muss. Vor gerade mal einer Stunde hat sie ihr Profilbild geändert und schon jetzt hat sie über dreihundertneunzig "Daumen hoch" unter ihrem Bild und schon dreißig anerkennende Kommentare.

Ich suche in Angelikis Chronik das Datum, an dem Adelphia das Partybild mit Themistoklis geteilt hat. Und tatsächlich gibt es bei ihr weitere Bilder zu dieser Party. Themistoklis und Angeliki haben offensichtlich kurz nach der Eröffnung des Vulcano Sunset zusammen gefeiert. Die schwache Beleuchtung und die schwarzen T-Shirts der Partygäste wirken dunkel und beklemmend auf mich. Ich finde, dass die ganze Gesellschaft nicht besonders heiter aussieht. Themistoklis schaut auf jedem Bild so müde und angetrunken aus, als würde er gleich vom Hocker fallen. Aber er ist es, unverkennbar es ist Themistoklis!

Die Bilder der Party werden alle von einem Efthimios mit "gefällt mir" markiert. Dieser Efthimios scheut sich nicht, Kommentare wie "Hölle euch", "alte Wichser" und "fuck you" öffentlich zu posten. Dass das Netzwerk nicht die Plattform für gute Literatur ist, ist mir bekannt, doch Efthimios übertrifft alles. Angeliki gefällt das, jedenfalls hat sie alle Kommentare von ihm mit einem Daumen nach oben markiert.

Jetzt interessiert mich auch Efthimios. Ich suche bei ihm weiter. Seine Profilbilder zeigen einen Mann um die dreißig, der von oben bis unten tätowiert ist. Er hat wenig Haare auf dem Kopf, dafür trägt er einen dichten schwarzen Bart. Offensichtlich hat er einen Rottweiler, den er liebevoll auf seinem Sofa schlafen lässt. Das Zimmer im Hintergrund ist spärlich eingerichtet und die Unordnung darin lässt sich kaum übersehen. Es sieht nach stickiger Luft und vollen Aschenbechern aus.

Überall in seiner Chronik lese ich ausländerfeindliche und vor allem deutschlandfeindliche Parolen. "Fuck Germany" und "Fuck Kanzlerin" sind noch die harmlosesten Sprüche. Er teilt viele Bilder mit abartig entstellten deutschen Politikern. Die Kommentare dazu zielen alle auf unterhalb der Gürtellinie.

Ich merke direkt, wie mich das gegen ihn aufbringt.

Spontan muss ich an meinen Vater denken. Er war ein Nachkriegskind und machte Zeit seines Lebens nur in Deutschland oder Österreich Urlaub, während unsere Verwandten schon lange im sonnigen Süden an der Adria in der Sonne lagen. Auf meine Frage, warum er nicht in den Süden wollte, antwortete er stets, dass er nicht in Länder fahren würde, die deutschfeindlich sind. So war er aufgewachsen, so hatte man es ihm beigebracht. Die Ansichten meines Vaters waren die Ansichten aus einer Jugend, die einen angezettelten und verlorenen Krieg erlebt hatte.

Jetzt, wo ich diese Feindseligkeiten direkt nachlesen kann und zwar von jungen Menschen, die den Krieg nur aus Geschichtsbüchern oder Erzählungen kennen, denke ich, dass mein Vater vielleicht recht hatte. Vielleicht hat die Deutschlandfeindlichkeit bis heute nicht aufgehört und die nationalen Vorbehalte vererben sich über Generationen hinweg, als gäbe es dafür eine genetische Triebfeder.

Hier schreiben junge Griechen was sie wirklich denken. Hier müssen sie niemandem etwas vormachen, sich nicht verbiegen. Hier steht ihre eigene unverblümte politische Meinung. Efthimios und seine Freunde überschlagen sich mit Gehässigkeiten, Spott und Häme gegenüber Deutschen und ihren Politikern.

Das macht mich traurig und wütend zugleich. Ich fühle mich verletzt von solch unnötigen Feindseligkeiten und ich fange an zu verstehen, was mein Vater meinte.

417

Unerwartet kann ich spüren, wie sich Nationalismus anfühlt, denn je mehr ich von der Hetze lese, umso mehr will ich mein eigenes Land rechtfertigen.

Umso griechischer die Schreiber werden, umso deutscher werde ich.

Ich frage mich, wer die Drahtzieher hinter diesen Bildern und Texten sind, die offensichtlich erfolgreich junge Menschen gegeneinander aufwiegeln. Wer stellt solche Bilder ins Netz und warum werden sie so eifrig geteilt? Oder fehlt mir nur der Sinn für politischen Humor?

Ich interessiere mich weiter, was Efthimios gefällt und finde Bilder von Kleidung mit eindeutigen Zeichen und Aufschriften griechischer Nationalisten.

Und dann finde ich zu meinem Erstaunen in Efthimios' Chronik das selbe Video, das auch Themistoklis auf Youtube für gut befunden hat.

Sogar am gleichen Tag haben beide dasselbe Video für gut befunden!

Erst jetzt fängt dieses Video an, mich zu interessieren, denn für jemanden, der im Internet mit nichts auffällt, stellt bereits ein einziges Video eine bedeutende Aussage dar.

Ich mache mir also die Mühe und tippe die griechischen Buchstaben in mühevoller Kleinarbeit in den Online Übersetzer. Nach der vollständigen Eingabe drücke ich auf "Übersetzen" und in der übersetzten Version steht klar und deutlich der Name einer Vereinigung:

"Goldenes Griechenland"!

Dann gebe ich noch einmal Themistoklis' Familiennamen ins soziale Netzwerk ein. Und jetzt fällt mir auch ein älterer Grieche auf, der gewisse Gesichtszüge von Themistoklis hat. So könnte Themistoklis vielleicht in zwanzig oder dreißig Jahren aussehen. Könnte das sein Vater oder ein Onkel sein?

Ich lese ein wenig in der Chronik des Mannes und finde auch hier zahlreiche Hinweise auf einen national stolzen Griechen. Immer wieder tauchen in seiner Chronik Bilder von Demonstrationen gegen Sparmaßnahmen und gegen europäische Zwänge auf. Deutschlandfeindliche Parolen und unzweideutige Spottkarikaturen finden sich auch bei ihm zuhauf und er drückt mehrmals seine Sorge darüber aus, dass viele junge Griechen mit Anglizismen die griechische Sprache verwässern oder gar die griechischen Schriftzeichen gar nicht mehr beherrschen. Sie schreiben Griechisch mit lateinischen Buchstaben und ihre Internetauftritte seien eine Schande für ganz Griechenland, schreibt er. Und jeden seiner Posts beendet er mit: "Kämpferische Grüße!"

Und plötzlich scheinen die Puzzlesteine ein fertiges Bild zu geben. Themistoklis hatte Julie geschrieben, dass er in seiner freien Zeit zu seinem besten Freund reisen wird, um mit ihm seinen Urlaub zu verbringen. Wenn Themistoklis zu der Party-Gruppe im schwarzen T-Shirt gehört und Angeliki seine Freundin ist, wenn sämtliche Bilder ausschließlich von Efthimios kommentiert und von Angeliki gelikt wurden, wenn Efthimios und Themistoklis das selbe Video zur selben Zeit mit "gefällt mir" markieren, muss ich davon ausgehen, dass Efthimios Themistoklis' bester Freund ist.

419

Und jetzt sehe ich auch, dass Angeliki letztes Jahr im Herbst, exakt zur selben Zeit und am selben Ort wie Themistoklis Ferien gemacht hat. Die angegebenen Urlaubszeiten stimmen mit den Zeiten, die Julie aus dem Chat kannte, perfekt überein.

Themistoklis hatte sich bei Julie sogar noch dafür entschuldigt, dass er im Urlaub keinen Internetzugang gehabt hätte, obwohl Angeliki zur selben Zeit vom selben Ort Bilder von sich ins Netz stellen konnte.

Angeliki ist Themistoklis' fF!

Julie erzählte einmal, dass Themistoklis kein Anhänger des deutschen Fußballs sei, obwohl er ansonsten ein begeistertet Fußballfan ist. Einzig die Borussen würden ihn interessieren.

Auch diesem Hinweis gehe ich nach und erfahre, dass es im Stadion der Borussen eine rechte Szene gibt, die, wie es heißt, "eng mit dem griechischen Verein Aris Saloniki" in Kontakt steht. In Efthimios' Chronik finden sich gleich mehrere Bilder dieser griechischen Salonikis und überall dazu Efthimios' eindeutig rassistische Kommentare. Es geht um Hooligans und eine ultrarechte Gruppe die mit Unruhen und Aggressionen während und nach den Spielen auffällig geworden sind.

Plötzlich wird mir klar, weswegen sich Themistoklis von Julie in ihrer Fotomontage ein schwarzes T-Shirt oder ein schwarz-gelbes wünschte. Sie fand es für ihn nicht passend, zu dunkel, zu mächtig und hat ihm diesen Wunsch nicht erfüllt.

"In schwarz siehst du so traurig aus", schrieb sie ihm einmal, "ich nehme lieber das rote Bayern-Trikot!"

"Willst du mich ärgern?" schrieb er mit einem Zwinker-Smilie zurück.

Themistoklis ist also nicht am eigenen Geschlecht interessiert, sondern verkehrt in nationalistischen Kreisen. Ich weiß im Augenblick nicht, was mir lieber gewesen wäre. Obwohl ich ihn mir gar nicht als Nationalisten vorstellen kann, befürchte ich doch, dass ich mit dieser Version auf dem richtigen Weg bin.

Habe ich also den echten Themistoklis gefunden!

Es ist das erste Mal, dass ich hoffe mich zu täuschen.

Obwohl Themistoklis vor zwei Jahren nichts weiter als ein Video für gut befunden hat und nur einen einzigen Internet Account besitzt, über den er mit Adelphia verbunden ist, habe ich mehr über ihn erfahren, als mir lieb ist. Bedauerlich, wenn Neugier so entzaubert!

Um nicht mit diesen schrecklichen Gedanken zu enden, schaue ich mir noch ein paar Bilder in Adelphias Chronik an. Vor mehreren Jahren hat sie Fotos einer kleinen privaten Feier gepostet. Die Feier fand in einem kleinen Zimmer statt, was die Beteiligten nicht zu stören scheint, denn trotz wenig Platz strahlen sie auf den Gruppenbildern um die Wette.

Und jetzt erkenne ich auch hier unter den Gästen Themistoklis wieder. Er sieht noch sehr jung aus, mit weißem T-Shirt, das Gesicht glatt rasiert, die dichten schwarzen Haare etwas länger, ein wenig gelockt, seine Haut noch kaum gebräunt. Ich erkenne ihn jetzt schon sehr zuverlässig, obwohl er noch ganz anders aussieht. Auf jedem Foto liegt Adelphias Arm über Themistoklis' Schultern.

Vielleicht, so hoffe ich, hat Themistoklis dieser Angeliki und diesem Efthimios die Freundschaft wegen ihrer Ideologie längst wieder gekündigt. Mein Wunsch, dass er sich aus diesen Kreisen befreien kann, begleitet ihn und ich hoffe, dass ihm diese Hassgesellschaft so einen Schrecken einjagen wird, dass er ganz schnell die Nase davon voll hat.

Denn trotz allem was ich im Internet gesehen habe, kann ich mir Themistoklis in dieser aggressiven Vereinigung überhaupt nicht vorstellen.

Kapitel 71

Julie

Julie hätte auch selbst im Internet nach Themistoklis suchen können, aber sie war zu enttäuscht und sie wollte sich nicht länger mit dem Gefühl der abgewiesenen Freundin belasten.

Ihre Mutter hatte ihr sowieso von den Ergebnissen erzählt auf die sie gestoßen war und das reichte schon. Sollte Themistoklis eben in seiner griechischen Welt seine griechischen Mädchen glücklich oder unglücklich machen, ihr würde das ab jetzt sowieso egal sein.

Sie konnte sich zwar kaum vorstellen, dass das Ergebnis dieser Internetsuche, die ihre Mutter da veranstaltet hatte, in allen Punkten richtig war, aber eine gute Erklärung für seine Ausfälle war es bestimmt.

Sie hatte sich von Themistoklis von Beginn an täuschen lassen. Die netten Augenblicke die sie zusammen hatten, sein Charme ihr gegenüber, der ganze Chat mit all den lieben Worten, das Kribbeln in der Magengrube, von dem sie ganz sicher war, dass er es auch spüren musste, wenn er an sie dachte, das alles war eben nur ein Gespinst ihrer eigenen Einbildung gewesen, das dem Wunsch entsprang, von ihm geliebt zu werden.

Julie versuchte sich abzulenken, indem sie sich auf ihr Studium konzentrierte. Es gab eine Menge zu erledigen und sie war mehrere Tage hintereinander nur damit beschäftigt die richtigen Daten und Anlaufstellen für ihre Anmeldung herauszufinden und die entsprechenden Unterlagen und Kunstobjekte für ihre Bewerbungsmappe zu finden und zu sortieren. Das war eine ganze Menge Arbeit, die sie da zu erledigen hatte.

Hin und wieder fiel ihr dabei ein, mit welcher Leidenschaft sie noch vor ein paar Monaten ihren Lebenslauf geschrieben hatte, um sich für das Hotelpraktikum im Vulcano Sunset zu bewerben. Sie war sich so sicher gewesen, dass das klappen würde. Sogar ihre Eltern hatten ihr Mut gemacht sie solle nicht locker lassen ihre Pläne zu verwirklichen. Sie sagten, sie würden Themistoklis als zuverlässigen und ehrlichen Freund einschätzen und wenn sich einer für Julie stark machen würde, dann ja wohl am ehesten er.

Manchmal kamen ihr immer noch die Tränen, wenn sie an ihn dachte. Dann las sie ein paar Zeilen aus dem Chat mit ihm, um sich zu erinnern und um sich nicht so zu fühlen, als wäre alles nur ihrer Fantasie entsprungen.

Einige Tage später, nachdem ihre Mutter die Internetsuche längst eingestellt hatte, saß Julie mit ihrem Laptop auf dem Sofa, um nach ein paar wichtigen Informationen für ihr Studium zu suchen. Es war schwierig alles zu finden was sie brauchte und es war langweilig, ständig lesen zu müssen, was sie nicht brauchte und vermutlich vergaß sie deswegen auch immer wieder sofort alles was sie gerade gelesen hatte.

Nur so aus Langeweile gab sie mittendrin dann doch Themistoklis' Vor- und Familiennamen in den Suchbalken vor sich ein. Nur so, aus Langeweile.

Und tatsächlich hatte sich doch etwas verändert. Hatte ihre Mutter nicht gesagt da wäre nur ein einziges politisches Video das Themistoklis gefällt?

Jetzt jedenfalls war es mehr. Themistoklis gefiel seit ein paar Tagen auch ein Musikvideo.

Neugierig spielte Julie es ab.

Das Video zeigte eine junge Frau mit langen dunklen Haaren, offensichtlich eine Künstlerin, denn am Ende des Liedes setzte sie sich an einen Tisch und fing an ein Bild zu malen. Aber bevor sie das tat, sang sie voller Sehnsucht: *"Nichts ist besser, als mit dir am Strand zu liegen, nichts ist besser, nichts ist besser, nichts ist besser...!"*.

Kapitel 72

Themistoklis

Auch nach seiner zweiten Saison im Vulcano Sunset traf sich Themistoklis wieder mit Angeliki, um die Rückreise mit ihr gemeinsam anzutreten. Sie hatte ihm keine Ruhe gelassen und ihre scheinbaren Ansprüche auf ihn den ganzen Sommer über immer wieder durchgesetzt.

Themistoklis war nach Feierabend oft viel zu müde, um sich gegen sie zur Wehr zu setzen. Und letztlich war es auch egal, mit wem er unterwegs war. Sie war weder besser noch schlechter als jede andere und manchmal schaffte sie es sogar, ihn in den gemeinsamen Pausen mit ihrer lebensfrohen Art zum Lachen zu bringen. Ein paar Tage wollte er sowieso bei seinem Freund Efthimios verbringen, das hatte er ihm schon telefonisch zugesagt. Obwohl ihn die politischen Parolen seines Freundes schon anfingen zu nerven. Aber trinken, feiern und durch die Gegend ziehen das konnten sie gut miteinander und dabei würden sie jede Menge Spaß haben. Nach dieser turbulenten Saison und bevor der lange Winter kam, fand er das einen angebrachten Ausgleich.

Außerdem hatte Efthimios Karten für ein Fußballspiel mit den Salonikern und das wollte sich Themistoklis auf keinem Fall entgehen lassen.

"Das wird ein voller Erfolg für unsere Mannschaft!", hatte Efthimios gesagt. "Das wird dir gefallen, sowas hast du noch nicht erlebt!"

Ein paar Tage abhängen und dann nach Hause zu seiner Mutter und Großmutter, die ihn sicher schon ungeduldig erwarten würden, das war der Plan. Außerdem hatte er sich bereits in der Olivenfabrik wieder zur Mitarbeit angemeldet. Dieses Jahr musste er im Winter noch einmal dazu verdienen, aber im nächsten Jahr könnte er vielleicht mit seinem Sommergehalt schon auf Santorini bleiben und den Winter im eigenen Haus verbringen. Jedenfalls hatte er das zuletzt mit Nicolesku so abgesprochen. Vielleicht könnte er sogar seine Mutter und Großmutter auf die Insel holen, wenn das Haus erst einmal eingerichtet war.

Es konnte alles nur besser werden. Den Vertrag für die feste Anstellung als Hotelmanager für die nächsten Jahre und für das eigene Haus hatte er so gut wie in der Tasche. Es war jetzt alles nur noch eine reine Formsache.

Kapitel 73

Themistoklis' Mutter

"Bald kommt der Junge nach Hause." Themistoklis' Mutter stand am Herd, während die Großmutter am Tisch hinter ihr saß. Sie kochten Paprika ein, die sie zu verschiedenen Gerichten gerne als Beilage aßen. "Diese Woche ist er noch bei einem Freund. Ich glaube, sie sehen sich ein Fußballspiel an. Jedenfalls sagte er das, als wir miteinander telefonierten."

"Der gute Junge", die Großmutter schraubte gerade die Deckel von den großen Gurkengläsern, die gleich mit den heißen Paprika gefüllt werden sollten.

Im Wohnzimmer nebenan lief wie immer das Fernsehgerät, um die Stille aus der Wohnung zu vertreiben und eine Nachrichtensprecherin sagte:

"Gestern Abend haben nach einem Fußballspiel unterschiedliche Gruppen von Hooligans und Mitglieder der Vereinigung 'Goldenes Griechenland' zunächst den Torhüter der Gastmannschaft und später eine antirassistische Demonstration der Linksjugend zum Thema Flüchtlingspolitik angegriffen. Noch immer fühlen sich die Nationalisten im Stadion bei den Salonikern wohl. Offenbar können sich griechische Neonazis und Hools im Fußballstadion völlig frei bewegen. Das Stadion der Saloniker hat sich innerhalb der landesweiten Neonazi-Szene offenbar zu einem Ort entwickelt, wo man sich gerne sehen lässt. Nach dem Spiel und dem Eklat im Stadion, bei dem der Torwart tätlich angegriffen wurde, provozierten die Neonazis weiter, indem sie ein Transparent für die rechtsradikale Vereinigung 'Goldenes Griechenland' entrollten. Das Entrollen des Transparents zeigt deutlich, dass es sich um ein geplantes Auftreten gehandelt haben muss und nicht um eine spontane Aktion, wie von Polizei und Teilen der Lokalpresse zunächst behauptet wurde. Obwohl es bereits unmittelbar nach dem Entrollen des Transparents zu Bedrohungen und einem tätlichen An-

griff kam, griff die Polizei zuerst nicht ein. Etwa eine Stunde nach der ersten Attacke folgten dann weitere Angriffe von Neonazis auf die Demonstration der Linken. Ein Pfefferspray-Einsatz der Polizei und insgesamt fünf Verhaftungen folgten."

"Es wird immer schlimmer", sagte die Großmutter, die sich angewöhnt hatte stets mit einem Ohr auf die Nachrichten aus dem Wohnzimmer zu lauschen. "Ich bin froh, wenn der Junge endlich wieder zu Hause ist. Sogar im Fußballstadion ist man nicht mehr sicher."

"Ja, ich bin auch froh, wenn er endlich wieder da ist", sagte Themistoklis' Mutter und holte die große Pfanne vom Herd an den Tisch, um die gut gewürzten gebratenen Paprika in die Gläser zu füllen.

Aus dem Wohnzimmer klangen immer noch die schnellen Worte der Sprecherin: "Später kam es erneut zu einem Zwischenfall auf die Demonstration der Linksjugend, als diese gegen 19 Uhr das Mahnmal auf dem Platz in der Ortsmitte erreichte. Aus einer einschlägig bekannten Kneipe stürmten mit Flaschen werfende Männer aus dem Kreis der Hooligan-Gruppe „Salonikier Supporters" auf die Demonstration zu und versuchten diese zu attackieren. Dabei sollen sie laut Augenzeugen volksverhetzende Parolen gerufen haben. Es gab mehrere Verletzte und zwei Schwerstverletzte."

"Schrecklich ist das", sagte Themistoklis' Mutter, "warum können sich die Linken und die Rechten nicht in der

Mitte treffen und mal was gemeinsam für unser Land tun?"

Kapitel 74

Themistoklis

Plötzlich hatte Themistoklis seinen Freund aus den Augen verloren. Efthimios hatte ihn nach dem Fußball-Spiel noch in diese Bar geschleppt und ihm versprochen, dass sie ein Zeichen für ganz Griechenland setzen würden. Endlich könnte man allen zeigen, wo man stehe und was man dachte. Es würde eine Mega-Party werden, sagte Efthimios und alle Beteiligten würden sicher noch wochenlang darüber sprechen.

Dann stürmten sie hinaus und Themistoklis versuchte dem Tumult vor der Bar so schnell wie möglich zu entkommen. Aber die Menschenmenge um Themistoklis zog sich immer enger zusammen.

Plötzlich spürte er einen dumpfen Schlag auf seinem Kopf, was ziemlich weh tat. Er taumelte und stürzte und spürte noch einmal etwas Hammerhartes am Hinterkopf. Er konnte den Knall im ganzen Körper spüren. Er wusste nicht, was es war und es tat auch merkwürdigerweise gerade gar nicht weh.

Ihm fiel plötzlich ein, dass sein Vater wissen müsste, was er hier für Griechenland tat und es fiel ihm ein, dass seine Mutter am Herd stand und für ihn kochte, was, wenn er jetzt nicht nach Hause käme? Seine Mutter wäre sicher sehr enttäuscht und sie würde sich wie immer große Sorgen machen. Katerina bewegte mahnend ihren Zeigefinger hin und her. Und Angeliki, müsste er sagen, dass er sie nicht liebte und dass sie aufhören müsse, ihn so zu bedrängen. Sie wäre sicher traurig darüber, aber wie sollte er mit solch falschen Gefühlen auf Dauer leben? Und Julie! Er wollte ihr noch schreiben, dass es ihm so unendlich leid tat, dass sie sich nicht näher gekommen waren, denn eigentlich wollte er ihr sagen, was für ein fabelhaftes Mädchen sie wäre und dass sie sich unbedingt wiedersehen müssten und dass er nie aufhören würde sie gern zu haben. Und dass es ihm leid tat, sich nicht bei ihr entschuldigt zu haben, nachdem Adelphia den knappen Text in sein Smartphone getippt hatte. Er hätte sofort etwas Klärendes hinterher schicken müssen. Aber sie hatte ihm das Smartphone einfach aus der Hand genommen, um endlich reinen Tisch zu machen, wie sie es nannte.

Und dann kamen sie doch zurück, die Schmerzen! Plötzlich tat ihm sein Kopf so weh, wie niemals zuvor in seinem Leben und ihm wurde schwarz vor Augen. Er dachte, er könnte noch hören wie Angeliki seinen Namen mehrmals hintereinander rief und dann hatte er das Gefühl hochgehoben zu werden.

Kapitel 75

Tagebuch Katerina

Julie studiert inzwischen Altgriechisch und Kunst an der Universität, sie sagt, im Herzen wäre sie längst eine Griechin geworden. Hin und wieder denkt sie noch an Themistoklis, dann spürt sie wieder diese Zuneigung und sagt, aus irgendeinem Grund könne sie ihn nicht vergessen.

Und ich buche noch einmal eine Reise für Leo und mich nach Santorini. Ich will wissen, ob das wahr sein kann, was ich im Netz über Themistoklis heraus gefunden habe und ich will ihm noch einmal in seine fröhlichen braunen Augen schauen, dann werde ich es ganz genau wissen. Seinen jugendlichen Charme möchte ich wieder finden und wissen, dass es ihm gut geht.

Ich möchte Julie davon berichten, dass ihr Freund immer der bleiben wird, den sie kennengelernt hat, auch wenn seine Gefühle ihr gegenüber andere sind, als die, die sie gerne gehabt hätte.

Kurz vor der pünktlichen Landung schwenkt der Pilot wieder um den Profitis Elias und ich weiß, dass die Badenden in Perissa jetzt zu uns hoch sehen. Dann warten wir am Laufband auf unsere Koffer und wie immer habe ich Sorge, dass jemand das gleiche Koffermodell mit derselben Farbe haben könnte und unseren Koffer versehentlich mitnimmt oder ich ihn nicht erkenne und den falschen nehme.

Aber es geht alles gut und wir verlassen den Flughafen in Richtung Autovermietung. Vor dem Flughafengebäude schaue ich mich genau um, ob Themistoklis vielleicht schon hier ist. Es könnte ja sein, dass er auf Gäste des Vulcano Sunset wartet, die seinen Transfer zum Hotel gebucht haben. Aber ich sehe ihn nicht und muss auf das Wiedersehen warten, bis wir im Hotel ankommen.

Nach so vielen Urlauben hier auf dieser kleinen Insel kenne ich jede Straße und jede wichtige Einrichtung und sogar ein paar Griechen kenne ich, so wie den von der Autovermietung, der meinen Rückspiegel verrechnen wollte.

Er erkennt mich auch, so sagt er wenigstens, aber er weiß gleich, welches Auto wir haben wollen und denkt sogar an die Gutschrift für den Spiegel. Leo und ich bekommen wieder einen anthrazit farbigen Kleinwagen, aber es ist nicht derselbe, den ich mit Julie vor einem Jahr in unserem wichtigen Urlaub hier gefahren habe. Das Kennzeichen ist ein anderes.

Leo verstaut unsere Koffer und die Handgepäckstaschen im Kofferraum und ich ertappe mich dabei, dass ich mich unheimlich auf Themistoklis freue. Vielleicht bin ich doch nur irgendwelchen Hirngespinsten aufgesessen und alles ist wieder wie im vorigen Jahr.

Alles war nur ein großer Irrtum!

Ich freue mich auf sein offenes Lachen aus dem schwarzen Dreitagebart und auf das fröhliche sonnengebräunte Gesicht, freue mich auf sein Entgegenkommen und auf seine unaufdringliche Freundschaft.

Ich werde ihm von Julie erzählen, was sie in der Zwischenzeit alles gemacht hat und dass sie sich freut im Sommer vielleicht ein paar Tage hierher zu kommen. Vielleicht sage ich ihm, dass sie ihn immer noch mag und dass sie die ganze Zeit über nie aufgehört hat, in ihm einen guten Freund zu sehen. Als Mutter darf man so etwas sagen, denke ich.

Leo und ich fahren auf den Parkplatz und halten vor dem Hotel. Es hat sich wieder einiges geändert. Ein flaches Gebäude wurde über den Winter dazu gebaut, in dem sich vermutlich jetzt eine Hotelküche und ein Restaurant befinden. Themistoklis hatte diese Ergänzung letztes Jahr schon angekündigt. Sie war notwendig weil der starke Wind zu oft die Gäste von der Poolbar vertrieben hatte. Ein junger Mann kommt auf uns zu und reicht uns die Hand zur Begrüßung.

"Hi, ich bin Alexandros", stellt er sich vor und will unseren Koffer aus dem Auto heben.

"Oh! Ist Themistoklis heute gar nicht hier?", frage ich neugierig.

"Nein, Themistoklis ist nicht da", sagt er und führt uns mit unserem Koffer in die Rezeption, wo er uns auf dem Balkon, mit Blick über die Caldera, einen kleinen Aperitif serviert.

Einen der Pässe braucht er von uns und die Hotel-Voucher. Ich gebe ihm beides und er prüft es ausgiebig. Dann steht er wieder auf und heißt uns noch einmal herzlich willkommen im Vulcano Sunset. Er nimmt unsere Koffer und führt uns die Treppe hinunter in ein Zimmer, das für die nächsten Tage unser Zuhause sein wird. Es ist dasselbe Zimmer wie im letzten Jahr, als Leo und ich hier Urlaub gemacht haben.

Aber die alten Möbel sind ausgetauscht, die Wände wurden attraktiv gestrichen und zum Teil mit Fliesen beklebt. Alles riecht neu und sauber und das Zimmer ist jetzt genauso perfekt, wie die oberen Zimmer, die uns Themistoklis letztes Jahr voller Stolz gezeigt hat.

Alexandros erklärt uns die Schränke, die kleine, jetzt vollkommen neue Teeküche, zeigt uns das Bad und die vielen Ablagen, den Kleiderschrank, den Hotelsafe. Alles ist wunderschön und der Blick über die Caldera ist wieder einmal atemberaubend.

Aber meine Enttäuschung Themistoklis nicht zu sehen ist trotzdem groß. Ich hatte mich so auf ihn gefreut. Auf sein Lachen und seine interessierten Nachfragen, sein: "Its nice, to see you again!", seine unaufdringliche Fröhlichkeit beim Servieren des Frühstücks und auf die unterhaltsamen Abende mit ihm an der Poolbar. Ich vermute, dass er jetzt mit so vielen Angestellten gar nicht mehr selbst hier arbeiten muss, sondern vielleicht nur noch im Büro der Hauptzentrale sitzt oder viel unterwegs sein wird oder er ist schon in seinem Haus, das er bekommen sollte und kommt nur noch stundenweise vorbei, um nach dem Rechten zu sehen.

Es ist früher Nachmittag und wir sehen ihn vielleicht am Abend.

Nach dem Kofferauspacken gehen wir an die Poolbar. Einen Griechischen Kaffee wollen wir trinken und ich erkenne Adelphia, die immer noch mit dem Geschirr zu tun hat.

Fast freue ich mich sie zu sehen, wenigstens ist sie noch da!

Leo und ich setzen uns auf die Barhocker an den Tresen und ich begrüße Adelphia wieder einmal herzlicher, als sie mich. Noch ernster und unnahbarer sieht sie aus. Ich frage nach Themistoklis und sie blickt mich nicht einmal an. Sie lässt sich nicht von ihrer Arbeit ablenken.

"Themistoklis kommt nicht mehr", sagt sie und wischt ungerührt weiter mit ihrem Lappen über die Arbeitsfläche zwischen sich und dem Tresen vor mir.

Ich will von ihr wissen, ob er nun ein anderes Hotel führt und ob er überhaupt noch auf der Insel arbeitet oder wo er sich sonst aufhält?

"Themistoklis ist tot", sagt sie und wischt weiter mit ihrem blöden Lappen, als wäre diese Information irgendeine Belanglosigkeit über die sie uns nebenbei informieren wollte.

Und dann hebt sie ihr Gesicht doch noch zu mir auf, hört endlich auf mit diesem dummen Lappen über den Tisch zu wischen und sie sieht mich das erste Mal richtig an, als sie sagt: "Er ist letztes Jahr im Herbst bei Unruhen ums Leben gekommen. Wir waren alle geschockt, als wir das erfahren haben. Er ist offensichtlich in Kreise geraten, die ihm nicht gut getan haben. Ich habe so oft bereut, dass ich ihm von Julie abgeraten habe. Sie hätte ihn zur Vernunft bringen können. Ich glaube, sie war die einzige, die er wirklich gern gehabt hat."

Traurig sieht sie aus und ich sehe ihre feuchten Augen. Mir ist übel geworden. Ich weiß nicht, was ich jetzt sagen könnte oder ob ich hier und jetzt meinen Urlaub sofort beenden soll.

Seitlich über der Kaffeemaschine ist ein kleines Sims aufgehängt. Darauf steht ein Bilderrahmen aus Holz, mit aufgemalter Weltkarte und innen drin ist ein Foto mit einem jungen Pärchen zu sehen.

Ein wirklich gutaussehender junger Grieche, braungebrannt mit Dreitagebart, neben ihm ein zierliches Mädchen im griechisch blau-weißem Dirndl. Sie halten sich aneinander fest. Er hat seinen Arm um ihre Taille gelegt und sie hat ihre Hand auf seiner Schulter. Er zwinkert ihr zu und beide strahlen über ihr ganzes Gesicht. Sie stehen auf dem Oktoberfest und lachen in die Kamera, als gäbe es keinen Abschied.

Nachwort

Die bezaubernde griechische Insel Santorini, mit all ihren romantischen Stränden, den sehenswerten weißen Höhlenbauten am Hang zur Caldera, den archäologischen Funden und den bemerkenswertesten Ausblicken die ich kenne gehört zu meinen schönsten Urlaubserinnerungen.

Das kleine Hotel, das ich in meiner Geschichte Vulcano Sunset genannt habe, gibt es dort nicht. Es ist genauso frei erfunden, wie die Menschen die meiner Geschichte zum Leben verholfen haben. Für das Vulcano Sunset habe ich absichtlich einen Standort gewählt von dem ich hoffe, dass er bis heute unbebaut geblieben ist.

Die vielen Saisonarbeiter aus Griechenland und den angrenzenden Ländern, die jeden Sommer in den Touristenhochburgen arbeiten und trotz ihrer harten Arbeit und wenig Lohn ihr nettes Wesen nicht verlieren, haben mich genauso zu dieser Geschichte inspiriert, wie die hohe Jugendarbeitslosigkeit als Folge einer Wirtschafts- und Finanzkrise, die ganz besonders in den größeren Städten Griechenlands spürbar ist.

Im Roman Themistoklis versuchte ich die gefühlten Gegensätze zwischen meinem persönlichen Erleben von Land und Leuten und den populistischen Feindseligkeiten, wie ich sie in den sozialen Medien gefunden habe, zu verarbeiten.

Die Vereinigung die ich in meiner Geschichte "Goldenes Griechenland" genannt habe gibt es mit dieser Bezeichnung in Griechenland nicht. Doch der aufkeimende Frust der Bevölkerung über die wirtschaftliche Lage im Land hat zu der Zeit, in der meine Geschichte entstanden ist, einer nationalistischen Partei in die Hände gespielt.

18155057R00260

Printed in Poland
by Amazon Fulfillment
Poland Sp. z o.o., Wrocław